李竹林◎著

耕耘

——我的教育思考与实践

九州出版社
JIUZHOUPRESS

图书在版编目（CIP）数据

耕耘：我的教育思考与实践 / 李竹林著. —北京：
九州出版社，2022.1
  ISBN 978-7-5225-0798-9

  Ⅰ.①耕… Ⅱ.①李… Ⅲ.①教育研究－文集 Ⅳ.
①G40-03

  中国版本图书馆CIP数据核字（2022）第011071号

耕耘：我的教育思考与实践

作   者 李竹林 著
责任编辑 李创娇
出版发行 九州出版社
地   址 北京市西城区阜外大街甲35号（100037）
发行电话 （010）68992190/3/5/6
网   址 www.jiuzhoupress.com
印   刷 天津中印联印务有限公司
开   本 710毫米×1000毫米 16开
印   张 23
字   数 352千字
版   次 2022年1月第1版
印   次 2022年1月第1次印刷
书   号 ISBN 978-7-5225-0798-9
定   价 78.00元

勤学·善思·实干·筑梦

很高兴接受李竹林校长邀请为《耕耘》一书作序。

我和竹林校长多有交集。20世纪80年代我在北京市通州区永乐店中学任教,1986年我任副校长时兼任竹林他们这一届的高三物理课。1990年,我任马驹桥中学书记校长,竹林已经是青年教师、班主任了。那几年参加工作的新大学生比较多,我们着力培养青年教师,收到了很好的效果,李竹林、李连江、李志强、邢振江、张诚、陈长林、张建新等一批青年教师逐步走上了学校的领导岗位。竹林自1997年起历任通州区马驹桥中学教务副主任、教务主任、主管教学副校长,于2007年担任通州区大杜社中学书记校长。2008年成为由我牵头的通州区首个名校长工作室的首批入室学员。此后我们一起研讨交流就成了家常便饭。2011年竹林校长担任育才分校书记校长,我也曾数次到校调研交流。2017年,通州区启动了高层次人才培养支持计划,竹林顺利当选"运河计划"教育领军人才,区委教工委、区教委聘请我担任此计划教育领域人才工作室负责人,我们一起研讨交流也就更多了。在此之后,竹林又于2019年光荣入选"北京市中学名校长发展工程",2020年调入通州二中担任书记校长。

竹林校长勤于学习、善于思考、勇于实践,在多所学校,包括农村学校、城镇区直学校、初中学校、九年一贯制学校的不同岗位任职，在上级组织的精心培养下，加之个人自身学习锻炼，管理经验丰富，领导有方法、治理有体系、育人有质量、办学有特色。竹林校长具有自己鲜明的思想理念和优异的办学实践，他以"学生全面健康成长、教师科学幸福工作、学校和谐内涵发展"的办学宗旨、制度化与人性化相结合的人本管理思想和"一三九"的办学策略指导实践，每走过一所学校都留下了他奋斗的坚实步伐和令人称道的办学业绩，受到领导、同行、师生和社会各界的广泛赞誉，有很好的口碑。这次他把多年工作的部分方案、计划、总结、报告、科研、论文、活动、致辞、案例、体会、培训、讲座等分类梳理、结集出版，为读者奉献了一份内容丰富、原汁原味、引发思考、可供借鉴的办学资料，实为难能可贵。

习近平总书记指出："我们的人民热爱生活，期盼有更好的教育、更稳定的工作、更满意的收入、更可靠的社会保障、更高水平的医疗卫生服务、更舒适的居住条件、更优美的环境，期盼孩子们能成长得更好、工作得更好、生活得更好。人民对美好生活的向往，就是我们的奋斗目标。"办好让人民满意的教育，是校长和教师的光荣使命。

柳斌同志多次讲过：一个好校长就是一所好学校。校长每天要面对几百位教师几千名学生，办好学校众望所归。学校日常管理中会遇到许多错综复杂的问题，需要校长去面对，去思考，去解决，每一次疑难问题的解决，都是对校长管理智慧的考验。一个学校要办好、要获得人民群众的满意，与校长及其领导班子的政治水平、教育情怀、能力素质有着密切关系。

书中方案和计划等内容，体现了他理解执行党的路线方针政策、实施素质教育、组织管理、规划学校发展、计划决策、公关协调、识人用人、课程建设与教育教学领导等能力；书中思考和体会等内容，体现了他用战略眼光、智慧头脑，顶层设计、统筹谋划做出的前瞻性判断、关键性决策的素质；书中活动和分享等内容，体现了他在正确的办学思想引领下的教育实践，他到的每所学校都在继承中纳新、创新中发展，带出一批好干部，培养一批好教师，引领学校一路向前；书中思考和总结等内容，体现了他实践认识、再实践再认识，让每个学生都抬起头来走路，帮他们塑造健全人格，成为全面发展、和谐发展的人的教育使命的过程；书中教研和科研等内容，体现了他唤起教师希望、激发教师积极性的教育探索，他心中装着教师，教师心中装着学生，学生们得到好的教育，教师得到了提升，学校得到了社会的认可。

《耕耘》这本专著，梳理了竹林校长自2007年起至今任通州区三所学校校长十多年来，在不同时期、不同阶段对教育的理解和践行，著作里的内容，都是他理念的体现、心血的结晶、奋斗的印记、实干的写照。读每一篇文章，都仿佛能够让我们看到作者在不同单位胸怀教育理想，与学校同仁不忘初心、牢记使命、虚心学习、勤于思考、思想引领、规划发展、同舟共济、同心同德、以人文本、心系师生、敬业勤勉、躬身实践、勇于创新、追求卓越、撸起袖子加油干的热火朝天的动人场景。这些文字，见证了竹林校长这些年来对干部教师的精心培养，见证了他对学生和谐生长和学校优质发展的贡献，也见证了他个人的不断成长，正所谓成己达人，天道酬勤。

衷心希望百年名校北京市通州区第二中学在竹林校长带领下齐心协力、发奋努力，做到：教书育人、严格管理、出特色，尊重学生、关爱学生、动真情，严谨笃学、合作共事、提质量，真诚奉献、勇于创新、上水平。

张佳春

2021.11

花开更鲜艳，硕果再满园

金秋送爽说《耕耘》，收获时节话"竹林"。散篇长文心血注，自古天道是酬勤。

毋庸讳言，竹林是我几届众多优秀学生中的翘楚。对于他的著书立说，我作为始终关注他成长的永乐店中学的高中老师，后来的通州区教师进修学校校长、教师研修中心主任（院长）当然有近水楼台之便。《耕耘》尚未正式出版，我已先睹为快，不觉有感而发付诸文字与大家分享。

对于竹林的品德修养、为人处世、学习工作、风格特点，特别是十四年来连任三校之长，走一站，红一片的经历，读前我就早已耳熟能详，读后更不禁拍案叫好。在感想颇多的同时，理清头绪，择其要点，谈上个一二三四。

竹林自2007年开始走上学校一把手岗位，先在通州区大杜社中学任党支部书记、校长，三年后任北京市育才通州分校党总支书记、校长，后又于2020年4月任通州二中党总支书记、校长。

看到十几年来竹林在学校党政一把手双肩挑的岗位上不忘初心、牢记使命、兢兢业业、殚精竭虑的工作所取得的集体和个人的累累硕果，我一下子就明白了本书命名"耕耘"的缘由。

没有耕耘，何谈收获？答案在书里。

一、抓思路

思路决定出路。竹林深知此中真谛，先后主政三所学校都把明确办学思路当作头等大事，重中之重。他树立"学校发展，师生幸福"共同愿景，以此为引领，制订学校三年发展规划，确立"一三九"学校办学策略，让干部、教师工作有方向、有目标、有路径、有措施、有保障，走出一条"制度化"与"人性化"相结合的人本管理之路。

长远规划还辅之以行动计划、实施方案。在质量优异、全面发展的同时兼顾办有特色。大杜社中学时期，"博物少年"校本课程体系建设、中学生心理健康教育课程化建设前瞻落地；育才分校《博艺尚美，全面育人——落实学校艺术教育工作规程工作方案》、体育节、艺术节、科技节的实施和开展，办学理念、育人特色、五育并举目标、路径彰显，促进了学生的全面发展。

二、抓中心

教学永远是学校工作的主旋律。在学校千头万绪的工作中，竹林明确"精神引领、制度保障、人文关怀、重点突破、全面提升"管理原则，始终以教学为中心，把课堂作为主阵地，向四十五分钟要质量。在大杜社中学，经过充分调查、研究和论证，出台《改进中学教学工作的意见》《课堂教学评价表》，围绕教学中心组织开展研究课、展示课、评优课等多种活动，促教学质量提高；有效开展师徒结对、举办青年教师培训班活动促进青年教师快速成长；制订奖励方案，向教学一线倾斜，重奖中考优秀和获奖教师；培养业绩出众、拔尖者入党提干。

在育才通州分校、通州二中，他一如既往，在稳定大局之后高唱主旋律，确立"一三五"教学管理模式，抓教师观念转变和积极心理建设，大力推行"基础教学中的教学创新——从线上教学到混合教学"，努力改进教学，倡导问题探究，试行"三段五环"教学法，创新课堂评价机制；组织教师进行学法指导，总结推广"三先三后"经验做法。与此同时，他不断完善德育工作机制，坚持立德树人，全面实施"三全德育管理"模式，推进分层目标管理，全方位支持、保障中心工作良性循环，健康发展，效果明显，接连创造了教学质量位居全区前列的佳话。

三、抓规矩

没有规矩不成方圆。竹林对建章立制抓得紧，抓得细，抓得实。建章立制是学校运行、事业发展和提升学校治理水平的基石。在他的治理下，做到制度建设规范化、系列化、可视化，常抓不懈。尤其注重加强教育，文化引领，氛围营造，有文字，有影像，做足功夫。凡是到过大杜社中学、育才学校通州分校和通州二中的人，一进校园无不感觉学校文化气息浓郁扑面。稍加留意看内容：党建、教育、教学、学科组、年级组、备课组、共青团、少先队和后勤总务样样俱全，无所不包、无不在列；信仰追求、思维方式、办学理念、发展愿景、治校方针、管理思路、行动纲领、行为准则、注意事项等等，简明扼要，赫然墙上，抢眼好记。学校一切工作和生活事无巨细，都有章可循。如：根据育才分校九年一贯的特点，探索"一四三"德育管理模式，进行"九年四段式"养成教育，制订《义务教育学校管理标准化建设实施方案》，也包括《"胖胖变壮壮"训练营活动方案》《"睛彩少年"校园近视防控行动方案》。

制度不是用来看的，是为了引领、规范大家的言行举止。为最大限度发挥作用，他采取相应措施抓落实，包括干部的述职、测评、考核与反馈，教师的总结、反思、评比和表彰，使得学校各项工作始终保持务实、规范。

四、抓队伍

在这方面，无论走到哪里，竹林都花大气力培养、选拔干部。在大杜社中学制定、推行《提高学校中层干部管理能力行动计划》，在育才分校研究制定《干部队伍建设方案》，涉及学习制度、工作要求，特别是干部作风"十要十不要"和管理者七素养，指明每位干部自身素质提升方向，指导性很强。在大杜社中学贯彻执行的干部考评机制和配套的相应表格、措施，至今还在使用并被发扬光大。

他胸怀宽广，立足当下，着眼长远。在选拔、使用干部中兼顾严管与厚爱，搭台不上台，指导不包揽，放手不松手，注意在实践中指路子、压担子、教法子、剪枝子，尤其重视对年轻干部的培养，专门制定规划贯彻落实。

竹林常讲：人心齐，泰山移。首先是领导班子的团结一心、"三同一统一"，形成合力，攥紧拳头，然后才能带领全校教职员工攻坚克难，战无不胜。他的实践与结果已很好地证明了这一点。他领导过的前两所学校连续多年获中考优秀校和通州区教育系统综合素质评价优秀校，几乎成了先进专业户。现在的通州二中各方面势头强劲，前景看好。

竹林认真履职，用心工作，重视传帮带，成己达人。跟他合作共事、受他影响，成熟后被上级任命的干部二十余名，其中的优秀代表徐英杰、张健、王凤明先后主政一校，都在各自岗位上干得风生水起，井井有条，捷报频传。几经接触，在他们身上都会找到竹林稳重干练、谦虚勤奋、实干创新、敬业奉献的影子，或者说那都是竹林多年以身示范、言传身教的结果。

风物长宜放眼量。按照厚积薄发、再接再厉的说法，看发展势头，竹林和他所从事的事业一定会更加精彩、夺目。时值立冬，行文至此，窗外鹅毛大雪漫天飞舞，正所谓瑞雪兆丰年。展望未来，凭着竹林辛勤的耕耘，必将花开更鲜艳，硕果再满园。

对此，我相信！

肖宝军

2021.11.7，立冬

C目 录
ONTENTS

辑一　静思究理

辑二　辞序简摘

辑三　实践札记

辑一 ◆ 静思究理

培养年轻干部工作计划

（2007年9月）

一、培养思路

以邓小平"三个面向"和江泽民"三个代表"重要思想为指导，以转变教育观念为前提，以提高学校干部工作能力、促进学校各项工作的开展、提高我校办学水平为中心，通过培训，充分调动全体干部工作积极性、主动性、创造性，力争用三年左右的时间（2007年9月—2010年9月）使年轻干部尽快进入角色、发挥作用，早日成为学校教育教学管理的骨干力量。

二、领导机构

组长：李竹林

副组长：张建、段连波

组员：刘赛强、杨艳萍、张颖华及后备干部培养对象

三、工作重点

1.加强政治思想教育，提高年轻干部政治追求。

2.加强师德、爱岗敬业教育，使年轻干部全身心投入教育教学管理工作中去。

3.搭台子、压担子、出点子，在实践工作中，提高年轻干部的教育教学管理水平。

四、奋斗目标

1.敬业爱岗、无私奉献、品德高尚、率先垂范。

2.教育教学管理能力不断提高，尽快成为学校教育教学管理的行家里手。

五、具体措施

1.加强师德和爱岗敬业的教育，通过学习、研讨、开座谈会、听报告、外出参观等形式，教育年轻干部热爱教育，努力工作。

2.加强教育教学业务理论学习，提高认识，转变观念。

3.把理论学习与工作实践相结合，在工作实践中不断提高管理能力。

4.以看录像、座谈、研讨、交流等形式，搞好培训工作。

5.外出参观学习，丰富青年教师的业余文化生活。

6.积极参加学校组织的各项活动。

心理健康教育校本课程实施方案

（2009年1月16日）

一、课程概念

本方案所论及的"心理健康教育校本课程"，是以教学班为辅导单位、针对学生年龄特点和成长发展的实际需要而设计的团体心理辅导活动课。

1.它并非属于传统的那种"把着力点置于学科的知识内容这一客观侧面"的狭义的"课程"范畴，赋予学习者"学习经验的总体"的广义课程范畴，体现了教育社会功能的多样性。

2.它是以学生的情意活动为主要内容的，而不是系统地向学生传授心理学课程的学科知识，也不是单项的行为品质训练，而是以学生为主体，以学生个人的直接经验为中心，以提高学生的适应性为目标，从学生的学习和生活实际出发，在没有单纯知识学习压力的背景下，为学生提供一个放松心情的缓冲地带，指导和帮助学生正确地认识自我，发掘自己的优点及潜能，学习和掌握适应环境的技巧，从而为更好地发展自我和有效学习奠定基础。

3.它是充满弹性的，完全根据学校自己的教育理念自主进行开发选择，重在体现学校的办学思想和培养目标，并由学生根据自己的发展需要进行自主选择，充分体现学生对课程的多元化和个性化的需求。

二、课程设置的依据

1.教育部2002年颁发的《中小学生心理健康教育指导纲要》指出："良好的心理素质是人的全面素质中的重要组成部分。心理健康教育是提高中小学生心理素质的教育，是实施素质教育的重要内容。"

在关于心理健康教育的途径与方法方面，《纲要》指出："开设心理健康选修课、活动课或专题讲座。包括心理训练、问题辨析、情境设计、角色扮演、游戏辅导、心理知识讲座等，旨在普及心理健康科学常识，帮助学生掌握一般的心理保健知识，培养良好的心理素质。"

2.中学生正处在身心发展的重要时期，随着生理、心理的发育和发展、社会阅历的扩展及思维方式的变化，尤其是面对社会竞争的压力，他们在学习、生活、人际交往、升学就业和自我意识等方面，会遇到各种各样的心理困惑或问题。多项调查显示，有三分之一的中学生存在心理健康问题和适应性困难，因此，开展学校心理健康教育，是学生健康成长的需要，是推进素质教育的必然要求。

3.关于学校心理健康教育的载体或途径，各地已经有许多有益的探索，虽各有特色，但并不赞成把学校"心育"搞成单一的心理测验、单一的个别心理辅导、单一的心理健康教育讲座等。近年来，关于通过学校教育教学活动渗透"心育"的观点日渐被大家所接受，但我们在高度重视"教书育人、渗透心育"的同时，对开设心理健康教育课也要给以足够的关注。因为国内许多实践经验已经证明，开设心理健康教育课是学校"心育"的极为重要的载体，它的作用是其他各种"心育"载体所无法替代的。

三、教学对象

初一、初二、初三年级学生。

四、课程目标

（一）总体目标

培养学生的学习能力、工作能力、生存能力、交往能力、创造能力、社会活动能力和社会适应能力。使学生成为一个健康活泼的人，一个幸福快乐的人，一个受人喜爱的人，一个充满自信的人，一个善于学习的人，一个善于思考的人，一个善于创造的人，一个不断进步的人，一个热爱生活的人。从而提高学生的心理素质，培养学生良好、向上的个性心理品质，充分开发学生的潜能，促进学生人格的健全发展。

（二）教学目标

1.帮助学生正确认识"自我意识"，逐步提高社会责任感。培养学生自重、自爱、自尊、自信的独立人格及对自我与对外界的评价能力；能以积极心态面对学习、生活压力和自我身心所出现的变化。

2.培养学生良好的个性情感，完善的意志品质，增强自觉性、果断性和自制力。

3.培养学生更为成熟的自我意识和社会责任感，去面对学习、人际交往、情感世界及自我发展等问题。

4.帮助学生提高人际交往的认识和能力水平，进行交往角色辅导，以正常的心态参与人际交往，培养学生具有良好的人际关系。

5.帮助学生正确面对心理调适和辅导，减少学习、升学和考试的心理负担。

6.帮助学生正确面对升学或就业等生涯发展问题，确立个人成长与发展的目标。

五、课程的实施

（一）课程领导小组

组长：李竹林

副组长：段连波、张颖华、张建

组员：刘赛强、张振东、肖广元、杨艳萍、郭长林、李丽、班主任

（二）课程的时间安排

初一年级：每双周一节课，排入正式课表，每学期8课时。张颖华负责。

初二年级：每双周一节课，排入正式课表，每学期8课时。李丽负责。

初三年级作为主题班会在班会课中开设活动。

（三）教学方法

本课程以"活动"为主要教学方法，主要的活动形式有讨论、游戏、角色扮演、行为训练和情景模拟等。教学中突出生动、活泼和创新的特点。在老师的指导下，通过同学之间的坦诚交流、经验分享和相互模仿，使学习者

在不同的主题上得到崭新的体会，学习人际交往的技巧，增进个人经验，扩展视野，促进各方面的发展。

六、课程内容

初一年级：适应篇、智能训练篇、认识自我与悦纳自我、我和父母、老师。

初二年级：相处篇、交友篇、学会生活篇、自我保护篇。

初三年级：突破学习难关篇、情绪意志篇、生命教育篇、性教育篇。

七、教学评价

教学中，建立以校为本的教学研究机制，鼓励教师针对教学实践中的问题开展教学研究，注重与班主任教师、学科教师的交流与研讨，注重深入学生当中进行调查研究，了解和把握学生的心理发展动态和心理健康的实际问题，创造性地制定教学方案。教学中，要充分挖掘并有效利用校内现有课程资源，同时要加强校际及学校与社区之间的合作，充分利用各种教育资源，努力实现课程资源的共享。

对学生的学习注重过程的评价，根据学生在活动中参与的主动性与积极性表现，综合运用观察、交流、测试、表演、作品展示、自评与互评等多种方式，为学生建立综合、动态的成长记录，全面反映学生的心灵成长历程。

（一）课程本身的评价

课程本身评价的范围。校本课程是否达到了预期的目的；校本课程的预期目标是否有效；校本课程是否适合学生和学校的需要；是否选择了恰当的教学方式；是否采用了恰当的评价方式。

课程本身评价的主体。学生；教师；学生家长；课程专家等。

课程本身评价的方法。根据校本课程的呈现方式，我们建议采用如下的评价方法：问卷调查法、观察法、面谈法、教师日记法等。

（二）制定计划

主要是成立评价组，确定评价目标，拟定详细的评价计划活动内容和要求。

（三）收集信息

根据计划内容收集相关信息。

（四）分析报告

运用数据统计的方法或描述性的方法分析所收集的信息，然后全面总结评价的各方面资料，撰写评价报告。

提高学校中层干部管理能力行动计划

（2009年6月12日）

一、基本情况

大杜社中学位于通州区的西南部，占地面积约4万平方米，现址建于1991年，该地区经济相对落后。学校现有学生514人（其中女生263人），教职工78人（其中女教职工50人），领导干部12人（其中女领导干部3人）。在领导干部中，大学本科学历的9人，占75%；大学专科的3人，占25%。2007年7月新老校长交替后，经不断调整补充，现我校领导干部共12名，平均年龄为40.8岁，其中，任职3年以下的中层干部8名，总体上，干部年龄年轻且管理实践经验少，工作干劲足但管理能力有待提高。近年来，在校长及全体领导班子的带领下，全体教师以"厚德、博学、求实、创优"为校训，兢兢业业，努力拼搏，积极进取，初步形成了"团结和谐精神面貌好，拼搏实干教学质量高"的学校形象，我校的教育教学质量居于农村中学前列，学校各项工作受到上级领导和当地百姓的广泛赞誉。目前，我校全体领导班子正以昂扬的精神面貌，满怀信心地带领广大师生向着更高的目标迈进。

二、行动计划需要解决的问题

（一）管理经验不足

管理经验是管理者在学校管理过程中逐渐形成的有效的管理方法与措施，它需要随着时间的推移在实践中不断积累与提高。8名任职不足3年的中层干部在任职前具有丰富的教学经验，在教学上取得了一定的成绩。但是干部与教师是两种不同性质的岗位，领导干部既要有丰富的教育教学经验，更要有丰富的管理经验。但是，由于我校8名中层干部任职年限较短，领导及管理经验不足，一定程度上制约了学校管理效率的提高。

（二）沟通能力有待提高

沟通是人与人之间信息与情感的交流。沟通能力是在人与人的交往过程中，沟通者为了达到交流目的，引导被沟通者逐步赞赏或同意自己观点的能力。我校的8名中层领导干部沟通能力有待进一步提高，主要表现为：缺乏沟通意识，做事主观武断；沟通时机不当，降低沟通效果；沟通方法不当，出现抵触情绪。

（三）理论学习不够

表现为缺乏学校管理相关理论的支撑，特别是缺乏有关学校管理艺术方面的知识，使学校管理难于上档次、上水平，影响学校管理效能的提高。

三、行动计划要达到的目标

通过建立健全学习管理机制，创建学习型团队，加强管理理论学习，提高中层干部理论水平。

通过建立健全考核评价机制，使中层干部在学校工作实践中不断学习、反思、总结，促进中层干部管理水平的提高。

四、行动计划采取的主要措施

（一）创建"学习型干部团队"，采取三种方式

1.确定"三定"的学习方式（集中学习）

即定时间，每周一上午为干部学习时间，无特殊原因不得变动；定人员，每次学习有一名干部作为主讲学员，其他干部参与讨论；定内容，根据教育改革发展形势的需要，选择一些有代表性、反映时代特色、适合我校需要的管理理论进行学习，并使学习内容系统化（依实际情况还可采取聘请专家讲座、收看专家讲座、观看管理案例、小组交流等方式进行）。

2.充分发挥个人的主观能动性，自学管理理论（分散学习）

在自学的过程中，要求干部根据学校工作的需要及自身的实际情况，每学期制订出切实可行的学习计划，依照计划购书学习。在计划执行的过程中，

有专人负责监督检查，定期公布检查结果。干部们还要汇报学习内容，写出学习体会。

3.定期或不定期派一些领导干部到其他学校去学习参观

借鉴优质学校的管理方法，了解优质学校的管理特色。（如通州二中、第一实验中学、次渠中学、牛堡屯中学、陆辛庄学校等）。

4.积极鼓励并创造机会，组织干部参加市区乃至国家级教育行政部门组织的各种培训。

（二）建立领导干部工作效能考核指标，加强对领导干部的考查与评价

考评的方式主要有以下几种：

建立领导干部周述职制度。利用每周干部例会时间，每位领导干部对自己上一周的工作进行总结，说出工作中的经验与不足，找出需要改进的地方，同时提出下一周工作的设想，这就使每一位干部的工作置于全体干部的监督之下，也为十部们沟通情况和相互学习借鉴提供了平台。

建立领导干部学期交流评估制度（朋辈互助式学习）。每学期结束，要求干部写出一篇较高水平的学习体会，反映出自己通过学习获得了哪些收获，取得了哪些进步，并在干部会上进行交流。然后由其他干部进行评估，客观地反映出干部的学习情况（自评、互评，依表打分，见下表）。

表1　大杜社中学领导干部学习交流评估表

姓名	学习态度（1—5分）	理论水平（1—5分）	实际工作能力（基本+创新）（10—30分）	主管工作效果（10—20分）	其他（1—5分）	总分65

建立群众考评机制。每学期期末，学校召开专门的全体教师会，由群众对每位干部的工作态度、工作能力、管理水平与管理艺术、廉洁自律等内容做出评价，以此来激励干部努力学习管理理论，加强管理实践，努力提高自己的管理水平。（见下表）

表2　大杜社中学民主评议干部测评表

单位（盖章）_____　　　　　　　　　　　年　　月　　日

姓名	职务	档次	1 政治理论水平和执行党的路线方针政策情况	2 事业心责任感工作态度情况	3 领导能力管理水平情况	4 业务素质及业务工作能力情况	5 遵守纪律廉洁自律及个人道德品质情况	6 主管工作和领导交办的工作完成情况	7 工作作风关心群众联系群众情况	8 综合评价
		好								
		较好								
		一般								

备注：1.教师要如实评价，在相应的选项内画"√"。

　　　2.除中层以上干部，其余全员参与评议。

（三）加强校长对干部的学习指导与检查

在领导干部的学习过程中，校长进行全程监控和指导，主要方式有：一是确定学习内容。根据教育发展形势和干部学习提高的需要，由校长确定学习内容；二是提出学习主题。考虑到教育教学实际的需要，使学习做到理论联系实际，由校长确定学习主题，作为学习的阶段性目标；三是指导学习方法，一对一地指导，提高针对性；四是检查学习笔记与学习心得。

五、学习效果检测指标

（一）论文（总结）写作

每学期学习结束，每位干部就自己分管工作写一篇论文（总结），论文评定分为优秀、良好、及格三个等级（字数1000字以上即可，要求必须写出真情实感）。

（二）考察主管工作完成情况

每学期结束，对每位干部主管工作的完成情况进行考察（工作态度、工作能力、工作业绩等），分为优秀、良好、及格三个等级。

（三）考察处理问题的能力

由校级干部提出问题（本校或外校教育教学案例），其他干部就问题提出自己的观点、主张或解决办法，由评委（其他干部）按优秀、良好、及格三个等级给出成绩。

（四）将民主评议干部的考评结果纳入学习效果检测指标

将以上四种检验指标进行综合考核，得出本学期干部学习提高的效果。经过一个学期又一个学期的培训、引导、规范和激励，不断提高我校中层干部管理能力。

六、落实行动计划的具体安排

（一）建立领导机构

组长：李竹林（校长兼党支部书记），负责决策、组织、协调计划落实。

副组长：张颖华（办公室主任）、张健（主管德育校长），具体负责行动计划的制定、组织落实和考核评价（前为责任副组长，后者协助其工作）。

组员：全体中层干部

（二）明确行动计划落实的时间、人力和资金支持

时间保证：每学期进行，以三年为一个基本周期。

人力支持：校长高度重视，组织全体干部统一思想，明确目标，积极参与。

实施行动计划，学校提供购书、购光盘、配备电脑、聘请专家费用、提供外出培训、交流、学习交通工具等资金支持。

七、实施行动计划可能遇到的问题与解决策略

（一）问题和困难

学校工作繁杂细碎，干部工作量很重，集中或自学时间可能会受到冲击。

（二）解决策略

要求干部增强管理工作的计划性和条理性，合理安排学习时间。

　　采用形式多样的学习交流方式（学习管理理论书籍、聘请专家讲座、收看管理案例、开展拓展训练、小组交流研讨、组织校际互访等形式）提高学习的针对性、趣味性和实效性。

关于大杜社中学教学工作的改进意见

（2010年10月31日）

为打造有效、高效的课堂，进一步提高学校教育教学质量，探索具有学校特色的课堂教学模式，提高学生教学活动参与的积极性和主动性，特拟定此学校教学工作改进意见，请全体任课教师，结合自己教学实际参考落实，并力争取得成效。

总体要求：推进学生课前、课上、课后学习的一体化。具体要求如下：

中考学科建立预习作业本和错题本。每节课前指导学生做好预习，明确学习目标，掌握基本知识点，发现薄弱环节。教师要通过课前或课上检查等形式了解学生的情况。并将其作为加强和改进教学的依据。

每天批改完作业后，要求学生将错题在错题本上进行改正，教师要及时审阅，了解学生错题类型，带有共性的问题要集中解决。个性问题课下单独解决。针对错题阶段性汇总，对学生进行及时测试、矫正，帮助学生弥补漏洞。

精心备课。在调动学生的积极性上下功夫，明确教学目标，精心设计板书，精心设计每一次提问、每一道例题、每一次活动以及将要采取的教学方法等，提高教学的针对性和有效性。

改进教学模式。不断丰富教学形式，大胆使用启发式、主体参与式、探究式、小组合作学习等教学方式，突出主体参与、及时反馈、强化辅导的学校教学主体思路，鼓励学生参与课堂教学，实现师生互动、生生互动。每一位教师要结合我校实际积极探索有效的课堂教学模式，要出经验、出典型、出成果。

少讲多练。教师讲课时间尽量控制在15—20分钟，其余时间还给学生。每节课发言学生力争达班级人数的50%以上。

创设氛围。改进师生关系，培育民主、和谐、开放的课堂。

加强即时性反馈。全面了解学生课上学习或阶段知识的掌握情况。一是教学过程中教师要通过有效的方式了解学生课堂上知识的掌握情况，及时调整教学。二是通过单元过关、天天测、周周测、双周测、阶段检测等方式，多时段的帮助学生发现漏洞，及时弥补。

成立学习小组，开展课堂内外小组合作学习活动。

加强学法指导（三先三后），指导学生学会学习，培养学生自主学习的能力。教师要加强指导、引导，将教师的教，通过探究、合作等途径变为学生自主建构知识的过程。

加强课后总结与反思。找出成功的经验，及时发现存在的问题，写好课后小结。

此为校长建议，作为参考，由杨校长牵头，教学干部研究改进，将此项工作作为"教师培训"的常规工作，常抓常新，具体内容可在实践中不断调整、充实、完善。

"博物少年"校本课程体系建设实施方案

（2011年5月11日）

一、"博物少年"校本课程体系的提出

博物，通晓众物之谓也。我国自古就有优秀的博物传统，早在春秋时期，知识渊博、政绩卓著的郑国名相子产被誉为"博物君子"，为国家的富强、民生的改善做出巨大贡献。中国文化集大成者孔子不光本人博古通今，更是教育门徒热爱学习、学思结合（学而不思则罔，思而不学则殆）、博学多识、学以致用（博学之，审问之，慎思之，明辨之，笃行之），其儒家思想与国学智慧的火花光耀神州、惠泽世界。另外，如郦道元、沈括、徐霞客、竺可桢等博物大家在不同时代、不同领域都为国家、为社会、为人类做出了突出贡献。在国外，古希腊的亚里士多德是世界古代史上最伟大的哲学家、科学家和教育家之一，他创立了形式逻辑学，丰富和发展了哲学的各个分支学科，对世界科学做出了巨大的贡献，恩格斯称其为"最博学的人"。意大利文艺复兴时期的达·芬奇是一位思想深邃、学识渊博、多才多艺的通才，他集画家、雕塑家、发明家、哲学家、音乐家、医学家、生物学家、地理学家和建筑工程大师于一身，他的艺术实践和科学探索精神对当时和后世产生了重大而深远的影响。近代的英国生物学家达尔文，出版《物种起源》这一划时代的著作，提出了生物进化论学说，他的理论对人类学、心理学及哲学领域都有深远的影响，对推动社会发展起到重要作用。今天，信息时代的到来对人的思想道德素质、文化素质、思维创新素质、心理素质以及正确采集和运用信息的素质、实践能力等方面提出了更高的要求，时代的发展需要新的、更多的博物人才的出现。然而，当前，我国的中小学校由于受应试教育思想的影响，博物的观点还未明确提出，博物课程还未明确设置，学生知识面狭窄、创新精

神不足、实践能力偏弱、综合素质不强的现象普遍存在，这种现象和素质教育的要求存在明显差距。

就我校的情况看，目前我们初步形成了较为清晰的办学理念，规章制度较为健全，落实到位；拥有一支师德高尚、爱岗敬业、开拓进取、团结奉献的教师队伍；学生有良好的文明礼仪习惯和学习热情；近年来学校教育教学质量稳步提高，"团结和谐精神面貌好，拼搏实干教学质量高"的良好学校形象得到上级领导和社会各界的广泛称赞。但是，在对学生综合素质培养方面，我们还存在着重视程度不足、教育内容欠缺的问题。为改变这种现状，践行我校"全面育人、和谐优质、办有特色、人民满意"的办学理念，促进学生全面健康发展，不断提升学校的竞争力，从2010年初开始，我校逐步推进"博物少年"校本特色课程体系建设。

所谓"博物少年"校本课程体系，即根据学校教育的职责与功能、学生的发展目标与需求以及学校发展的定位与实际，以使学生开阔视野、广纳知识、增进体验、提升素质、健康发展为目标，按本土文化、综合实践、国学修养、科学素养、博物学家考等类别，编写校本教材，开设若干校本课程的总称。

在"博物少年"校本课程体系建设中，我们坚持正面引领，强调直面经典，汲取精华，与高尚为伍；关注学生心理健康教育，促进学生身心全面发展；注重科技实验探究，培养学生的创新精神和实践能力；着眼于挖掘地方教育资源，培养学生知家乡、爱家乡、建家乡的情感，塑造祖国栋梁之材。通过"博物少年"校本课程体系建设，形成有利于学校可持续发展的推动力，培养全面、健康发展的优秀中学生。

二、"博物少年"校本课程体系建设的指导思想

贯彻落实全国教育工作会议精神，全面实施《国家中长期教育改革和发展规划纲要（2010—2020年）》，推进素质教育，在和谐优质学校形象初显的基础上，以学校资源及社区资源为载体，进一步丰富学校教育的内涵，逐步形成体现学校办学理念的"博物少年"校本课程体系特色，促进学生主动、全面、健康、和谐发展。

三、"博物少年"校本课程体系建设的目标

（一）总体目标

构建"博物少年"校本课程体系，促进学生全面发展，优化办学特色，提高办学品位，建设全面育人、和谐优质、办有特色、人民满意的学校。

（二）具体目标

1.学生发展目标

通过校本课程的学习和实践，激励和促进学生正确认识自我，在知识、品质、能力、个性等方面得到全面、和谐、可持续的发展，使大杜社中学的学生成为身心健康、综合知识丰富、实践能力强的合格中学生。①健全学生人格，提高学生的综合素质。②让学生了解家乡、热爱家乡，树立为家乡建设服务的意识。③学会观察和思考，学会质疑和探究，形成良好的学习品质。④动手实践，增强劳动意识，培养动手能力和创新能力。

2.教师发展目标

调动教师的积极性和创造性，促进教师更新教育观念，增强教师的课程意识，提高课程开发能力，发挥个性特长，促进教师专业发展，提高教师队伍的整体水平。

3.学校发展目标

开发具有本校特色的校本教材，开设校本课程，逐步总结提炼出校本课程开发实施与管理评价机制，从而推进我校的素质教育，促进学校办学特色的形成。

四、"博物少年"校本课程体系建设的原则

自主性原则：尊重学生的主体地位，以学生自主活动为主，多给学生想象与创造的空间。

自愿性原则：尊重学生的意愿，自选组别，充分发挥学生的个性特长。

灵活性原则：教学内容、方法依学生的实际情况而定，灵活地做内容与形式上的调整。

开放性原则：体现在目标的多元性、内容的宽泛性、时间空间的广域性、

评价的多样性。

五、"博物少年"校本课程的类型及内容

校本课程建设首先应明确主题、范围与领域，主题考虑以下因素：

1.学生内在的需要。

2.课程开发的资源和信息、条件的保证。

3.课程要具有教育性、科学性和趣味性。

4.课程要具有启发性和实践性。

5.课程要具有特色和针对性，以模块形式或专题形式开设。

根据我校的办学理念，我校校本课程建设领导小组决定建设以五大类课程为基本支撑的"博物少年"校本课程体系。主要包括：本土文化类、综合实践类、国学修养类、科学素养类、博物学家考等。本土文化类拟开发的校本教材为《古镇新韵马驹桥》；综合实践类拟开设"初中生心理健康教育"课程；国学修养类拟开设"论语智慧"；科学素养类拟开设"科技与实验"；博物学家考课程拟组织学生编纂《博物学家小传》（如李时珍、徐霞客、竺可桢、达尔文、法布尔等），集结成集，供学生参阅、学习。

六、"博物少年"校本课程体系建设的步骤

第一阶段：宣传办学理念、确定实施校本课程体系的基本思路阶段（2010年9月—2010年12月）。学校领导班子通过学习、访谈、研讨等方式，宣传学校办学理念，确定实施校本课程体系的基本思路。

第二阶段：制定方案，编辑出版校本教材阶段（2011年1月—2011年8月）。制定《大杜社中学校本课程体系建设实施方案》，编辑出版本土文化类、综合实践类、国学修养类、科学素养类、博物学家考等方面内容的校本教材。

第三阶段：全面实施阶段（2011年9月起）。依据学校实际，利用现有资源，在各个年级、以多种方式逐步全面推进校本课程，纳入课表，有计划地实施。

第四阶段：检查评估和总结反思（2012年6月—2012年8月）。采用观察、问卷、访谈、教学反思等多种方式收集有关材料，对课程实施的过程和结果

做出全面的分析和评估。在此基础上，一方面将行动过程通过论文或其他形式与同行交流，另一方面通过对校本课程实施中各个阶段与环节的反思，发现新的问题，并开始下一个循环的课程实施，真正把课程实施过程变成一个探索研究、不断发展、螺旋上升的过程。

七、"博物少年"校本课程的教学管理

校本课程由学校统筹规划，教师自主实施，学校监督检查，教师总结反馈。

1.任课教师认真备好每一节课，按计划实施，教务处随机听课检查。

2.教师必须有计划、有进度安排、有教案。

3.教师应按学校整体教学计划的要求，达到规定的课时与教学目标。

4.教师应保存学生的作品、资料及在活动、竞赛中取得的成绩的资料。

5.任课教师要认真写好教学反思，及时总结经验。

6.每学期召开一次校本课程研讨会，展示优秀教师的成功经验，解决存在的问题，及时总结校本课程的实施情况。

7."古镇新韵马驹桥"安排在初一年级，与历史课结合，10课时/学期；"初中生心理健康教育"安排在初一至初三年级，与政治课结合，10课时/学期；"论语智慧"安排在初一至初三年级，与语文课结合，各10课时/学期；"科技与实验"安排在初一至初三年级，与相应的生物、物理、化学课结合，各10课时/学期；在初一年级开设博物学家考，组织学生编纂《博物学家小传》，集结成集，参阅学习。

八、"博物少年"校本课程的检查与评价

评价原则：采用发展性的、激励性的评价方式，促进学生发展，如作品评价、活动评价、成长记录袋评价等。

1.对课程方案的评价。校本课程方案的优劣与否直接关系到校本课程质量的好坏，进而影响到学生的学习质量。课程方案评价的要素主要有：课程目标是否符合学校的办学宗旨、办学目标；教学目标是否明确、清晰；课程内容的选择是否合适，设计是否具体；所需的课程资源是否能够有效获取；课

程组织是否恰当，是否符合学生身心发展的特点；课程评价的方式方法是否恰当；整个课程方案是否切实可行，等等。

2.对授课教师的评价。教务处、教研组通过听课、查阅资料、调查访问等形式，对教师进行考核，并记入业务档案。主要是"四看"："一看"教师课堂教学的组织情况；"二看"学生实际接受的效果；"三看"领导与教师听课后的反映（教学的准备、教学方式、教学态度等）；"四看"学生问卷调查的结果。

3.对听课学生的评价。采用发展性评价方法，以激励评价理论为基础，突出以学生发展为本的原则，加强过程评价指导。一看学生在学习过程中的表现，如态度、参与状况、学习方法等，可用"优秀、良好、一般、较差"等形式记录；二看学生学习的成果，可通过实践操作、作品鉴定、竞赛、评比、汇报演出等形式进行展示，成绩优秀者可将其成果记入学生成长记录袋内。

九、"博物少年"校本课程体系建设的措施保障

组建由校长任组长，教务主任任执行组长，教务处、政教处主要负责人和年级组长任项目组责任人的校本课程建设领导小组，由领导小组对校本课程的建设实施项目式管理。

学校在设施设备、外出学习、教学研究、校本教材编写等方面，为参加校本课程研究的教师提供物质支持。

学校投入适当的研究及奖励经费，支持教师建设校本课程。

学校对教师进行必要的课程理论培训。

保证实施教师的研究时间和空间。

鼓励教师撰写心得体会、案例、论文、反思。

在评优、评先、职评等方面，充分肯定教师开发和实施校本课程的成果。

对教师开发的校本课程，学校组织评审，优秀的校本课程教材，铅印成册，并予以奖励。在教师业务档案中，记录教师开发的校本课程的成果。

十、"博物少年"校本课程体系建设的预期成果

制定《"博物少年"校本课程体系建设实施方案》。

编辑、整理、出版《古镇新韵马驹桥》《初中生心理健康教育》《论语智慧》《科技实验》等校本教材。

出版教师课例、案例、论文集锦。

充实学生成长记录袋，记录学生成长足迹。

义务教育学校管理标准化建设实施方案

（2018年10月8日）

一、指导思想

为认真贯彻党的十九大精神，全面贯彻党的教育方针，落实《通州区义务教育学校管理标准化建设实施方案》，规范学校管理，提升办学品质，结合学校实际，特制定本方案。

二、工作目标

通过自评、改进，高标准、高质量完成义务教育学校管理标准化建设，实现以标准促进规范、增强内涵、提高质量、提升品质。

三、工作原则

（一）坚持标准引领与实践探索相结合

以教育部《义务教育学校管理标准》为建设依据，以《通州区义务教育学校管理标准化建设实施方案》为实施要求，组织学校各部门进行对标自评和工作改进。同时，鼓励各部门结合实际探索新方式新途径，丰富工作载体，扎实有序推进学校整体管理标准落地见效，形成生动实践。

（二）坚持目标导向与问题导向相结合

坚持立德树人根本任务，以学生发展为本，以促进治理体系和治理能力现代化、全面提升学校育人质量和办学品质为目标，健全完善学校管理标准体系。坚持问题导向，依标整改，补齐短板。

（三）坚持全面推进与重点突破相结合

义务教育学校全面推进管理标准化建设面向全校工作，做到义务教育学校管理标准化建设全覆盖。结合城市副中心战略功能定位和深化基础教育综合改革目标任务，突出学校德育重点工作和教学中心工作亮点与特色。

四、组织机构及职责

组 别	姓 名	职 务	职 责
组长	李竹林	校长兼党支部书记	负责全面指挥学校管理标准化建设实施工作
常务副组长	邓跃强	副书记兼办公室主任	牵头负责学校管理标准化建设实施推进工作；具体负责学校安全工作管理、建设现代学校制度等管理具体任务；负责学校管理标准化建设自查撰写方案
副组长	杨建成	副校长	负责学校管理标准化建设中保障学生平等权益、引领教师专业进步、提升教育教学水平等管理具体任务；负责提供相关任务内容资料
	高凤琴	副校长	负责学校管理标准化建设中保障学生平等权益、引领教师专业进步、提升教育教学水平等管理具体任务；负责提供相关任务内容资料
	丁振勇	副校长兼工会主席	负责学校管理标准化建设中加强教师管理和职业道德建设、营造和谐美丽环境、建设现代学校制度等管理具体任务；负责提供相关任务内容资料
	郝建丽	副校长	负责学校管理标准化建设中促进学生全面发展、营造和谐美丽环境、建设现代学校制度等管理具体任务；负责提供相关任务内容资料
成员	学校中层干部		协助落实部门主管干部在学校管理标准化建设中负责的管理具体任务，提供相关任务内容资料
	年级长		协助深入年级干部工作，组织年级师生落实学校管理标准中的相关要求

五、具体分工

管理职责	管理任务	管理内容	负责人
保障学生平等权益	维护学生平等入学权利	1.根据国家法律法规和教育行政部门相关规定,落实招生入学方案,公开范围、程序、时间、结果,保障适龄儿童少年平等接受义务教育的权利。按照教育行政部门统一安排,做好进城务工人员随迁子女就学工作 2.坚持免试就近入学原则,不举办任何形式的入学或升学考试,不以各类竞赛、考级、奖励证书作为学生入学或升学的依据。不得提前招生、提前录取 3.实行均衡编班,不分重点班与非重点班。编班过程邀请相关人员参加,接受各方监督 4.实行收费公示制度,严格执行国家关于义务教育免费的规定	杨建成 高凤琴
	建立控辍保学工作机制	5.执行国家学籍管理相关规定,利用中小学生学籍信息管理系统做好辍学学生标注登记工作,并确保学籍系统信息与实际一致。防止空挂学籍和中途辍学 6.严格执行学生考勤制度,建立和完善辍学学生劝返复学、登记与书面报告制度,加强家校联系,配合政府部门做好辍学学生劝返复学工作 7.把对学习困难学生的帮扶作为控辍保学的重点任务,建立健全学习帮扶制度	杨建成 高凤琴
	满足需要关注学生需求	8.制定保障教育公平的制度,通过各种途径广泛宣传,不让一名学生受到歧视或欺凌 9.坚持合理便利原则满足适龄残疾儿童随班就读需要,并为其学习、生活提供帮助。创造条件为有特殊学习需要的学生建立资源教室,配备专兼职教师 10.为需要帮助的儿童提供情感关怀,优先满足留守儿童寄宿、乘坐校车、营养改善需求,寄宿制学校应按政府购买服务的有关规定配备服务人员	杨建成 高凤琴

管理职责	管理任务	管理内容	负责人
促进学生 全面发展	提升学生道德品质	11.推动习近平新时代中国特色社会主义思想进校园、进课堂、进头脑，落实《中小学德育工作指南》《中小学生守则》，坚持立德树人，引导学生养成良好思想素质、道德品质和行为习惯，形成积极健康的人格和良好的心理品质，促进学生核心素养提升和全面发展 12.教育学生爱党爱国爱人民，让学生熟记并践行社会主义核心价值观，积极开展理想信念教育、社会主义核心价值观教育、中华优秀传统文化教育、生态文明教育和心理健康教育 13.统筹德育资源，创新德育形式，探索课程育人、文化育人、活动育人、实践育人、管理育人、协同育人等多种途径，努力形成全员育人、全程育人、全方位育人的德育工作格局 14.把学生思想品德发展状况纳入综合素质评价体系，认真组织开展评价工作 15.建立党组织主导、校长负责、群团组织参与、家庭社会联动的德育工作机制。将德育工作经费纳入经费年度预算，优化德育队伍结构，提供德育工作必需的场所、设施 16.根据《青少年法治教育大纲》，依据相关学科课程标准，落实多学科协同开展法治教育，培养法治精神，树立法治信仰	郝建丽
	帮助学生学会学习	17.营造良好的学习环境与氛围，激发和保护学生的学习兴趣，培养学生的学习自信心 18.遵循教育规律和学生身心发展规律，帮助学生掌握科学的学习方法，养成良好的学习习惯 19.落实学生主体地位，引导学生独立思考和主动探究，培养学生良好思维品质 20.尊重学生个体差异，采用灵活多样的教学方法，因材施教，培养学生自主学习和终身学习能力	杨建成 高凤琴

管理职责	管理任务	管理内容	负责人
促进学生全面发展	增进学生身心健康	21.落实《中小学心理健康教育指导纲要》，将心理健康教育贯穿于教育教学全过程。按照建设指南建立心理辅导室，配备专兼职心理健康教育教师，科学开展心理辅导 22.确保学生每天锻炼1小时，开足并上好体育课，开展大课间体育活动，使每个学生掌握至少两项体育运动技能，养成体育锻炼习惯。配齐体育教师，加强科学锻炼指导和体育安全管理。保障并有效利用体育场地和设施器材，满足学生体育锻炼需要 23.建立常态化的校园体育竞赛机制，经常开展班级、年级体育比赛，每年举办全员参与的运动会 24.落实《国家学生体质健康标准》，定期开展学生体检和体质健康监测，重点监测学生的视力、营养状况和体质健康达标状况，及时向家长反馈。建立学生健康档案，将学生参加体育活动及体质体能健康状况等纳入学生综合素质评价 25.科学合理安排学校作息时间，确保学生课间和必要的课后自由活动时间，整体规划并控制各学科课后作业量。家校配合保证每天小学生10小时、初中生9小时睡眠时间 26.保障室内采光、照明、通风、课桌椅、黑板等设施达到规定标准，端正学生坐姿，做好眼保健操，降低学生近视新发率	郝建丽 邓跃强
	提高学生艺术素养	27.按照国家要求开齐开足音乐、美术课，开设书法课。利用当地教育资源，开发具有民族、地域特色的艺术教育选修课程，培养学生艺术爱好，让每个学生至少学习掌握一项艺术特长 28.按照国家课程方案规定的课时数和学校班级数配备艺术教师，设置艺术教室和艺术活动室，并按照国家标准配备艺术课程教学和艺术活动器材，满足艺术教育基本需求 29.面向全体学生组织开展艺术活动，因地制宜建立学生艺术社团或兴趣小组 30.充分利用社会艺术教育资源，利用当地文化艺术场地资源开展艺术教学和实践活动，有条件的学校可与社会艺术团体及社区建立合作关系	杨建成 高凤琴 郝建丽

管理职责	管理任务	管理内容	负责人
促进学生全面发展	培养学生生活本领	31.贯彻《关于加强中小学劳动教育的意见》，为学生提供劳动机会，家校合作使学生养成家务劳动习惯，掌握基本生活技能，培养学生吃苦耐劳精神 32.开齐开足综合实践活动课程，充分利用各类综合实践基地，多渠道、多种形式开展综合实践活动。寒暑假布置与劳动或社会实践相关的作业 33.指导学生利用学校资源、社区和地方资源完成个性化作业和实践性作业	杨建成 高凤琴 郝建丽
引领教师专业进步	加强教师管理和职业道德建设	34.坚持用习近平新时代中国特色社会主义思想武装教师头脑，加强教师思想政治教育和师德建设，建立健全师德建设长效机制，促进教师牢固树立和自觉践行社会主义核心价值观，严格遵守《中小学教师职业道德规范》，增强教师立德树人的荣誉感和责任感，做有理想信念、道德情操、扎实学识、仁爱之心的好老师和学生锤炼品格、学习知识、创新思维、奉献祖国的引路人 35.教师语言规范健康，举止文明礼貌，衣着整洁得体 36.严格要求教师尊重学生人格，不讽刺、挖苦、歧视学生，不体罚或变相体罚学生，不收受学生或家长礼品，不从事有偿补课 37.健全教师管理制度，完善教师岗位设置、职称评聘、考核评价和待遇保障机制。落实班主任工作量计算、津贴等待遇。保障教师合法权益，激发教师的积极性和创造性 38.关心教师生活状况和身心健康，做好教师后勤服务，丰富教师精神文化生活，减缓教师工作压力，定期安排教师体检	丁振勇 邓跃强
	提高教师教育教学能力	39.组织教师认真学习课程标准，熟练掌握学科教学的基本要求 40.针对教学过程中的实际问题开展校本教研，定期开展集体备课、听课、说课、评课等活动，提高教师专业水平和教学能力 41.落实《中小学班主任工作规定》，制订班主任队伍培训计划，定期组织班主任学习、交流、培训和基本功比赛，提高班主任组织管理和教育能力 42.推动教师阅读工作，引导教师学习经典，加强教师教育技能和教学基本功训练，提升教师普通话水平，规范汉字书写，增强学科教学能力 43.提高教师信息技术和现代教育装备应用能力，强化实验教学，促进现代科技与教育教学的深度融合	杨建成 高凤琴 郝建丽

管理职责	管理任务	管理内容	负责人
引领教师专业进步	建立教师专业发展支持体系	44.完善教师培训制度，制订教师培训规划，指导教师制订专业发展计划，建立教师专业发展档案 45.按规定将培训经费列入学校预算，支持教师参加必要的培训，落实每位教师五年不少于360学时的培训要求 46.引进优质培训资源，定期开展专题培训，促进教研、科研与培训有机结合，发挥校本研修基础作用 47.鼓励教师利用网络学习平台开展教研活动，建设教师学习共同体	王佳菊 徐　静 王建华
提升教育教学水平	建设适合学生发展的课程	48.落实国家义务教育课程方案和课程标准，严格遵守国家关于教材、教辅管理的相关规定，确保国家课程全面实施。不拔高教学要求，不加快教学进度 49.根据学生发展需要和地方、学校、社区资源条件，科学规范开设地方课程和校本课程，编制课程纲要，加强课程实施和管理 50.落实综合实践活动课程要求，通过考察探究、社会服务、设计制作、职业体验等方式培养学生创新精神和实践能力。每学期组织一次综合实践交流活动 51.创新各学科课程实施方式，强化实践育人环节，引导学生动手解决实际问题 52.定期开展学生学习心理研究，研究学生的学习兴趣、动机和个别化学习需要，采取有针对性的措施，改进课程实施和教学效果	杨建成 高凤琴 郝建丽
	实施以学生发展为本的教学	53.定期开展教学质量分析，建立基于过程的学校教学质量保障机制，统筹课程、教材、教学、评价等环节，主动收集学生反馈意见，及时改进教学 54.采取启发式、讨论式、合作式、探究式等多种教学方式，提高学生参与课堂学习的主动性和积极性 55.创新作业方式，避免布置重复机械的练习，多布置科学探究式作业。可根据学生掌握情况布置分层作业。不得布置超越学生能力的作业，不得以增加作业量的方式惩罚学生	杨建成 高凤琴

管理职责	管理任务	管理内容	负责人
提升教育教学水平	建立促进学生发展的评价体系	56.对照中小学教育质量综合评价改革指标体系，进行监测，改进教育教学 57.实施综合素质评价，重点考察学生的思想品德、学业水平、身心健康、艺术素养、社会实践等方面的发展情况。建立学生综合素质档案，做好学生成长记录，真实反映学生发展状况 58.控制考试次数，探索实施等级加评语的评价方式。依据课程标准的规定和要求确定考试内容，对相关科目的实验操作考试提出要求。命题应紧密联系社会实际和学生生活经验，注重加强对能力的考察。考试成绩不进行公开排名，不以分数作为评价学生的唯一标准	杨建成 高凤琴 郝建丽
	提供便利实用的教学资源	59.按照规定配置教学资源和设施设备，指定专人负责，建立资产台账，定期维护保养 60.落实《中小学图书馆（室）规程》，加强图书馆建设与应用，提升服务教育教学能力。建立实验室、功能教室等的使用管理制度，面向学生充分开放，提高使用效益	杨建成 高凤琴
营造和谐美丽环境	建立切实可行的安全与健康管理制度	61.积极借助政府部门、社会力量、专业组织，构建学校安全风险管理体系，形成以校方责任险为核心的校园保险体系。组织教职工学习有关安全工作的法律法规，落实《中小学校岗位安全工作指南》 62.落实《国务院办公厅关于加强中小学幼儿园安全风险防控体系建设的意见》《中小学幼儿园安全管理办法》，建立健全学校安全卫生管理制度和工作机制，采取切实措施，确保学校师生人身安全、食品饮水安全、设施安全和活动安全。使用校车的学校严格执行国家校车安全管理制度 63.制订突发事件应急预案，预防和应对不法分子入侵、自然灾害和公共卫生事件，落实防治校园欺凌和暴力的有关要求	邓跃强 丁振勇
	建设安全卫生的学校基础设施	64.配备保障学生安全与健康的基本设施和设备，落实人防、物防和技防等相关要求。学校教育、教学及生活所用的设施、设备、场所要经权威部门检测、符合国家环保、安全等标准后方可使用 65.定期开展校舍及其他基础设施安全隐患排查和整治工作。校舍安全隐患要及时向主管部门书面报告 66.设立卫生室或保健室，按要求配备专兼职卫生技术人员，落实日常卫生保健制度 67.设置安全警示标识和安全、卫生教育宣传橱窗，定期更换宣传内容	邓跃强 丁振勇 郝建丽

管理职责	管理任务	管理内容	负责人
营造和谐美丽环境	开展以生活技能为基础的安全健康教育	68.落实《中小学公共安全教育指导纲要》，突出强化预防溺水和交通安全教育，有计划地开展国家安全、社会安全、公共卫生、意外伤害、网络、信息安全、自然灾害以及影响学生安全的其他事故或事件教育，了解保障安全的方法并掌握一定技能 69.落实《中小学健康教育指导纲要》，普及疾病预防、营养与食品安全以及生长发育、青春期保健知识和技能，提升师生健康素养 70.落实《中小学幼儿园应急疏散演练指南》，定期开展应急演练，提高师生应对突发事件和自救自护能力	郝建丽 邓跃强
	营造健康向上的学校文化	71.立足学校实际和文化积淀，结合区域特点，建设体现学校办学理念和思想的学校文化，发展办学特色，引领学校内涵发展 72.做好校园净化、绿化、美化工作，合理设计和布置校园，有效利用空间和墙面，建设生态校园、文化校园、书香校园，发挥环境育人功能 73.每年通过科技节、艺术节、体育节、读书节等形式，因地制宜组织丰富多彩的学校活动	丁振勇 郝建丽
建设现代学校制度	提升依法科学管理能力	74.每年组织教职员工学习宪法、教育法、义务教育法、教师法和未成年人保护法等法律，增强法治观念，提升依法治教、依法治校能力 75.依法制定和修订学校章程，健全完善章程执行和监督机制，规范学校办学行为，提升学校治理水平 76.制定学校发展规划，确定年度实施方案，客观评估办学绩效 77.健全管理制度，建立便捷规范的办事程序，完善内部机构组织规则、议事规则等 78.认真落实《中小学校财务制度》，做好财务管理和内审工作 79.指定专人负责学校法制事务，建立学校法律顾问制度，充分运用法律手段维护学校合法权益	邓跃强 丁振勇

管理职责	管理任务	管理内容	负责人
建设现代学校制度	建立健全民主管理制度	80.贯彻《关于加强中小学校党的建设工作的意见》，以提升组织力为重点，突出政治功能，把学校党组织建设成领导改革发展的坚强战斗堡垒，充分发挥党员教师的先锋模范作用 81.坚持民主集中制，定期召开校务会议，健全学校教职工（代表）大会制度，将涉及教职工切身利益及学校发展的重要事项，提交教职工（代表）大会讨论通过 82.设置信息公告栏，公开校务信息，公示收费项目、标准、依据等，保证教职工、学生、相关社会公众对学校重大事项、重要制度的知情权 83.建立问题协商机制，听取学生、教职工和家长的意见和建议，有效化解相关矛盾 84.发挥少先队、共青团、学生会、学生社团的作用，引导学生自我管理或参与学校治理	邓跃强 丁振勇 郝建丽
	构建和谐的家庭、学校、社区合作关系	85.健全和完善家长委员会制度，建立家长学校，设立学校开放日，提高家长在学校治理中的参与度，形成育人合力 86.引入社会和利益相关者的监督，密切学校与社区联系，促进社区代表参与学校治理 87.主动争取社会资源和社会力量支持学校改革发展 88.有条件的学校可将体育文化设施在课后和节假日对本校师生和所在社区居民有序开放	郝建丽

六、工作要求

义务教育学校全面推进管理标准化建设工作已经全面启动。各级领导均非常重视，在城市副中心的高点定位下，作为首批被调研单位，使命光荣、责任重大。因此，学校要求全体干部教师在做好日常教育教学工作的同时，牢固树立政治意识和大局意识，倍加珍惜育才荣誉，务必把"管理标准化建设"工作抓细抓实。要加强沟通、注意配合，确保"管理标准化建设"各项指标高质量达成。

"睛彩少年"校园近视防控行动方案

（2020年9月）

　　为贯彻落实习近平总书记关于学生近视问题的重要指示精神，根据教育部等八部门制定的《综合防控儿童青少年近视实施方案》，结合我校关注学生身心健康，全面发展的育人目标，强化我校以人为本的办学理念，落实立德树人的根本任务，实现"学生全面健康成长、教师科学幸福工作、学校和谐内涵发展"的办学宗旨，为切实加强学生视力保护工作，树立学生爱眼、护眼意识，实现学生近视防控的目标。制定我校"睛彩少年"校园近视防控方案。

组织领导

组　长：李竹林（校长）

副组长：张　艳　邸淑香　冯海波　胡文山　王继红　李金龙

　　　　各部门中层领导和各年级低重心

成　员：任课教师

组织思想

眼睛健康不仅关系到每个青少年的成长和学习，更是对每个孩子影响巨大，学习、运动、交际等，甚至关乎影响到个人的自信心；关系到整个孩子的健康素质和学校人才培养的质量；因此，我们必须加倍珍惜和爱护青少年视力健康，提高对眼睛健康的认识。

　　我校加强教育学生对防控近视的认识，加强对保护学生视力工作的认识，做到关爱学生，把保护关爱学生视力工作作为学校的重要工作，人人重视，坚持以预防为主，面向全体学生，面向家长，采取行之有效的预防近视眼发生的方法，降低学生近视眼的发病率，坚持综合防控的原则，针对导致学生近视眼的多种发病因素，采取综合防控措施，我校也将坚持常抓不懈的原则，把学生近视防控工作纳入日常工作中，促进我校近视防控工作不断向前发展并力争取得成效。

实施办法

通州二中校园近视防控公式：

健康标准 ➕ 卫生标准 ＝ 有效防控

一、健康标准四步走

（一）科普、宣传、讲座、将视力防护融入校园文化

通过定期的科普、宣传、讲座，丰富相关理论知识，提高对防护重要性的认知，明确防护的科学方法。校园内、楼道内、教室内均设置宣传区、科普区、监测区，内容包括海报张贴，科普面板，对数表灯箱。便于学生随时随地了解防护知识，保护视力的方法，还可以随时监测自己视力。

（二）远视力储备量监测

所谓远视力储备量，相当于银行里的储蓄，储备量的多少因人而异。通过用眼的过程不断消耗，直至储备量消耗完之后便形成了近视。小学一年级新生入学，我们召开近视眼防控的专题家长会，内容包括专家讲座，问题交流互动等。建议家长带孩子到眼科医院测量孩子的远视力储备量，以便更清楚有效的制定防控计划，便于严格管理和管控孩子的学习和生活，帮助孩子养成良好的用眼习惯。

（三）家校合作

我校将近视眼防控工作作为家校合作当中的一项重要内容，无论是在家还是在校，学生的近视眼防护都是需要一定的环境的。这里包括座椅高度、灯光亮度、看书学习的坐姿、书眼距离，也包括坏习惯的纠正，对电子产品过度使用等不良用眼习惯的关注、管控、管理。还包括对学生视力情况的关注，定期进行视力监测。家校合作的无缝连接，有助于全时性的管理、管控、监测。

（四）学生视力监测

学生视力监测，包括在校和居家，需要段时间内的监测和记录，从监测数据反馈学生的视力情况以便及时调整或防控。制定《通州二中学生在校视力监测表》《通州二中学生视力统计表》《通州二中学生居家视力检测表》。

二、卫生标准四步走

（一）教室光环境检测

学生大部分用眼时间都是处于教室的光环境下，所以教室的光环境尤为重要，通过保健所等相关技术部门定期对每个教室的光环境进行检测，以便于光环境可以始终达到护眼的程度效果。

（二）可调节高度的桌椅

每个教室的桌椅都换成可调节高度的桌椅，儿童青少年生长发育快，段时间内身高变化大，可随时通过调试桌椅的高度比例来调节坐姿、书眼距离。方便快捷且有效。

（三）课时、课业安排

在完成正常的教育教学的背景下，学校科学编排学生课表，室内、户外相结合，着重眼保健操的时间和课外一小时的安排。

（四）室外活动时间

室外活动时间也是家校合作的重要环节。在校时间有学校课程安排，居家则需要家长对孩子时间的管理。假期前的家长一封信当中会明确鼓励家长多陪同孩子进行户外活动，通过班级群、小组群等不断强调，不断提示学生的居家户外活动。线上上课过程中，学校安排亲子类的、学生独立运动类的活动展示。多角度，多方位地利用家校合作。

防控知识学习：《通州二中学生近视防控工作手册读本》

防控工作的愿景和目标：在家庭、学校、社会的共同努力下，让通州二中的"睛彩少年"绽放精彩人生！

"胖胖变壮壮"训练营活动方案

（2021年4月）

为深入贯彻国务院教育督导委员会办公室印发的《关于组织责任督学进行"五项管理"督导的通知》（简称通知）的要求，落实立德树人的根本任务，实现"学生全面健康成长、教师科学幸福工作、学校和谐内涵发展"办学宗旨，通州二中全面开展了作业、睡眠、手机、读物、体质五项管理，其中对学生体质健康情况尤为关注。我校为了有效改善肥胖学生的身体素质，树立健康观念，全面提高学生的身体素质，特此制定本活动方案

组织领导

组　长：李竹林（校长）

副组长：张　艳　邸淑香　冯海波　胡文山　王继红　李金龙

　　　　各部门中层领导以及学校体育教研组组长

成　员：年级长　班主任老师　体育教师

组织思想

随着社会经济的发展，人们的生活方式和饮食结构也随之发生了较大变化。据调查数据显示，我国6~17岁的青少年儿童，超重肥胖率已经达到19%，约每5个中小学生里，就有一个"小胖墩"。

肥胖，不但给孩子身体健康带来威胁，而且以现在的审美观来讲，过于肥胖也容易引起学生自卑，甚至出现心理问题。

为此，通州区第二中学成立"胖胖变壮壮"训练营，旨在提升学生的综合素质，养成健康科学的运动和生活习惯，最终达到远离肥胖、健康一生的目的。

开营历程

训练营推进一：数据筛查

我校利用体质健康数据反馈来筛选肥胖、虚胖的学生，根据学生身高、体重测量结果，计算体质指数（BMI）＝体重（kg）／身高（m）的平方，依据"中国学龄儿童青少年超重、肥胖筛查体重指数（BMI）分类标准"评价超重和肥胖。

训练营推进二：体质调查

我校各年级低重心领导、体育任课教师、各班班主任深入班级，询问调查肥胖学生的身体状况，通过问卷掌握学生基本情况，并登记该生能否参与正常的运动训练。

训练营推进三：确定肥胖学生人数并建立档案

我校根据以上调查包括身高体重、指数、体质测试成绩等相关数据，确定各班肥胖学生人数并建立档案，以便后续工作的顺利开展。

训练营推进四：召开学生会

我校召开肥胖学生的主题学生会，介绍青少年肥胖的危害及摆脱肥胖的具体做法等；并发放调查问卷，深入了解肥胖给学生带来的困扰、肥胖学生自己的理想体型及自己的健康程度自评等。

训练营推进五：家校合作

我校通过家校合作方式，进一步推进训练营的相关工作进展。下发肥胖学生家长《"胖胖变壮壮"训练营活动——致家长的一封信》，为学生的康体强身工作助力。

训练营推进六：训练营正式开营

训练营活动

1.在校期间

运动锻炼。

饮食监督。

专业知识讲座。

2.在家期间

以三到四天为一个训练周期，进行专业性运动训练。

健康饮食打卡。

睡眠打卡。

3.胖胖变壮壮成功离队仪式。

活动愿景及目标

在家庭、学校、社会共同努力下，经过一个阶段的训练，学校为达标的"壮壮"们举行离队仪式，提升学生自豪感，让"壮壮"们健康快乐茁壮成长！

推进学习型学校建设，创建和谐优质学校

（2010年4月24日）

通州区大杜社中学坐落于京南重镇马驹桥，近年来，我校在市、区政府和教委的正确领导下，以科学发展观为引领，坚持走制度化与人性化相结合的人本管理之路，提出了"推进学习型学校建设，创建和谐优质学校"的办学方略，极大地提升了教师专业素养，提高了学校办学水平，学校教育教学质量连续多年处于通州区农村中学前列。现将我校在学习型学校创建工作的主要做法向各位领导、专家做一简要汇报。

一、高度重视，建立领导小组，明确创建思路，制定创建方案，确立创建目标

学校领导高度重视，成立了创建工作领导小组，校长为组长，办公室主任为副组长，班子其他成员为组员，分工负责，责任到人。明确创建思路：更新观念，领导先行；感知变化，全员启动；确立愿景，制度保障；团队学习，分享共赢；重视培训，促进发展。在此基础上，制定创建方案、创建工作规划和创建工作各项制度；确立创建总体目标：形成争创学习型学校、争当研究型教师的良好学习风气，提高教师教育教学能力，提升学校办学水平。

二、推进学习型学校建设，创建和谐优质学校

（一）确立共同愿景，明确学校发展方向

我校坚持"以人为本"的管理理念，注重教师与学校的共同发展，通过广泛征集、总结提炼，形成我校全体教师的共同愿景："团结和谐精神面貌好，拼搏实干教学质量高"。这一共同愿景，犹如一面旗帜，引领全校教师朝着共同的目标迈进。

（二）以德育培训为载体，规范教师教育教学行为

学校成立师德建设领导小组，推进教师思想建设。组织教师学习《中小学教师职业道德规范》、学习先进的教育理论，用正确的理念引导教师树立正确的世界观、人生观、价值观，培养教师崇尚师德的思想观念。

制定教师《师德建设规划》和教师培训管理制度，健全师德档案管理和考核评价机制，在制度上规范教师的师德。带领教师学习学校的规章制度，如《教师师德规范》《教师行为八不准》等，用制度来规范人，用评价来激励人。

强化班主任队伍建设。学校定期进行班主任培训，或请校外专家讲座，或请校内的优秀班主任现身说法，理论联系实际，提高班主任工作水平。

开展师德演讲比赛、师德之星评比和学生评教活动，形成崇尚师德、爱岗敬业的工作氛围，塑造教师高尚师德。

倡导"校园思维"，凝心聚力形成正确舆论导向。学校在校内广泛宣传业已达成共识的"校园思维"："人人都有进步的潜力，事事都有改进的余地，不为不足找理由，只为提高想办法"。目前已经形成强大的校园舆论，成为干部教师自觉查找不足、自觉改进工作的思维方式。

（三）以业务培训为抓手，促进教师业务水平的提高

1.制定《教师职业生涯规划》，促进教师成长

学校组织教师制订个人《教师职业生涯规划》，确立自身发展目标，制定实施方案，促进教师综合素质的提高。

2.构建激励机制，调动教师工作积极性

（1）建立和完善教学评价方案，科学评价教师教学工作。采取绝对评价和相对评价相结合、定性定量相结合的方法，对教师工作的全过程进行评估，引导教师爱岗敬业，鼓励教师一马当先。

（2）运用行为激励理论，调动教师工作的积极性。制定教学奖励方案，凡期中、期末考试双超区均者命名为校优秀教师，颁发证书，在同等条件下，优先晋级，并作为评先进的重要条件。

（3）重要岗位实行择优上岗。每到新的学年，对重要的教学岗位实行择

优上岗。做法是：校方定出工作指标，教师报名应聘，学校年级主管干部根据报名情况择优聘用，超额完成任务的教师学校给予奖励。

（4）开展教学专项评优，促进教师综合教学水平的提高。

我校经常开展教学评比活动，有时是综合的，如课堂教学评优，评价教师全面教学能力，但更多的是分项评比活动，如教案评比、作业批改评比、教学反思评比、课件制作评比等，从中发现具有"一技之长"的教师。这种做法促使教师去争取"两技之长""多技之长"，从而逐步提高教师教学水平。

3.推进"青年教师建设"工程，促进青年教师教学能力的提高

（1）关注青年教师发展，推进"1358"工程。新教师进学校后，学校成立青训班，明确教师的成长目标：争取一年站稳讲台、三年出满意成绩，五年成教坛新秀、八年成骨干教师。学校利用青训班这一平台，对青年教师进行业务培训。凡参加工作三年内的青年教师都要进入青训班参加培训。青年教师上岗前进行三项培训：一是爱岗敬业教育，由工会主席负责；二是校规校纪学习，由政教主任负责；三是教学基本技能培训，由教务主任负责。

（2）发挥优秀教师的传、帮、带作用，培养新教师和教学骨干力量。学校制订《师徒结对实施方案》，实施"以优带新"工程，由教学水平较高的骨干教师和刚走上教师岗位的年轻教师签订师徒合同，拜师认徒，手把手传帮带。我校采用这种"以优带新""以新促优"的方式，推动教师队伍业务素质的整体提高。在此基础上，学校打破了原来"一帮一""一对一"的固定格局，逐步形成"一师多徒""多师一徒"的格局，使有的教师既上拜师傅，又下带徒弟，形成多层次的师徒对子。通过连续的听课评课和多种专题研讨和讲座，使青年教师迅速成长起来。

（3）"干中学、学中干"是培养青年教师的有效途径。我校开展"教学开放日""青年教师汇报课""青年教师推优展示课"和撰写"反思周记"等活动。教研工作的常态化，促进了教师教学水平的提高。

（4）政治上关怀，促进青年教师成长。党支部把党小组建在年级组，每个党员联系一名积极分子，从思想、工作和生活上给予关怀和帮助。目前，党员和积极分子队伍已经成为学校各项工作的推动力量。

4.采取"身边学，走出去，请进来"的方式，多维度开阔教师视野，提高

教师教育教学能力

身边学：学校每学期初组织召开"教育教学经验交流会"和"教学方法一招鲜"征集活动，搭建教师相互交流、取长补短平台。

走出去：让教师参加市、区级教师培训，听专家讲座指导；组织教师到优质校学习、参加连片教研等形式，开展学习交流活动，学习他人之长。几年来先后到通州二中、第一实验中学、牛堡屯学校等单位学习，收获很大。

请进来：近年来，学校先后请北京市基教研中心、通州区教师研修中心等单位专家来校讲座、视导，帮助我校教师查找教学不足，寻求改进措施，促进教师专业发展。

5.提高教师的教科研能力

学校建立教科研室，完善教科研制度，专人组织教师认真学习教科研的基本知识，提高科研能力，促进青年教师迅速成为教科研骨干。

我们现有市级课题"提高学困生学习有效性的研究"和区级"初中课堂教学中学生有效参与策略"课题研究。通过课题研究形成学校教育教学研究的浓厚氛围，提高教学有效性。

三、取得的点滴成绩

我校的学习型学校建设取得了一些成效。连续多年中考成绩位于通州区农村中学前列，连续被通州区教委评为"中考优秀校"，喜人的成绩受到上级领导的好评，赢得了社会各界的称赞。2008、2009年中考后，学生家长自发向学校赠送锦旗，上写"家长满意的学校，孩子成长的摇篮"（2008年）"用心之处胜过父母，大恩大爱终生铭记"（2009年）。2008年获得"通州区体育先进校"称号，2009年获得"通州区继续教育先进单位""北京市特殊教育先进单位"等称号。近年来，先后有4人次捧得"启慧杯""春华杯"和"秋实杯"，涌现出通州区骨干教师5人，通州区优秀班主任7名，北京市"紫禁杯"优秀班主任3名，有236人次的教师在市区各级竞赛中获奖。

我校在"学习型学校"建设工作中提高了教师教育教学能力，提升了学校办学水平。但我们深知，我校的学习型学校创建工作尚属"萌芽"状态，在今后的工作中，我们会不断探索实践，争创大杜社中学的辉煌。

加强教师队伍建设，创建和谐优质学校

（2010年11月4日）

百年大计，教育为本；教育大计，教师为本。加强教师队伍建设，事关教育的改革与发展，事关国家和民族的未来，是全面推进素质教育，创建和谐优质学校的有力保证。近年来，我校对教师队伍建设工作高度重视，通过不断思考与实践，取得较好效果，现将主要做法汇报如下。

一、指导思想

坚持以科学发展观为指导，突出教师队伍建设工作的重要地位；坚持以师德教育为首要任务，提高教师队伍的道德素质；坚持以校本培训为主渠道，倡导"敬业、爱生、求精、争先"的教风，提升教师业务水平；坚持制度建设，规范教师的教育教学行为；提高教师教育教学能力，创建和谐优质学校，办人民满意教育。

二、建设目标

建设一支"师德高尚、业务精湛、结构合理、充满活力"的高素质、专业化教师队伍。

三、加强组织领导，健全机制，强化管理

成立教师队伍建设领导小组，校长为组长，教务处为具体的负责工作机构，将教师队伍建设的具体任务划归到各处室，形成管理网络，分工明确，责任到人。先后制定了《大杜社中学教师队伍建设方案》《大杜社中学教师队伍建设制度》《大杜社中学校本培训制度》和《大杜社中学教师队伍教学、竞赛、科研工作奖励办法》等一系列规章制度。健全机制使我们的工作做到了

条理清楚、有的放矢。现在，我校教师队伍建设工作有计划、有内容、有组织的有序开展。

四、加强教师思想道德建设，塑造美好师魂

通过学习培训，推进教师思想建设。组织教师学习《教师法》《义务教育法》《中小学教师职业道德规范》和《给教师的十条建议》，学习先进的教育理论和心理健康知识等，用正确的思想理念和行为规范引导教师树立正确的世界观、人生观、价值观，培养教师教书育人、敬业爱生的思想观念。

开展各种活动，发挥榜样作用。开展师德演讲比赛，宣传师德先进典型事迹；开展师德之星评比活动，形成崇尚师德、爱岗敬业的工作氛围；每学期开展学生评教活动，评价内容涉及教师日常师德表现，促进教师自我约束，塑造高尚师德。每学期在学生中开展一次师德调查问卷，对表现好的教师进行表彰奖励。

每学期对全体教师进行一次师德考核，内容涉及依法执教、爱岗敬业、为人师表、关爱学生、严谨治学、团结协作、廉洁从教等方面，考核成绩记入教师考核档案，与评优挂钩。

倡导"校园思维"，弘扬正气，形成鲜明的团队组织文化。在校园内广泛宣传业已达成共识的"校园思维"："人人都有进步的潜力，事事都有改进的余地，不为不足找理由，只为提高想办法"。目前"校园思维"已经成为我校鲜明的团队组织文化。文化管人管灵魂，它引导、规范和影响着我校的每一个人，成为全校教师自觉查找差距、改进工作的良好思维方式，促进了教师成长和校园的和谐。

五、建立"学习型组织"，加强校本培训，促进教师职业发展

1.为了促进教师的专业化成长，学校实施"学习型学校"建设工程，使学校真正成为学习型组织，提高教师专业发展的针对性，促进教师快速健康发展。把工作的过程看成学习的过程，做到学习工作化，工作学习化。

2.组织教师制定《教师三年职业生涯规划》，确立自身发展目标。教师人人制定《教师三年职业生涯规划》。通过自我分析，在认清自我的前提下，确

立自身发展目标（师德表现、教育观念、教育方法、教学方法、科研能力和教育教学业绩等），制定实施方案，实现教师综合素质的提高。为协助教师实现三年职业生涯规划，学校每学年组织教师开展"四个一"活动：练就一项教学基本功，进行一次教学展示，参与一个课题研究，总结一份教育教学体会。

3.加强教师基本功的培训和比赛，赛培结合。每学期教务处组织教师开展"五个一"活动。即一次粉笔字比赛，一次教案评比，一次信息技术培训，一次学科专项比赛，一篇高质量的教学反思。

4.开展教学研究活动，提高教师队伍整体水平。第一，建立学习型组织，推行集体备课制度，发挥集体智慧，提高备课质量。坚持个人研究和集体研究相结合的原则，即钻研教材—集体研究—写出教案—课后反思。集体备课不仅把教师从繁重的工作中解脱了出来，而且提高了备课的质量。第二，立足课堂潜心研究，"干中学、学中干"是培养教师的有效途径。我们围绕"有效课堂教学"这一主题，开展教学评优活动，让各个层次的教师上好各类公开课：骨干教师示范课，新教师"汇报课"，着力打磨"有效课堂"，努力提高教师专业能力。

5.采取"身边学，走出去，请进来"的方式，多维度开阔教师视野。第一，校内交流：学校每学期组织召开"教育教学经验交流会"和"教学方法一招鲜"征集活动，搭建教师相互交流、提高的平台。第二，区域教研：通过组织教师到优质校学习、参加联片教研等形式，开展学习交流活动，学习他人之长。几年来先后到通州二中、第一实验中学、次渠中学、台湖学校等单位学习，教师反映收获很大。第三，专家引领：参加市级、区级教师培训，听专家讲座指导；邀请北京市基教研中心、通州区教师研修中心等单位专家来校讲座、视导，帮助我校教师查找教学不足，寻求改进措施，促进教师专业发展。

6.推进"青年教师建设"工程，促进青年教师教育教学能力的提高。学校关注青年教师发展，推进"1358"工程。新教师进学校后，学校成立青训班，明确教师的成长目标：争取一年站稳讲台，三年出满意成绩，五年成教坛新秀、八年成骨干教师。

青年教师岗前培训：一是爱岗敬业教育，由工会主席负责；二是校规校纪学习，由政教主任负责；三是教学基本技能培训，包括如何写教案、怎样上好一节课、怎样管理学生等，由教务主任负责。青训班定期进行基本功培训，经常进行说课、评课活动，对青年教师的迅速成长起到促进作用。

发挥优秀教师的传、帮、带作用，实施"以优带新"工程：学校制定《师徒结对实施方案》，由教育教学水平较高的骨干教师和青年教师签订师徒结对协议，进行教学帮扶互助，优秀教师在如何备课，如何写教案，如何授课，如何辅导学生，如何布置、批改作业，如何讲评作业与试卷等方面对青年教师进行指导。这种"以优带新"的方式，促进了青年教师业务素质的提高。在此基础上，逐步形成"一师多徒""多师一徒"的多层次的师徒对子，使青年教师你追我赶迅速成长。

政治上关怀，促进青年教师成长：学校党支部把党小组建在年级组，每个党员联系一个积极分子，从思想、工作和生活上给予关怀和帮助，成熟一个发展一个。目前，党员和积极分子队伍已经成为学校各项工作的推动力量。

实行达标考核，激励引导青年教师专业化成长：学校对参加工作三年内的青年教师每学期实行课堂教学达标考核，通过组织青年教师评优课、新上岗教师汇报课等多种形式对青年教师课堂教学能力进行考核评价、诊断，营造学校课堂教学研讨氛围，以活动促进教师专业成长。

7.建设骨干教师梯队，促进学校的可持续性发展。第一，压担子、引路子、搭台子，建设骨干教师梯队，加快骨干教师成长。学校在对教师进行整体培训的基础上，对能力较强的骨干教师适当增加培训内容，因人而异，点拨引导，提高工作要求（如上区级公开课、申请立项课题、教学成绩优异等）；通过开展课堂教学评优活动推出教学能手，树立典型。通过以上方式，不断发掘"教坛新秀"，不断壮大充满活力的骨干教师队伍，形成校级、镇级、区级骨干梯队。第二，骨干示范，指导课堂教学。学校充分发挥校、区、镇骨干教师的典型引路、榜样示范作用，每学期都要组织骨干教师上示范课，举办"我的教学开放日"活动，使教研常态化，促进骨干教师成长。

六、实施"科研强校工程"，提高教师的科研能力

学校教科研工作注重和教育教学实际相结合的原则，要求教师积极参与教育科研，鼓励出科研成果。我校现有市级课题"提高学困生学习有效性的研究"和区级"初中课堂教学中学生有效参与策略"课题研究。课题研究目的是要实现三个转变，即变"满堂灌、重负荷、低效率"的教学为"启发式、轻负担、高效率"教学。每位教师围绕学校科研课题，确立自己本学科教学的子课题，定期开展研讨、观摩、交流等，通过课题研究，教师的科研水平有了不同程度的提高，部分教师的教案、经验总结和课题研究成果等在市区级竞赛中获奖。

七、构建激励机制，激发教师工作潜能，调动教师工作积极性

1.完善教师评价方案，科学评价教师工作。为考核每位教师在每学期的工作表现，我校成立教师学期工作评估小组，对每位教师的工作进行全面考核，从德、能、勤、绩四个方面进行量化，采取绝对评价和相对评价相结合、定性定量相结合的方法，对教师工作的全过程进行评估，充分发挥评价的诊断与导向作用，评出方向，评出差距，评出干劲。

2.重要岗位实行择优上岗。我校每到新的学年，对重要的教学岗位实行择优上岗。做法是：校方定出工作指标，教师报名应聘，学校年级主管干部根据报名情况择优聘用。

八、丰富校园文化生活，关注教师身心健康，凝心聚力营造和谐大家庭

学校领导把尊重教师、培养人才、凝聚人心、协调利益、化解矛盾、排忧解难作为自己的职责，创设和谐民主、积极进取的工作氛围。学校十分关注教师身心健康，除去鼓励教师进行乒乓球、台球、篮球娱乐外，由工会主席牵头，开展呼啦圈比赛、跳绳比赛、拔河比赛、模特展示、跳交谊舞、为教师送上生日祝福等活动，体现人文关怀，增进了教师友谊，强健了教师体魄，缓解了教师工作学习压力，把学校营造成一个健康和谐的大家庭。

加强教师队伍建设是一项长期的系统工程，不可能一蹴而就，教师队伍建设必须常抓不懈，常抓常新。今后，我们一定会继续总结经验，勇于创新，进一步提高教师队伍建设的针对性和实效性，打造素质教育的精锐之师，在创建和谐优质学校、办人民满意教育的征程上开拓前行。

依托社会资源，打造特色课程，促进学生全面发展

（2012年5月12日）

2008年，北京市中小学生社会大课堂工作的启动与实施，为学校提升办学品位，走特色发展之路拓宽了思路、搭建了舞台，更为学生面向未来、面向社会的成长开启了一扇探索、体验之门。我们结合育才学校实际，充分发挥社会大课堂在融通课内外、联通校内外、整合社会资源等方面的优势，依托大课堂基地，把社会资源作为国家、地方和校本课程的必要补充，把社会中鲜活的地域资源加以开发，并与学科课程、主题教育活动有机结合起来，努力搭建学生发挥潜能、展现个性的舞台，初步形成了"以基地资源为依托，以学科课程为切入点，以构建特色实践活动课程体系为载体，以优化学生学习方式、拓展学生探究实践空间为抓手，以提升学生综合素质、促进学生全面发展为目标，扎实推进大课堂工作常态化实施与应用"的工作机制。

一、统筹管理，建立机制——促大课堂建设常态化运行

健全机制是任何工作得以落实的重要保证之一。我们从管理、时间、人员、经费、内容等方面将社会大课堂活动予以落实，为大课堂常态化实施提供了保障。

在管理上，建立管理体系，明确管理职责。形成了由校长统一领导，政教处统筹协调，年级组、学科组组织策划，多学科教师具体实施，全体学生主动参与，社会、家长协同完成的管理格局。

在时间上，积极整合，提高效率。我们把地方课程、校本课程、专题教育、综合实践活动等课时进行合理整合，统一调配，集中使用，确保大课堂活动按课程计划落实。

在人员上，全体动员，人人参与。我们依据主题实践活动内容，安排不

同学科的教师负责指导，全校教师分年级、分时段共同承担大课堂活动的组织与实施。

在经费上，适当投入，统筹安排。合理使用市区财政拨款、适当加大学校投入，努力争取资源单位的支持，保证大课堂各项活动的有效落实。

在内容上，确定主题，形成梯度。根据学生发展需要，结合不同年级学生的认知特点，设置不同形式、不同内容、不同主题的实践活动。

二、系统梳理，整体构建——促大课堂建设课程化实施

课程化实施是保证社会大课堂建设常态应用的基础与载体。北京市中小学生社会大课堂有近五百家市级资源单位，极大地丰富了现有的学科课程资源，为国家和地方课程的拓展与延伸、校本课程的有效实施，也为学校综合实践活动的扎实推进、主题教育活动的深入开展提供了丰富、广阔的资源与平台。我校从开始社会大课堂建设之初，就紧紧依托大课堂基地，对市、区两级社会资源进行系统梳理，并结合学校实际，依据学生兴趣及成长需求，进行了不同形式的主题研发，初步建构起了我校大课堂活动课程化体系，为大课堂长效、常态、校本化实施奠定了基础。

每学期，我们都要根据不同学段学生的学习内容、能力水平和已有经验，有目的、有计划、有选择地组织学生集体走进活动基地，根据不同主题，开展不同形式的参观、调查、体验、探究等主题实践活动。我们力求每学期至少组织学生走进一家区域外的大课堂资源单位，1—2家区域内的大课堂资源单位。我们结合学校教育教学内容、依据学生兴趣，精选出了十几家市、区级资源单位，设立了"学科拓展类、创意体验类、人文素养类"三大类型、几十项具体活动内容的社会大课堂活动课程。

北京市育才学校通州分校中小学生社会大课堂活动课程开发一览表

活动类型	资源单位	年段	活动内容	指导教师	课时
学科拓展类	中国青少年科技馆	小学低年级	科学乐园	品生、专题	8
		小学中年级	探索与发现	科学、品社	8
		小学高年级	科技与生活	科学、劳技	8
		初中年级	挑战与未来	科学	8

续　表

活动类型	资源单位	年段	活动内容	指导教师	课时
学科拓展类	北京天文馆	小学低年级	快乐探索宇宙奥秘	品生	8
		小学中年级	玩转星空	科学、品社	8
		小学高年级	改变世界的工具	科学、品社	8
		初中年级	神奇的天文学	历史、综合实践	8
	北京自然博物馆	小学低年级	探索角	品生	8
		小学中年级	恐龙公园	品社、科学	8
		小学高年级	动物——人类的朋友	品社	8
		初中年级	动植物的奥秘	生物、研究性学习	8
创意体验类	怀柔生存岛	小学低年级	逃生、自救、探险	品生、专题	8
		小学中年级	工艺制作、栽培	科学、劳技	8
		小学高年级	跨越与攀岩	体育	8
		初中年级	山地训练等	体育	8
	大兴红星快乐营	小学低年级	工艺制作体验	劳技、品生	8
		小学中年级	绿色拓展体验	体育	8
		小学高年级	农事体验	劳技、科学	8
		初中年级	红色文化体验	政治、历史	8
	大兴梨花园航天科普教育基地	小学低年级	趣味游戏体验	品生	8
		小学中年级	欢乐水世界体验	体育、专题	8
		小学高年级	三国训练营体验	品社、体育	8
		初中年级	航天科普	物理、综合实践	8
	北京欢乐之都青少年职业体验馆	小学低年级	手术室、牙医、消防队等	卫生、专题	4
		小学中年级	鲁班房、比萨店、照相馆等	劳技、信息	4
		小学高年级	环保、邮局、银行、钟表店	综合、科学	4
		初中年级	模拟法庭、报社等	政治、信息	4

续 表

活动类型	资源单位	年段	活动内容	指导教师	课时
人文 素养类	北京韩美林 艺术馆	小学低年级	走进大师的童趣世界	语文、劳技	2
		小学中年级	聆听大师的艺术语言	综合实践、 美术	3
		小学高年级	感受大师的艺术文化	美术	4
		初中年级	研习大师的艺术魅力	综合实践、 音乐、语文	4
	北京台湖 国际图书城	小学低年级	走进书的世界	语文、数学、 品生	2
		小学中年级	感受图书文化	劳技、品社	4
		小学高年级	探究图书历史	语文、历史	4
		初中年级	图书的检索与浏览	综合实践、 信息	4
	北京艺术 博物馆	小学低年级	走进泥塑世界	美术、劳技	8
		小学中年级	扇语清谈	美术、综合 实践	8
		小学高年级	编制与刺绣	劳技、综合 实践	8
		初中年级	通晓北京艺术文化	历史、综合 实践	8
	中国戏曲 博物馆	小学低年级	走进中国戏曲文物	综合实践	8
		小学中年级	赏析中国戏曲服饰	品社、研究 性学习	8
		小学高年级	探索中国戏曲中的乐器	品社、研究 性学习	8
		初中年级	中国戏曲发展史	历史	8

在学校统筹安排下，各年级组、学科组分别确定活动主题、明确活动目标，指导教师在活动前引导学生针对馆内资源情况进行初步的调查、了解，确定研究主题，制定实施计划，并熟悉活动流程、模拟活动路径。由于活动前准备充分，因此学生的每一次走出去都是有备而去、有获而归，彻底改变了以往学生活动一走、一看、一过的局面，让学生真正成为大课堂活动中的实践者、探究者和受益者，学生身心得到锻炼、能力得到培养、素质得到

提升。

三、准确定位，有效整合——促大课堂活动创新性开展

每一个基地都有自己独具特色的资源内容，我们充分利用区域内的有效资源，通过"学科拓展、综合实践研发、德育主题结合"等途径，对区域内的特色资源进行深入探究、有效研发，多学科整合、多角度切入，打造不同学科、不同学段、不同主题的活动序列，为学生有计划、有目的地走进基地开展大课堂实践活动拓宽了实施途径。

（一）多学科研发，创新学习方式

我校周边资源丰富且极具特色，为学校打造特色活动课程体系、组织开展大课堂实践活动提供了有效的资源支撑。

北京韩美林艺术馆与育才通州分校仅一墙之隔。它不仅为我们提供了一个艺术享受的空间，同时也为学校教育、教学活动提供了丰富的课程资源。馆内绘画、书法、陶艺、雕塑等藏品，都是开阔学生视野、增长学生知识、陶冶学生情操、培养学生审美情趣的极好教材。学校建校初始就与北京韩美林艺术馆建立了长期共建关系。"北京育才学校通州分校"校名就是韩老先生亲笔所赐；学校落成及开学典礼上，韩老先生也亲临会场，并做了热情洋溢的讲话，使全校师生倍受鼓舞。这就为我们走进艺术馆，以艺术馆为学生的第二课堂提供了渊源、做好了铺垫。随着全校师生走进艺术馆活动的不断深入，我们对于馆内资源的研发也从艺术类课程，逐步拓展到语文、音乐、劳技、综合实践等多个学科领域，现已初步完成了四个主题、十几项内容、具有浓郁特色的"人文素养类"活动课程的研发。

北京韩美林艺术馆"人文素养类"活动课程开发一览表

活动主题	年级	活动内容	涉及学科	课时
走进大师的童趣世界	小学一年级	走近韩美林笔下的小动物	语文、说话实践	2
	小学一年级	感美林陶瓷，做百变陶泥	劳技	2
	小学二年级	走进天书，打开想象之门	语文	2
	小学二年级	水墨漫趣	美术	2

活动主题	年级	活动内容	涉及学科	课时
聆听大师的艺术语言	小学三年级	赏百变钧瓷，感不变美林	综合实践	3
	小学三年级	画形、画情、画魂	美术	3
	小学四年级	赏紫砂壶，品美林情	综合实践	3
	小学四年级	钧瓷无对，窑变无双	综合实践、劳技	3
感受大师的艺术文化	小学五年级	装饰艺术，靓丽生活	美术	4
	小学五年级	聆听线条的欢歌	美术	4
	小学五年级	我们与大师零距离	美术	4
	小学六年级	雕形塑心	美术、劳技	4
	小学六年级	感受文化标志的魅力	综合实践	4
研习大师的艺术魅力	初中一年级	笔墨飘香，点亮人生	写字、书法	4
	初中一年级	话说中国画	美术	4
	初中二年级	用旋律画出形象，用形象奏出旋律	音乐	4
	初中二年级	欣赏美林雕塑，感受中国文化	综合实践	4
志愿讲解员招募、培训、上岗	小学四年级至初中二年级	韩美林艺术馆小小讲解员培训	社会实践	8

这些主题活动课程的研发与实施，让学生们在收获之余也深深感受到，作为育才学子是多么的幸运与自豪——因为他们从小就能与"国宝级"也是国际级大师面对面、零距离接触，在享受精美的艺术作品的同时，得到艺术的熏陶、人格的影响。

此外，我们还依托馆内资源，结合学生实际研制了《学生活动指导手册》；利用馆内人力资源，培训学生志愿讲解员。现在，学校已有十几名学生志愿讲解员活跃在艺术馆内的各个展厅，并利用节假日为前来参观的游客做志愿讲解。我校的走进北京韩美林艺术馆活动，曾多次被通州电视台、通州时讯等媒体报道，备受家长及社会的关注。

图书是人类进步的阶梯，图书中更是蕴含着丰厚的文化，从结绳记事到仓颉造字，从雕版印刷到活字排版，从简册到电子读物，图书经历的每一个发展历程都是一本厚实的教科书。北京台湖国际图书城内丰富的资源，为我们开展语文、数学、品德、历史、劳技、信息技术、综合实践等学科教学实践活动提供了丰富的课程资源。我们在对图书城相关资源进行深入了解、调查、分析的基础上，研发了不同学段、不同主题、涉及中小学不同学科的十几个"人文素养类"活动课程。

北京台湖国际图书城"人文素养类"活动课程开发一览表

活动主题	适合年级	活动内容	涉及学科	课时
走进书的世界	一年级	我眼中的图书城	语文、数学、美术	2
	一年级	和好书交朋友	语文、数学、美术	2
	二年级	爱护图书的秘密	语文、品生	2
	二年级	少儿图书大比拼	语文、品德与生活	2
探究图书发展史	三年级	体验活字排版、雕版印刷	劳技	4
	三年级	探究印刷发展史	综合实践	4
	四年级	文字的起源与发展	语文、品德与社会	4
	四年级	穿越时空话图书	综合实践	4
感受图书文化	五年级	图书与生活	综合实践	4
	五年级	少儿读物推介会	综合实践	4
	六年级	图书分类与排列	研究性学习、劳技	4
	六年级	书籍的装订与技巧	语文、劳技	4
图书检索与浏览	初一年级	我是图书管理员	语文、历史	4
	初一年级	探索图书管理有妙招	信息、研究性学习	4
	初二年级	同类书籍的选择与购买	综合实践	4
	初二年级	多种类书籍检索与浏览	信息技术	4

这些主题活动课程的研发，让学生在不同学段走进书的世界，都能从不同的视角、结合不同的学科、带着不同的探究主题，穿越图书的发展历程，展开自己的实践活动。活动中，学生们收获的不仅仅是对图书、文字起源与演变的了解，对中华悠久文化的崇敬与感悟，更重要的是他们在书的世界里，穿越时空，与作品交流、与人物对话，在提高文化素养的同时，也培养了他们自主学习、自我选择与规划、自主探究与实践的意识与能力。

坐落于通州区梨园镇的北京欢乐之都青少年职业体验馆，是北京地区最大的一家少儿职业体验中心。我们依托馆内资源，研发了适合不同学段学生创意、体验的十几个主题活动课程。

北京欢乐之都青少年职业体验馆"创意体验类"活动课程开发一览表

活动主题	适合年级	活动内容	涉及学科	课时
感受快餐	二年级	巧手蛋糕师	综合实践、劳技	4
	三年级	做个快乐的比萨小店员	综合实践、劳技	4
	三年级	尚酷三明治	综合实践、劳技	4
角色体验	三年级	今天我是小交警	语文、安全	4
	三年级	爱牙护牙我做到	科学、卫生健康	4
	四年级	小小消防员	综合实践、安全	4
	四年级	把握生命的黄金四分钟	专题	4
	五年级	古墓探宝	品德与社会	4
	五年级	110法律热线	品社	4
	六年级	我是社会小卫士	语文、品社、综合	4
	六年级	银行服务在身边	品社、综合、数学	4
品味历程	初一年级	法官的一天	政治	4
	初一年级	留住瞬间的美	物理	6
	初一年级	TV-DIY（自己做电视节目）	物理、综合实践	6
	初二年级	爱心邮路	历史、综合实践	6
	初二年级	报纸诞生记	综合实践	6
	初二年级	点亮生活的光明	物理	6
创意实践	五年级	我有一双巧手	劳术	4
	五年级	插花点亮生活	劳术	4
	六年级	我是快乐的小木匠	劳术	4
	六年级	卡丁车修理部	科学、劳技	4
	初一年级	神奇的魔术世界	综合实践	8
	初二年级	快乐服装秀	综合实践	8

在体验馆里，学生是这里的主人，他们通过各种职业的体验，了解相关职业知识、掌握职业技能、体验职业的快乐与艰辛。在这个微型社会里，通过模拟未来生活过程，学生自由选择、自主体验、自我设计、自我规划，交流、沟通、合作、创新、尊重、感恩等这些能力的培养、意识的形成、情感的激发，都是在一种自主、自发中完成的——我们想，这或许就是大课堂的

魅力所在吧！

（二）多主题结合，创新实施途径

应该说，大课堂建设的实施也为学校德育工作的创新拓宽了领域。因为德育主题活动作为学校提升学生道德水平的一个重要抓手，只有植根于地域资源、回归社会生活才会有生命力，才能被孩子们接纳而凸显成效。因此，我们紧紧依托于区域内资源，结合学校德育教育序列、专题教育内容、志愿者服务项目等有针对性地对区域内的资源进行德育主题研发，组织学生走进公园、社区，走进消防中队，走进艺术馆、图书城，开展"文明公约我宣讲""义务劳动我参与""文明标识我来做""安全知识我宣传""志愿服务我践行"等系列主题教育活动。学生在社会这个大课堂中，充分了解校园生活之外的大千世界，在活动中学会合作与创新，在服务中懂得关爱与付出，在实践中收获成长与快乐。

（三）全方位梳理，创新工作思路

随着学校社会大课堂活动课程体系的构建与实施，伴着学生们的学习与成长，我们也在不断地总结与反思，我们的感悟是：一是课程资源的研发与课程体系的构建要紧紧依托区域资源优势、学校的发展实际和学生的成长需求；二是多门类课程的开发，主题活动的设计与实施，要充分发挥教师的团队优势与教师主导作用。今后，我们将在这方面继续努力探索、积极实践。

四、凸现亮点，初见成效——创学校特色发展之路

从2007年建校到2008年社会大课堂全面实施，可以说，北京育才学校通州分校始终是在大课堂建设这个大背景下探新路、求发展的。在这个过程中，我们的老师、我们的学生是最大的受益者。

（一）促进了学生综合素质提升

通过参与大信息量且鲜活、生动的社会大课堂活动，学生能够选择多样的学习方式，开阔了视野，丰富了体验，进一步培养了学生沟通交往、团结协作、理解包容、动手操作、实践创新、挑战自我、明辨是非等多种能力，提高了学生的综合素质，真正做到了学以致用。据初步统计，三年来，在老

师们的精心指导下，我校有400多人次的学生在国画创作、合唱比赛、阳光体育、文艺会演、英语短剧、诗歌朗诵、航模比赛、科技创意等评比活动中获得国家级金奖或市级一、二、三等奖，并有多名学生学做志愿者服务的感悟被收录在《北京市中小学生志愿服务教育研究论丛——学生篇》一书中。

（二）促进了教师专业成长

在大课堂活动的组织实施中，打破了学科的壁垒，老师们跳出自己的学科，能够用跨学科的视野审视基地资源，初步形成了"活动前设计、协调——做准备；活动中引领、指导——勤服务；活动后整理、反思——出成果"活动模式，教师的课程实施与研究能力都得到了明显提高。三年里，有20多篇教师教学案例分别被收录在《北京市中小学生社会大课堂案例研究》《北京市中小学生社会大课堂课程资源开发篇》《北京市同一资源基地多学科课程案例集锦》《北京市中小学生志愿服务教育研究论丛——教师篇》《通州区中小学生社会大课堂建设成果集》等市、区书目中；有5名教师的课例获北京市大课堂视频课例评选一、二、三等奖；在历次市、区社会大课堂交流展示活动中，我校共推出展示课20多节，在区内外起到了很好的示范引领作用。

（三）促进了学校特色发展

在大课堂课程化实施中，我们不断积累总结经验，初步形成了与区域资源相融合的、具有育才分校特色的学生实践活动类校本课程。应该说，这些实践活动类课程的实施，填补了学科课程内容、丰富了综合实践活动资源、拓宽了校本课程的研发途径、增强了德育主题教育的活力。2009年5月学校在北京台湖国际图书城成功举办了首次通州区中小学生社会大课堂交流展示活动，2010年11月由北京市教委主办、通州区教委承办、在北京欢乐之都青少年职业体验馆举行的"发挥区域优势，实现课程资源开发多元化——通州区社会大课堂建设与应用展示交流会"上，我校集中展示了13节主题实践活动课并做了典型经验介绍，受到了与会专家、领导的高度认可。学校大课堂工作总结也被收录在《北京市社会大课堂资源课程开发论文案例集》中；2010年12月，我校被评为北京市大课堂建设先进集体。

加强"博物教育"课程建设，
促进学生全面健康发展

（2013年6月17日）

为落实《国家中长期教育改革和发展纲要》中"坚持以人为本、全面实施素质教育"的要求，我校紧紧抓住市区"课程改革与建设"的契机，明确以课程建设作为学校教育的核心，认真落实国家、地方课程，积极建设校本课程，促进学生全面健康发展。

一、课程建设

（一）加强三级课程建设，落实"博物教育"

1.落实国家课程，拓宽博物之门

依据"国家课程标准"，严格实施国家课程，确保开齐课程、开足课时。依托教研组，加强在教学中渗透"博物教育"理念的研究。一方面教师要充分挖掘学科教学内容，找准"博物教育"拓展点，有选择地补充课外知识，拓宽学生知识面，开阔学生视野；另一方面教师要不断摸索、积累使学生获取广博知识的方法，有意识的向学生传授方法，教会学生认知。

2.落实地方课程，延伸博物之路

按照地方课程设置要求，认真落实地方课程教学工作，保障教师、课时落实。依托备课组，加强在教学中渗透"博物教育"理念的研究。教师要认真钻研地方课程，挖掘整合地方资源，对课程内容进行适当延伸，突出地方特色，努力培养学生知家乡、爱家乡，立志为家乡做贡献的美好情感。

3.建设校本课程，彰显博物之魂

为了更好地发挥课程育人功能，我们紧紧抓住"博物教育"主线，精心设计校本课程建设过程，努力彰显博物特色。

（1）建立校本课程建设领导小组。由校长任组长，负责校本课程的总体策划；主管副校长任副组长，负责组织实施，制订校本课程实施方案和有关管理制度，进行校本培训，检查校本课程的实施、评价等工作；各处室干部具体负责各类校本课程的开发与实施。

（2）学校选拔"具有适当的知识技能、经验背景，具备相关的专业素养，有一定的课程规划、设计、实施能力"的教师，组建校本课程开发团队。组织教师学习"博物教育"理念，并围绕"博物教育"要求开发校本课程。

（3）校本课程开发团队对学生进行调研，并结合自身专长，围绕"博物教育"确立开发专题，制定计划，上报领导小组审核。

（4）领导小组依据学生调研数据，看是否符合学生实际需要，依据教师撰写的专题和计划，看是否符合"博物教育"理念进行审核，反复修订，最终确定设立课程。

（5）校本课程开发教师围绕"博物教育"撰写课程纲要、内容、教学计划。

（6）校本课程建设领导小组定期检查"博物教育"在课程建设中的落实情况，深入校本课堂有针对性地对教师进行指导。

（7）学期中，分别召开部分学生、家长座谈会，了解他们对校本课程的建议；召开教师会，交流课程开发中对"博物教育"的体会。

（8）学期末，全面总结围绕"博物教育"的校本课程建设情况，表彰先进典型，激励更多教师加入开发团队。

（二）创设"三位一体"育人平台，打造"博物教育"特色

1.初步构建"博物教育"课堂实施课程，发挥课程育人的功能。

围绕"博爱厚德"，在落实思想品德、品德与生活、品德与社会等国家课程的基础上，开发育才伴我成长、大名人小故事、国学、经典诵读等校本课程，进一步培养学生爱生命、爱祖国、爱自然、爱一切真善美事物的情感。

围绕"博学笃行"，在落实语文、数学等国家课程的基础上，开发科技与实验、饮食与健康、生活与地理等校本课程，进一步培养学生博学、审问、慎思、明辨、笃行的品质。

　　围绕"博艺尚美"，在落实音乐、美术等国家课程的基础上，开发儿童线描装饰画、心理健康教育、艺术点亮生活等校本课程，进一步培养学生感受美、表现美、鉴赏美、创造美的能力。

　　2.初步构建"博物教育"主题活动框架，发挥活动育人的功能。

　　围绕"博爱厚德"，我校开展了以"爱国教育"为主题的系列教育活动。如"大手拉小手，共度中国年""祖国在我心中"等活动。学生通过绘画、制作手抄报、摄影、演唱等不同形式了解祖国历史，亲近中华文化，践行中华美德，升华爱国情感。

　　围绕"博学笃行"，我校开展了"书香溢满校园，好书伴我成长"系列读书活动。如"读书笔记展评""课本剧表演""经典诵读""读后感交流"等，培养学生热爱书籍，博览群书的好习惯。我们把学生活动从学校、课堂、书本拓展到社会，组织学生走进北京国际图书城、韩美林艺术馆、生存岛、科技馆等，使学生接触社会、接触自然，在实践活动中发现问题、解决问题，体验和感受生活。

　　围绕"博艺尚美"，我校先后成立了育才书画苑、合唱队、舞蹈队、管乐团，每年定期举办艺术节、科技节、体育节。在艺术节中进行摄影、绘画、合唱、器乐等展演；体育节中进行踢毽、跳绳、拔河、健美操等比赛；科技节进行航模制作、程序设计、实验操作等竞赛，使学生尽展才华，放飞梦想。

　　3.初步构建"博物教育"校园环境架构，发挥环境育人的功能。

　　围绕"博爱厚德"，以徐特立雕像、育才校史展廊、伟人题词等形式，传承育才红色文化，激发学生爱国爱校的情感；在教学楼一层对学生进行以"诚、信、孝、忠、礼"为主题的中华传统美德教育。

　　围绕"博学笃行"，利用校园橱窗宣传《中小学生日常行为规范》《中小学生礼仪常规》，展示学生在各项活动中的亮丽风采；在教学楼二层通过名言警句、励志故事教育学生在学习上要有正确的学习态度、刻苦的学习精神、有效的学习方法。

　　围绕"博艺尚美"，精心设计校园铃声，利用校园广播，早晨进校铃是健康向上的校园歌曲《校园的早晨》，下午进校铃是爱国歌曲，上课铃是欢快的主题音乐《小二郎》，下课铃是著名音乐家巴赫的《嬉戏曲》，放学离校播放舒缓优美的萨克斯曲《回家》。在音乐声中，学生享受美好的学习生活。在教学楼三层介绍具有代表性的书法、篆刻、剪纸、乐器等知识，提高学生审美能力、鉴赏能力。

二、课程建设的初步成效

通过课程建设，我校初步形成了"博物教育"课程体系。（"博物教育"课程体系：课程——国家、地方、校本；形式——课堂实施课程的构建、主题教育活动的开展、学校校园环境的创设；内容——博爱厚德、博学笃行、博艺尚美）

通过课程建设，学校充分挖掘整合社会、社区、家长等资源，逐步实现资源的有效利用。

通过课程建设，促进了教师教育理念的更新和课程知识的丰富，向一专多能的方向发展。近年来，教师在市区级各类论文、案例、教学评优、比赛中，有700余人次获奖。

通过课程建设，促进了学生全面发展。近年来，学校涌现出一批文明守纪、举止文雅、乐学善思、学有特长的现代博物少年。学生在艺术、科技、体育、社会实践等市区级竞赛评比活动中，有900余人次获奖。

通过课程建设，让众多外地学生了解通州，热爱通州，融入通州，与本地学生和谐共处、快乐成长，全面发展，促进了社会和谐稳定。

三、工作设想

进一步挖掘整合周边课程资源，发挥区域优势，努力丰富完善"博物教育"课程体系，促进课程建设特色发展。

以课程建设为核心，深入推动学校各项工作，不断提高学校办学水平。

传递美德，让孩子们健康快乐地成长

（2013年12月25日）

一、以校园环境建设为先导，营造学校美德氛围

一是举行启动仪式，学生代表向全校学生发出"读美德故事，做有德之人"的倡议，积极营造良好氛围。二是通过悬挂横幅、制作展板、开辟橱窗专栏、板报墙报、校园广播等方式集中宣传活动意义、内容、要求，树立活动典型。三是利用国旗下讲话、主题班会、团队活动，动员全体学生积极投身活动，引导学生在活动中净化心灵，陶冶情操，修炼品德。

二、以读讲美德故事为载体，加强学校美德渗透

一是读好书，学美德。学校充分利用暑假和课余时间安排4—8年级学生读好《中华美德故事》，每班成立5—6个读书小组，由语文老师负责指导、督促读书小组的读书效果。小组成员撰写读书心得，轮流为大家讲解美德故事，开展学习讨论，交流学习体会，使读书落到实处。二是宣讲团，促美德。学校选择25名品学兼优的学生成立读书宣讲团，分成5组，结合丛书内容和生活实际，围绕美德故事中的一个小主题进行宣讲。三是"六个一"，行美德。即每班召开一次主题班会，启发学生从美德故事中学会做人、学会做事、学会相处；4—8年级各班制作一张美德小报，宣传身边的美德行为和文明少年；学校举办一次演讲比赛，使学生在读、写中明是非、懂礼仪，提升素养、感悟人生；举办一次校级讲美德故事比赛，各班利用班会课或阅读课开展班级讲美德故事比赛，并推荐一名学生参加校级比赛，评选育才"美德故事大王"；组织一次校园剧表演，学校春晖话剧社对美德故事进行再度创作与演绎，将美德故事的校园剧向全校师生进行推广，带动各班行动起来，体会其美德的

深意；举行一次读美德故事征文比赛，引导学生做到学用结合、知行统一。

三、以走进家庭社区为延伸，合力推进美德进程

学校不断拓展活动空间，使美德故事走进家庭、走进社区，向家庭和社区延伸。一是开展"美德故事进我家"，吸引家长与学生共同读美德故事、学美德人物、养成美德习惯。同时引导家庭成员在社区宣传、践行传统美德方面发挥示范作用，共同努力建设"美德家庭"。二是开展我是"社区小义工""红领巾小楼长""小宣传员""小孝星""环保小卫士""爱心小使者"等活动，学生在假期走进社区，养成美德习惯，并及时做好记录，开学后将记录表及影像资料上交学校进行评优表彰。

这种做法，使学校、家庭、社会美德教育形成合力，孩子影响带动了家庭美德的形成，家庭影响带动了社区美德的形成，社区影响带动了社会美德的形成，推动了区域社会精神文明发展的进程。

四、以践行美德行动为契机，树立身边美德典型

及时总结、彰显正气是推进美德教育不断完善的重要手段。为此，学校积极开展了育才"美德少年"星级评选活动。按照学生参与实践活动的情况，开展"认星创优"活动。各班通过认星、创星、争优三个环节推荐出了事迹突出、有代表性、可亲可信可学的学生先进典型，使广大学生在参与中受到教育，对学生的健康成长具有良好的示范作用。

我校"读美德故事，做一个有道德的人"主题实践活动的开展，"用行而做，做出来了亮点；用心而做，沉下来了精神"。学校在推进中渗透中华美德精神，在学习中"感悟、体验、反思、分享"中华美德内涵，在践行中帮助学生净化心灵、升华智慧，使"美德意识"内化为"美德修养"转化为"美德行动"。

内涵发展，广育群才——浅谈学校文化建设

（2014年12月）

一、学校基本情况

（一）办学规模

北京市育才学校通州分校坐落于通州区南部新城规划区，毗邻轻轨八通线。学校始建于2006年5月18日，建筑总投资1.6亿元，2007年9月2日落成并投入使用，是一所九年一贯制公办学校。学校占地115亩，建筑面积4.23万平方米。现有66个教学班、2560名学生就读，其中小学48个班，中学18个班，学校教职工229人。

（二）办学优势

位置优越：学校地处通州区域发展核心地带。区域的快速发展和家长文化层次的提高为学校发展注入强劲动力。

支撑多元：我校与北京市育才学校这一全国知名重点学校建立名校办分校合作办学体制。与多所学校建立初中校际联盟、校际手拉手关系，互学互促。北京市联系中小学校项目、挂牌督学项目对学校工作起到促进作用。

质量优良：学校干部师生团结和谐的精神面貌，优良的教育教学成绩，受到家长和社会的好评。

（三）办学特色

通过课程体系构建、主题活动开展、校园环境创设"三位一体"育人平台，打造"博物教育"办学特色，培养博爱厚德、博学笃行、博艺尚美育才少年。

在市区教委的正确领导下，我校坚持"文化立校"，精心构建内涵发展文

化体系（精神文化、制度文化、行为文化、物质文化），落实《学校五年发展规划》和《学校三年行动计划实施方案》，努力创建人民满意学校。目前，先进的教育教学设施，整洁优美的校园环境，优良的教育教学质量，初见端倪的"博物教育"办学特色，受到各级领导的高度评价和当地百姓的广泛称赞。近年来，学校共获得市区乃至国家级荣誉190余项，连续五年被评为通州区素质教育综合评价优秀校，成为通州区教育系统窗口式单位。

二、学校发展传承

第一阶段：2007年9月—2011年5月，确立以规范的管理构建新型学校的办学思路，明确"内涵发展"办学理念，学校教学质量不断提高，美育教育成效显著。

第二阶段：2011年5月—2012年8月，确立以人本管理，创和谐优质、办有特色学校的办学思路，深化"内涵发展"办学理念，学校教育教学质量再攀新高，"博物教育"办学特色初显。

第三阶段：2012年9月至今，树立"以人为本"管理思想，明确"内涵发展广育群才"办学理念，学校教育教学质量位居通州区前列，"博物教育"办学特色日趋鲜明，办学品质不断提升。

三、学校文化认识

学校文化是社会主义先进文化建设与发展的重要组成部分，是学校内涵发展的重要途径。它是一所学校在长期的办学实践中积淀和创造的，并被其成员广泛认同和共同遵守的价值观念、思维方式、行为准则和共同追求。其核心是学校的价值观念，其内容主要包括精神文化、制度文化、行为文化和物质文化。学校文化体现着高尚的精神追求和卓越的价值取向，是学校的生命之魂，离开文化，学校就将成为无本之木，无神之体。学校一旦形成自己的特有文化，就会产生一种无形的、巨大的激励效应、规范作用和凝聚力量，它的成员就会从中汲取营养、健康发展、茁壮成长。

四、文化建设思路

以"以人为本"管理思想和"内涵发展，广育群才"办学理念为引领，通过打造内涵发展管理文化、构建内涵发展课程文化、创设内涵发展课堂文化、创建内涵发展教师文化、建设内涵发展学生文化、搭建内涵发展公共关系文化、营造内涵发展环境文化等载体，把全校师生的共同理想、共同利益、共同追求紧密联系，形成科学规范、民主和谐、丰富多元、追求卓越、赋有特色的学校文化，促进学校内涵发展，努力办人民满意学校。

五、理念体系建设

（一）重视精神引领

共同愿景：通州名校

办学理念：内涵发展，广育群才

办学宗旨：一切为了学生健康发展

一切为了祖国繁荣富强

办学目标：创建理念先进、硬件一流、队伍精干、氛围和谐、环境优美、活力健康、全面育人、质量优良、办有特色、人民满意学校。

育人目标：培养博爱厚德、博学笃行、博艺尚美育才少年

核心价值观：学生全面健康成长

教师科学幸福工作

学校和谐内涵发展

（二）强调理念识别

1.校训：厚德、乐学、求实、创优

在教室讲台前张贴，每周一升旗全校师生齐呼校训，做到人人熟知，字字领悟。

2.校旗

校旗左上角为学校金黄颜色校徽图案、校旗中部为我国著名工艺美术大师韩美林先生手书：北京市育才学校通州分校，以显著的、个性化的符号标注出学校名称。

校旗底色为红色，寓意育才分校全体师生以先进的理念为精神引领，以火热的激情为工作状态，努力创造育才分校新辉煌。

3.校徽

图案居中之宝塔山、延河桥寓意北京市育才学校发端于革命圣地延安，是一所红色学校。

图案周围颗粒饱满的麦穗寓意丰收，象征着莘莘学子收获丰盈，学有所成。

图案中下部"通州分校"四个字，表明育才分校与北京市育才学校的名校办分校关系。

图案整体色调为金黄色，象征着育才师生在温暖、和谐的校园中快乐、幸福地学习、工作和生活；同时，寓意学校教育事业蒸蒸日上，灿烂辉煌。

4.校歌

《育才永远在我们心上》由我国著名词作家贺东久将军和我本人作词，学校音乐组教师作曲，学生广泛传唱。

（三）关注理念宣传

开展"走近身边的学校"活动，专题介绍"立教为学创先争优"办学实践；组织家长参观校园、走进课堂、领略书画苑，见证师生良好精神风貌和学校日新月异发展。

制作学校宣传片《圆梦》，整体介绍学校和谐内涵发展掠影。

建立学校网站，宣传、展示学校整体办学情况。

举办"办学特色"展示活动，邀请市区领导专家、教育同仁、学生家长、新闻媒体莅临指导，促进学校特色发展。

学校文化建设取得初步成果，目前筹划编辑出版学校管理、教育教学实践文集《携彩》《幼小衔接手册》《中小衔接手册》《育才故事》等，固化办学成果，展现育才风采。学校减负提质、中小衔接、中小学综合素质评价、课程建设、办学特色等方面工作在市区交流，学校文化建设工作在报刊、书籍、网站、电视台等媒体刊载或报道。

六、实践体系建设

（一）打造内涵发展管理文化

1.优化管理机制

常规工作采用"处组制"管理，体现管理的系统性、稳定性、专业性。

重点工作采用"扁平化"管理，在年级建设、班级建设、学科建设等方面，选派干部直接负责，减少层级，提高管理效能。

综合性工作采用"项目制"管理，针对综合性工作，指定牵头人全面负责，协调相关部门，整合资源，完成工作。

教育教学专业性较强的工作采用"学术性组织"管理，在课堂教学评优、论文评比、课题研究等方面，组建以骨干教师为主要成员的学术组织。

事关学校发展规划、优质教育资源引入等重大事项，采用"校务委员会"机制，集思广益，促进学校发展。

2.创新组织职能

建立"学生健康指导组"，承担学生心理健康咨询与辅导、青春期教育等任务。

建立"学生社团管理组"，承担学生社团组织、指导等任务。

建立"教师发展指导组"，承担指导教师制定职业生涯规划、组织开展校本培训等任务。

建立"课程建设组"，承担课程开发、实施、评价等任务。

建立"法律援助组"，协助师生之间、家校之间等矛盾纠纷调解工作。

3.明确工作思路

坚持"一条道路"：走制度化与人性化相结合的人本管理之路。

围绕"两个原则"：关注学校工作需求和教师成长需求的原则，促进学校教育教学质量提高和教师综合素质提高的原则。

强化"三种方法"：教育基本方法（校内教育、家校结合、警校共建）、教学基本方法（主体参与、及时反馈、强化辅导）、学习基本方法（三先三后）。

狠抓"四个落实"：落实上级文件精神、落实学校规章制度、落实学校工作计划、落实学校会议决策。

推进"五条主线"：依法治校、制度建校、以德兴校、质量立校、特色强校。

4.完善章程制度

学校通过聘请市区专家、班子研究、师生访谈问卷、教代会、学代会研讨等方式，结合学校实际，注重章程和制度建设的全面性、系统性和实用性，修订章程，形成制度汇编。

5.加强廉政建设

学校把加强廉政文化建设列入学校党政工作的重点，领导班子签订《党风廉政建设责任书》，坚持廉洁、公正、实干、创新的工作作风，领导班子率先垂范，发挥模范带头作用。在区教工委政治部对我校干部民主测评中，考核成绩位居全区教育系统前列。

（二）构建内涵发展课程文化

1.课程体系

围绕办学理念，通过问卷、访谈等多种形式，发挥专家、教师、学生、家长集体智慧，确立育才分校"博物教育"课程体系。"博物教育"课程体系由课程、内容、形式三部分组成，课程包括国家、地方、校本三级课程，内容包括"博爱厚德、博学笃行、博艺尚美"，形式包括课堂实施课程、主题教育活动、校园环境创设。

2.课程实施

（1）落实国家课程，拓宽博物之门

开足、开齐国家课程，确保国家课程有效实施。依托教研组，教师充分挖掘学科内容，找准"博物教育"拓展点，有选择补充课外知识，促进国家课程校本化实施。

（2）推进地方课程，延伸博物之路

依托备课组，教师认真钻研地方课程，整合地方资源，对课程内容进行适当延伸，突出地方特色。

（3）建设校本课程，挖掘博物之美

借助课堂实施课程、主题教育活动、校园环境创设"三位一体"育人平台实现校本课程的有效实施。

为更好发挥课程育人功能，我校紧扣"博物教育"主线，精心开发博爱厚德、博学笃行、博艺尚美三大类三十六门校本课程。围绕"博爱厚德"，开发国学、大名人小故事、育才伴我成长、经典诵读等课程。围绕"博学笃行"，开发生活与地理、趣味数学、阅读与写作、科技与实验等课程。围绕"博艺尚美"，开发艺术点亮生活、快乐魔方、水墨漫趣、软陶制作、花样空竹、健美操等课程。学生填写校本课程选课单，学校以必修或选修的形式，安排课程开发教师授课。

围绕"博爱厚德"，开展以"爱国教育"为主题的系列教育活动；围绕"博学笃行"，开展"书香溢满校园，好书伴我成长"系列读书活动；围绕"博艺尚美"，每年定期举办艺术节、科技节、体育节。

围绕"博爱厚德"，开展以"诚、信、孝、忠、礼"为主题的中华传统美德教育；围绕"博学笃行"，通过名言警句、励志故事教育学生；围绕"博艺尚美"，介绍书法、篆刻、剪纸、乐器等知识。

3.全员参与

学校高度重视课程建设，校长担任课程建设领导小组组长，领导课程的总体规划设计，教师、学生、家长积极参与。通过制定计划、师生问卷、家长问卷、座谈研讨、调整改进、表彰先进等方式精心开发、实施课程。通过课程建设，师生开阔了眼界、丰富了知识、提升了技能。近年来，学生在艺术、科技、体育、社会实践等竞赛中，有900余人次在市区获奖，教师在各级各类论文、案例、教学评优等活动中，有700余人次获奖。

（三）创设内涵发展课堂教学文化

1.探索有效教学模式

深化课堂教学改革，转变教师教学方式，提倡启发式和因材施教；转变学生的学习方式，提倡自主、合作、探究；探索适合学生主动、有效学习的"课堂五环节"教学模式，即激趣展标、自学质疑、合作解疑、梳理归纳、达标测评，以提高教学有效性。

2.打造"研究共同体"

加强课堂教学评价研究，建设"研究共同体"，助力课堂教学改革，促进

"减负提质"。

依托年级组、班级组，开展小组"师生谈"，小组评价"大家议"，小组竞赛"展风采"等活动，设计《学生小组评价量表》，共建小组评价制度。

依托学科组、备课组，开展教师基本功培训、课堂教学评优、课堂教学论坛等活动，促进学科教学改进。

3.营造民主和谐课堂

为贯彻"以学生为主体"的课堂教学理念，学校申报"以尊重为价值导向，创设民主和谐的课堂氛围，提高课堂教学实效性的研究"课题，并在区级立项。几年来，在课题引领下，学校开展专题研究课、评优课、研究成果展示交流等活动。课堂上学生成为学习的主人，思维活跃，气氛热烈，形成民主和谐的课堂氛围。教师理念更新，学生活动时空更加广阔；"研究共同体"在交流中碰撞出火花，形成合力，使教师、学生评价更趋合理。学校教育教学成绩不断提升，在历次全区统考中我校三个年级的教学成绩一直处于全区前列，学校连续六年被评为"初三毕业班工作优秀校"。

4.关注需求因材施教

学校面向全体，倡导教师关注差异，因材施教，在区级立项课题"班本一体边缘学困生预警策略的研究"实践过程中，通过问卷、座谈等方式，了解学生学习需求，教师在教学时关注每一位学生，教学设计从学情出发，通过分级题目设置，使不同水平学生都能学有所获；同时通过英语演讲比赛、语文朗诵、讲故事比赛、数学研究性学习、生物课外调查等活动，密切联系生活实际，使学生感受到知识的价值，学生发现问题、分析问题、综合运用知识解决问题能力不断提高。

（四）创建内涵发展教师文化

1.倡导"成功三要素"，激发教师责任感、使命感，营造健康向上的精神家园。

理想信念：船的力量在帆桨，人的动力在理想。

思维方式：人人都有进步的潜力，事事都有改进的余地，不为不足找理由，只为提高想办法。

行为准则：诚实做人，踏实做事。

2.确立"行动纲领"（提升自身实力共享教育幸福），指引教师前进方向。

3.组织开展丰富多彩的教师活动，提高教师生命质量，实现教师幸福工作。

4.引领教师制定"五年发展规划"，加强教师师德建设和业务培训，从德、能、勤、绩、廉等方面，健全评价激励机制，促进教师道德素养和专业能力的提高。

5.鼓励教师积极参加教育科研，总结经验，提炼研究成果，促进教师专业提升。近年来，我校教师"'少教多学'中小学语文教学策略的研究""初中特色数学课程资源开发""提高课堂教学实效性主体参与策略的研究""基于学科本质学习方式变革的研究"等几十项国家级、市级、区级课题的研究，成果丰硕。

6.制定教师队伍建设方案，完善校本研修制度，实现校本研修的规范化、制度化和有效化。

对于青年教师，组建青训班，建立师徒结对，开展"三新"教师汇报课，举办青年教师"新苗杯"教学竞赛，促进青年教师成长。

对于骨干教师，设立骨干教师讲堂、开展骨干教师示范课、举办"硕果杯"教学竞赛，引领骨干教师发挥作用。

组建专家指导团队，聘请梁威院长、陈丽教授、胡新懿主任、杨雪梅教授等为指导专家，搭建教师培训平台，促进各类教师成长。

学校通过多层次、多途径着力打造内涵发展教师团队，一批优秀教师脱颖而出，取得优异成绩。

（五）建设内涵发展学生文化

1.社会主义核心价值观教育

学校将社会主义核心价值观教育纳入"一四三"德育管理范畴，确立"加强宣传，营造氛围；适度融合，重在体悟；跟踪评价，追求实效"工作思路，将社会主义核心价值观教育有机融合到学科教学渗透、主题活动开展、综合素质评价、校园环境建设等工作中，使社会主义核心价值观在广大师生中内化于心，外化于行。尤其值得一提的是学校组织的"我谈社会主义核心价值观"主题班会、"中国梦、育才梦、我的梦"征文演讲、"优秀国旗班展示""唱响国歌""一感谢两问候"等教育活动，颇具本校特色，取得良好效果。

2.德育体系构建

学校建立德育体系建设领导小组，明确"一四三"德育管理模式，根据"九年一贯制"办学实际，实行"九年四段式"德育目标管理，努力培养博爱厚德、博学笃行、博艺尚美育才少年。

3.团队社团工作

学校高度重视共青团、少先队和社团建设，门类多样的社团，满足不同学生多层次需求，提供学生个性成长平台，焕发学生人生精彩。

4.班级文化建设

学校将班级文化建设纳入学校文化体系，紧密围绕"内涵发展广育群才"办学理念，采取"年级统筹，班级自管，学校评估"的管理模式，广泛发动和鼓励学生投入到班级文化建设中来，通过"建智慧班级，展学子风采"为主题的星级"温馨教室"评选等活动，为学生创设动手操作，发展个性，自我教育舞台。

（六）搭建内涵发展公共关系文化

学校文化建设成绩喜人，社会声誉不断提升，辐射作用日益显著。

组建家校委员会，构建周边校合作平台，建立学校、社区互访机制，共促学校内涵发展。

作为通州区窗口式学校和"十二五"干训基地，近年来学校先后承担内蒙古自治区、天津市、甘肃省、江苏省、广东省等地教育系统校长高研班、通州区中青年优秀后备干部培训班等培训任务。

高度重视校园安全，建立组织，专人负责，一岗双责，制度健全，运转顺畅。

（七）营造内涵发展环境文化

校园整洁优美，体现环境育人功能。围绕"博爱厚德"，以社会主义核心价值观、学校核心价值观、徐特立雕像、育才校史展廊、伟人题词等形式，传承育才红色文化，激发学生爱国爱校情感；围绕"博学笃行"，利用校园橱窗、LED显示屏、网站、电视台等途径宣传《中小学生日常行为规范》《中小学生礼仪常规》，展示学生在教育教学活动亮丽风采；围绕"博艺尚美"，制作文体馆文化浮雕、建设育才书画苑、设计校园铃声，享受育才之美。

学校建筑风格古朴大方，景观设计体现理念，楼道布置主题突出。

图书馆藏书丰富，方便借阅，利用率高，师生欢迎。

七、代表性学校文化建设

构建"博物教育"课堂实施课程，发挥课程育人功能。

构建"博物教育"主题活动框架，发挥活动育人功能。

构建"博物教育"校园环境架构，发挥环境育人功能。

八、学校文化建设存在的问题

对学校文化的宣传、普及、深化的力度不够，渗透力、影响力不足。

学校近年来新毕业青年教师较多，同时骨干教师数量较少，各类教师培训工作需要加强。

九、下阶段工作设想

深入落实《学校五年发展规划》和《学校建设三年行动计划实施方案》制定的各项任务、措施，增加教师、学生、家长和专家参与度，提高学校文化建设的知晓率和科学性，不断增强学校文化育人功能。加大教师培养力度，努力搭建教师培训平台，促进各类教师成长。

积极探索中小学一体化培训之路，努力提升校本培训质量

（2014年12月）

近年来，我校结合九年一贯制学校的特点，采用"一四五"校本培训管理策略，积极探索中小学校本培训一体化之路，打造师德高尚、业务精湛的优秀教师团队。下面，就我校在此项工作中的做法做一简要介绍，与大家共同探讨。

一、成立一体化的培训工作领导小组，统筹中小学教师培训工作

根据中小一体一贯制学校的特点，我校成立了以李竹林校长为组长的校本培训工作领导小组，高凤琴、王凤鸣、张鹏程、丁振勇四位副校长任副组长，分别牵头中、小学部教师、行政后勤教职工的继续教育校本培训工作，王佳菊、刘彦霞两名主任和继续教育专管员王建华老师为组员，具体负责各部室的校本培训工作。每学年，领导小组在组长的协调和规划下，统筹安排，确定校本培训的主题、内容、形式、考核等工作。由于小组成员分工协作，各司其职，各负其责，有效地保障了一体化校本培训工作的顺利开展。

二、建立完善一体化的校本培训制度，规范化校本培训流程

为确保我校中小学一体化培训工作的顺利开展，我校逐步建立并完善了校本培训的相关制度，具体包括：培训申报制度、考勤制度、奖惩制度、档案管理制度、考核制度、教师外出学习制度等。例如，为了使外出学习的效益最大化，学校建立外出学习报告会制度，规定外出学习的老师归来后，要及时向部门领导汇报学习情况，部门领导根据情况安排二级培训，这样，前沿的教育信息、教学动态能第一时间辐射到全体，做到一人学习，大家受益，

实现学习效益的最大化。中小学一体化的校本培训制度促进了培训工作的规范化、系统化，提升了校本培训的质量。

三、采用"一四五"校本培训管理策略，促进教师专业发展

基于我校教师人数多，年轻教师多，中小学部涉及的学科多，所教授的学生年龄跨度大，培训时间不易协调，各层次、各学段、各学科教师的需求多样化等特点，我们采用"一四五"的校本培训管理策略开展校本培训工作。

"一四五"中的"一"，指一个关键，即青年教师培养这个关键；"四"，指培训的内容有效整合为四个模块，即教师职业道德修养、课堂教学技能提升、现代信息技术在教育教学中应用、"博物教育"课程研究与实践四个模块内容；"五"，指五种培训方式，即通识性培训、专题式培训、课题式培训、跟踪式培训、组本式培训五种校本培训方式。

具体做法及效果如下：

（一）通识性培训，促进教师队伍整体发展

通识性培训旨在提高教师职业道德修养、更新教师专业知识结构、提升教师教育教学能力、升华教师教育教学艺术，是一种综合性的教师培训方式，是为了促进教师整体提升。因此，结合我校的实际，我们把"教师职业道德修养""现代信息技术在教育教学中应用"这两个模块采取通识性培训的方式。

"教师职业道德修养"模块，主要通过专家讲座、读书交流、案例分析和书写体会论文等形式，安排了教育法律法规、教师职业道德规范、先进人物事迹、教育理论等系列培训内容。如：我们最近就举办了"中国梦·教育梦·我的梦"争做阳光教师演讲活动，活动中教师全员参与，先以年级组为单位进行演讲，然后推荐出优秀教师在学校展示。通过"教师职业道德修养"模块的培训，提高了教师依法执教，遵守职业道德的意识，特别是为新教师指明了方向，树立了师德榜样。2012年我校被评为，区级"师德群体建设先进单位"。

"现代信息技术在教育教学中应用"模块，学校依据不同的软硬件用途，

结合当下流行的计算机应用技术，确定了每位教师每学年自主参加两个子项目培训的一体化要求。同时，安排了"电子白板""几何画板""office系列办公软件""电子学籍管理""教室多媒体使用""录课室讲台系统使用"等多个培训子项目，以学年为单位进行滚动培训。主要是依据各项技术不同的使用特点，采用讲座、实操和竞赛等培训形式。通过培训，我校每位教师都掌握了多种与教学工作相关的计算机技术，绝大部分教师都能在工作学习中熟练使用学校网站相关资源。

这种中小学一体的通识性培训，不仅省时高效，而且有力地促进教师队伍整体发展。

（二）跟踪式培训，关注教师的持续发展

跟踪式培训中跟踪的对象主要是刚刚入职的新教师和工作五年以下的青年教师。他们是学校可持续发展的后备力量，青年教师的培训，既关系着学校的现在，又关系着学校的未来。针对我校教龄在五年以下的青年教师已占专任教师总人数的40.74%的现状，在校本培训中，我们确定了学校—教研组—个人，三级培训的思路，制定出"青年教师校本培训方案"。具体包括青年教师校本培训计划、考核细则及奖惩意见等。充分利用专家讲座、观摩名师课堂实录、教师间互相听课、评课、教研组磨课、"新苗杯"赛课、送出学习等多种形式对青年教师进行了不间断的培训，形成青年教师培训体系。就拿这个学期对新教师的培训来说，开学前，新教师除了参加完区里的岗前培训，学校还进行了入职培训，由王校长向新教师介绍学校发展情况、办学理念、办学目标以及对新教师的要求等，以便他们对学校有个整体认识，激发他们的荣誉感；接着高校长"以扎实做好教学工作"为题，对新教师如何备课、上课进行培训。开学后，中小学部把九月定为教学诊断月，通过教学干部、教研组长、骨干教师多次走进新教师的课堂，问诊课堂，发现问题，具体指导，签订师徒结对协议。10月、11月主要是通过师徒结对和组本教研跟踪指导新教师，12月以师徒结对汇报课形式展示新教师课堂教学情况。

青年教师在这种脚踏实地，一步一个脚印，持续不断的跟踪式培训过程中，教育教学能力不断提高，体验着成长的艰辛，也收获着成长的快乐。同

时也为学校的内涵发展、可持续发展奠定了坚实的基础。

（三）专题式培训，关注教师的自身需求

专题式培训即是以专题的形式进行的教师培训。我们的做法是：梳理问题，确定专题，围绕专题，深入学习，骨干先行，广泛互动。采取的方法主要是邀请专家来校做专题讲座，为教师提供比较前沿的理论支撑，骨干教师做引路课，专家和同学科教师共同参与听课、评课、分析案例，围绕共同的话题畅谈各自的观点；围绕专题，同学科中小学教师开展沙龙活动，深入研讨，在思维碰撞中，找到解决教学问题的好办法，好方式。例如，在"课堂教学技能提升"这个模块的校本培训中，我们开展了"如何培养低年级学生良好的学习习惯""数学课中如何创设情境？""怎样培养学生有序思维？""语文课上怎样设计统领全文的问题？"等若干个小专题的培训。我们聘请了市、区中小学语文、数学、英语、化学、体育、音乐、美术、信息技术等学科多名专家来校指导，组织多次专题教师沙龙研讨活动，收到了良好的效果。

专题式校本培训，它源自教师需求，为教师的专业发展提供了平台，优化了学、思、教、研"一体化"的教研机制，它借助集体智慧与个体智慧的交融，共享经验与资源，促进了教师的专业发展。

（四）课题式培训，提升教师的拓展空间

课题式培训是以科研课题为载体，抓住实验中的问题和困难，有针对性地进行培训。通过对科研课题的研究，突破教学过程中遇到的难点和关键性问题，使教学理论和教学实践在紧密结合的基础上都有所突破，促进教师在教学领域有所发现，有所创造，努力成长为科研型教师。例如，中小衔接是"课堂教学技能提升"模块中的一个子项目，同时也是我校的一项科研课题。

在这个培训项目上，我们采用课题式培训，多次组织课题组教师外出学习，与同行交流，取他人之长。在校内发挥一贯制学校的优势，初一和小学高年级教师一起"共同研读课标"，熟悉相邻学段课标要求，把握教学方向；"共同研读教材"，定期参加对方学段教材分析，使教师能够准确把握中小学教材体系；"共同研究教法"，加强中小学双向听课交流，研究中小学教学方

法的各自特点，用易于学生接受的方式开展课堂教学。

课题式培训，教师的教科研水平有了明显提高，教师在日常教学中边实践边研究，在研究中成长，在实践中提升，使教师行动有目标，针对性强，为优秀教师、骨干教师的发展铺平了道路，既拓展了他们发展的宽度，又提升了他们发展的高度。

（五）组本式培训，发挥教师的集体智慧

组本式培训是以备课组、学科组、年级组为单位的教师培训。我校学生年龄跨度较大，几个学段学生的认知能力、思维水平存在较大差异，致使不同学段教师采用的教育教学手段也会有明显的差别，这就要求校本培训也要有所侧重，确定更贴近学段特点的培训内容，采用组本培训方式。比如，我校在进行说课指导、课例分析、教学模式研讨等培训子项目时，我们就针对同一培训目标，选取不同培训内容，注重发挥同年级、同学科教师的集体智慧，采用组本培训方式进行。再如，为了打造凝心聚力的年级团队，挖掘每个人的潜能，在进行"'博物教育'课程研究与实践"这个模块的培训时，我们以年级组为单位，联合开发本年级的校本课程。如，二年级组团结合作，各显其能，共同开发出"儿童线描画""快乐健美操""创意蛋壳画"等校本课程。

这种组本式培训，更具灵活性、便捷性，易于操作，能够充分发挥教师团队集体的智慧，增强团队凝聚力。

四、关于中小学一体化培训工作取得的成效与思考

我校通过"一四五"中小学一体化校本培训，把培训内容划为四个模块进行，使培训内容更具整体性和系统性；多种方式并行的培训方式，既抓住了青年教师成长这个关键，又关注了教师队伍整体发展；既满足了不同学段、不同学科教师专业发展需求，又解决了中小学部工作不易协调的实际问题；不仅促进了教师专业发展，而且促进了学校和谐优质发展。

虽然我校在探索中小学一体化校本培训之路上有了一定的进展，但在培训的内容和培训方式上还需进一步改进、完善。今后，我们将不断探索，使

校本培训活动安排更加科学合理，促进教师专业发展，努力打造一支师德高尚、业务精湛、勤于学习、善于思考、乐于实践、勇于创新的优秀教师团队！

开展中小衔接，促进学生成长

（2017年4月）

一、中小衔接的认识

中小衔接是指整合中小学资源，使初中与小学教育（尤其是小学高年级）相互衔接，形成一个能够发挥最佳教育功能的整体。具体是中小学教育在学校管理、教师教育教学、学生学习生活、家长家庭教育等方面有机衔接，促进学生全面健康成长。在衔接时间上应该是小学一年级到初三，实现九年学生教育的贯通，尤其是要高度关注学生在小学高年级到初一学段的衔接。

二、中小衔接的缘起

北京市育才学校通州分校坐落于通州区南部，始建于2006年5月，2007年9月投入使用，是一所九年一贯制公办学校。一段时间，中小学由于时间、空间、教师、管理等局限，存在各自为战和"两张皮"的现象，教师在教学内容、方法、评价等方面相互脱节，学生从六年级升入初一在学习、生活等方面感到不适应。为此，我校立足九年一贯制办学体制，以中小衔接工作为切入点，开展实践探索，使之成为提高学校教育教学质量新的突破口。

三、中小衔接的实施

（一）充分准备，梳理思路

1.建立组织，明确职责

成立以校长为组长的中小衔接工作领导小组，负责策划与指导；中小学主管教学副校长任副组长，负责组织与规划；中小学教务主任具体负责实施、检查、评价等；每届新初一教师和原六年级教师是组员。从理论和实践两方面进行实践探索，寻找衔接内容与途径，实现中小学顺利衔接。

2.全面分析，正视差异

衔接小组通过对六年级和初一年级教师、学生、家长座谈、问卷、访谈等形式，摸清情况，了解差异。具体体现在以下方面：

在身心发展方面：小学生在心理上处于幼稚期，在思维上处于形象思维阶段；初中生在心理上处于半幼稚、半成熟期，在思维上处于具体形象思维向抽象逻辑思维过渡阶段。

在学习内容方面：小学课程除语、数、英外，"科学""社会"等综合性课程占很大比重，内容相对简单；中学课程除语、数、英外，综合性课程细化为理、化、生、史、地等学科，内容相对复杂。

在学习习惯方面：小学重在良好习惯的养成；中学则要求学生将习惯内化为自觉的行为。

在学习方式方面：小学学习以讲练为主，采取"多读、多记、多写、多练"的方式；中学学习以启发式、自主、合作、探究为主，采取"多理解、多分析、多思考、多实践"的方式。

3.确立思路，确定重点

在充分调研的基础上，确立"顶层设计、统筹兼顾、有所侧重、注重实效"的中小衔接工作思路，明确从"教育管理、课程设计、教学工作、学习生活、家庭教育"五个方面稳步推进中小衔接。

（二）实践探索，五点推进

1.教育管理衔接

统一管理机制。学校现有干部17名，校级干部按照一正四副搭配，中小学行政、德育、教学、后勤实行统分结合的管理方式，有效衔接教育管理，保障学校工作协调运转。

统一管理理念。学校在办学理念、办学目标、管理方式、办学特色等方面达成一致性，并利用行政例会、干部交流学习等机会，中小学分管德育、教学的干部，经常研讨中小学教育教学工作，实现学校管理的完整性和连续性。

统一管理方式。常规工作采用"处组制"管理，体现管理的系统性、稳定性和专业性；重点工作采用"扁平化"管理，在年级建设、班级建设、学科建设等方面，选派干部直接负责，减少层级，提高管理效能；综合性工作采用"项目制"管理，指定牵头人全面负责，协调相关部门，整合资源，按时完成；专业性较强的工作采用"学术性组织"管理，在课堂教学评优、论文评比、课题研究等方面，组建以骨干教师为成员的学术组织；事关学校发展规划、优质教育资源引入等重大事项，采用"校务委员会"机制，集思广益，民主决策。

2. "博识课程"衔接

（1）整体建构课程结构

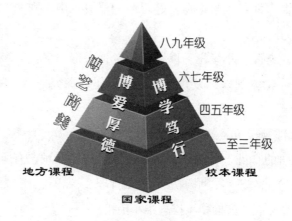

"博识课程"结构

"博识课程"包含四个层次、三级课程、三大领域。其中，四个层次是一至三年级、四五年级、六七年级、八九年级；三级课程是国家、地方、校本课程；三大领域是博爱厚德、博学笃行、博艺尚美。

（2）阶段衔接课程目标

总目标：把学生培养成博爱厚德、博学笃行、博艺尚美全面发展的博物少年。

"九年四段"阶段目标：

一至三年级段：养成良好行为习惯，爱他人、爱集体、爱学校；激发学习兴趣，养成良好学习习惯；激发艺术兴趣，提高感受美的能力。

四至五年级段：形成良好行为习惯，爱祖国、爱生命、爱自然；形成正确的学习态度，掌握一定的学习方法；提高艺术素养，增强表现美的能力。

六至七年级段：践行良好行为习惯，爱祖国、爱社会、爱一切真善美的事物；掌握有效的学习方法，自觉主动地探索知识；发展艺术特长，提高创造美的能力。

八至九年级段：树立正确的世界观、人生观、价值观，有理想、有民族精神、社会责任感；掌握终身学习的基本知识、基本技能、基本方法，有创新精神和实践能力；有强健的体魄和良好的心理，健康的审美情趣和生活方式。

（3）合力开发校本课程

中小学教师合力开发三大领域，四十余门校本课程。在课程上尊重学生成长规律，螺旋上升，步步衔接，有序推进。如传统文化课程，版画小学侧重于版画的制作，中学侧重于版画的设计与原理；国学小学侧重于经典诵读，以诵读的形式感悟经典，中学侧重于对文本的解读分析，体会家国情怀；心理健康教育小学侧重于通过游戏、活动的形式认识心理健康，中学侧重于学生心理问题的剖析及对策制定等。

3.教学工作衔接

（1）整合教师资源

针对我校九年一贯制的特点，在教师配备上，根据教学的需要，尝试打破中小界限，初中教师到小学高年级任课，小学高年级教师跟班到初中任教，促进教师共同成长。

（2）组建"教研共同体"

一至九年级同学科教师构成"学科教研共同体"，教研组长牵头根据教学需要，开展集体研讨、互听互评、骨干论坛、阅读分享等活动。共同研究课标，熟悉相邻学段课标要求，把握教学方向；共同研读教材，为初一和小学高年级教师互配教材，定期参加对方学段教材分析，关注相邻学段知识的连续性；共同研讨教法，加强中小学双向听课交流，研究各自教学方法特点、各取所长。

（3）引领研究方向

围绕教师教育教学中衔接不畅的问题，每学年聘请市区级学科专家（市级专家数学学科康杰老师、语文学科吴歆欣教授、英语学科何煜老师、化学黄冬芳老师，北师大梁威教授等），开展相关主题培训、课堂诊断、模拟课堂等，有效解决衔接中的问题。

（4）分享研究成果

以中小衔接为题，分段进行案例征集、论文评比、同一个内容课例评优等活动，评出有实效、可操作的典型案例，推广有价值的经验做法，搭建平台，分享、学习、借鉴。

4.学习生活衔接

（1）心理适应性

①教师了解学生——做好"提前走近学生"活动

每年6月，担任新初一工作的领导和教师与小学毕业班教师进行交流，了解学生在校基本情况。

每年7月下旬，学校进行初一分班，确定教师人选，召开家长会，介绍初中学习科目和特点，指导家长根据孩子的特点合理安排暑期生活。

暑假期间，新初一教师走进学生家庭进行家访，了解学生在家学习、生活情况。

②学生了解教师——上好"开学第一课"

开学伊始，初一任课教师在第一堂课围绕自己的学习经历、教学特点、兴趣爱好做"教师三介绍"，简单介绍学科内容，使学生对教师和所学学科有初步的了解。

③学生了解学生——开展"学生十了解"

利用班会时间组织学生围绕"姓名含义、生活环境、个性特点、行为习惯、思维方式、兴趣爱好、困难疑惑、情感期盼、心路历程、知音伙伴"十个方面进行自我介绍，帮助学生相互了解，引导学生主动交往，更快适应新的学习环境。

④心理干预——组织"团体心理辅导"

由心理健康授课教师在初一年级利用心理健康教育课，开展"迈入新校园""班级的目标与规范""树立远大理想""我信任的班集体和同学""享受初中生活"等心理辅导。

（2）学习适应性

①学校编制《初一新生入学指导手册》，学生离校前，由新初一年级长为准初一学生做《初一新生入学指导手册》辅导，使他们提前了解初一学习和生活特点，为升入初中做好准备。

②建立中小联谊班。小学六年级和初一年级结成联谊班，开展学习方法交流、生活技能指导、文娱活动竞赛等，提高六年级学生升入初中的适应性。

③渗透强化学习方法。暑假开学初，新初一年级备课长通过知识讲座、展板宣传、学法小报等形式，向学生介绍"三先三后学习法"，即"先预习后听讲，先思考后回答，先复习后作业"，并结合学科特点进行具体培训与指导；初一老师将"三先三后学习法"在课堂上实施采用、有序推进。

5.家庭教育衔接

（1）抓住暑假闲适期

放暑假前，召开新初一家长会，指导家长根据孩子的特点合理安排暑期生活，下发中小衔接作业，布置语文必读书目和英语必会单词，提出学习要求。

（2）抓住开学不适期

开展家长开放日活动，让家长走进校园、走进课堂，和孩子们一起参与活动，与教师、学生零距离接触，沟通情感，形成合力。

通过家长会，班主任介绍"三看八问"法，了解孩子是否适应初中生活。"三看"：看孩子上学是否心情愉快；看孩子做作业是否完成顺利；看孩子是否愿意说在校遇到的人和事。"八问"：今天学了哪些新课？老师讲的内容你懂了吗？课上、课下老师对你们有什么要求？你最近学习怎么样？你和老师、同学相处得怎么样？班级中发生了哪些事？你为班级做了哪些好事？你需要家长帮你做点儿什么？

（3）抓住期中焦躁期

第一学期期中是学生升入中学后面临的首次大考，难免紧张与不安。为了调适学生心理，稳定学生状态，我校成立家长委员会和家长学校，在心理调节、学法指导、家教引导等方面对家长进行辅导，进而通过全体家长的参与，减轻学生心理压力，增强学生学习信心。

（4）抓住期末关键期

第一学期期末多数学生能够适应初中的学习生活，为了不断增强学生学习动力，树立远大志向。我校利用中学楼大屏、校园橱窗展示年级十佳、学科状元、优秀生、进步生风采；同时班主任带队，任课教师参与，组织家访慰问，鼓励学生努力学习，追求卓越。

四、中小衔接的成效

近年来，学校中小衔接工作在全体干部师生和家长各界的共同努力下，初步取得了一些成效。

初一新生面对陌生的老师、同学和不断增加的学业内容，能够很快适应初中的学习生活，学业成绩稳步提高（初一第一学期全区统考成绩位于全区前列）。同时，初一新生在文学、艺术、科技、体育等方面获奖不断。以初一学生为主的"育才合唱队"荣获北京市银奖；航模社团在"中国海警船航行赛"项目中荣获全国金奖；科技社团在机器人能力挑战赛中荣获全国一等奖。

教师理念更新，注重学情分析，尤其是教学设计重视小学相应教学内容的衔接；教研氛围更加浓厚，"学科教研共同体"在研讨中碰撞出新的火花；合作氛围更加和谐，"学生研究共同体"在交流中找到解决问题的办法。中小学教师在市区级案例、论文、课例评选中多次获奖。秦永林老师撰写的《基于人机对话的中小学数学衔接》入选北师大中小衔接案例集，武利琴和张男两位老师撰写的《浅谈中小学英语教学衔接》《从词汇教学角度浅谈中小学英语衔接》分别获得市级一等奖，王晓娜和张玉敏两位老师分别做题为"同类项""二次函数"的中小衔接区级研究课等。

崇德博物，通优育人

——创"新时代美好教育"办学实践探索

（2019年5月13日）

一、顺应新时代教育发展，确立"崇德博物，通优育人"办学理念

北京市育才学校通州分校坐落于通州区梨园镇，2007年9月2日落成并投入使用，是一所独具特色的九年一贯制公办学校。伴随着办学规模逐年扩大，学校在总结、反思与研究办学现状的基础上，通过SWOT分析法、深入研讨、多方论证，最终确立"崇德博物，通优育人"办学理念，以适应新时代学校高品质发展的需要。

在"崇德博物，通优育人"办学理念中，"崇德"是崇尚道德、明德向善，这是党的教育方针，是对学生品德、教师道德的要求；"博物"是博识万物、格物致知，这是学校的办学特色，是知识掌握、实践技能二者兼顾的要求；"崇德博物"是立德树人、知行合一的统一；"通"是全面、融通、贯通，是培养德智体美劳全面发展的社会住建设者和接班人的社会本位要求；"优"是出众、优长，是学生个体的人本位需求。"崇德博物，通优育人"的核心要义即：立德树人、知行合一、全面育人、优长发展。这一理念的提出是在新时代党的教育方针引领下，以"为学生全面发展"出发，适合学校发展的科学的办学理念，将作为行动指南指引学校跨越式发展。

二、以"崇德博物，通优育人"理念引领，践行"一三七"办学策略

理念只是起点和基点，行动才是关键和重心。为此，学校在"崇德博物通优育人"理念引领下，通过践行"一三七"办学策略，明确实施路径，促成办学目标的达成。

"一三七"办学策略即：明确"一个共同目标"——创办"通州名校"；坚持"三种管理主张"——制度化与人性化相结合管理思想、"三同一统一"管理原则、"精神引领、制度保障、人文关怀、重点突破、全面提升"管理思路；落实"七项办学实践"——创建办学体系、实行人本管理、构建博通课程、培养博雅教师、涵养德育氛围、积淀教学底蕴、打造博约校园，形成鲜明的"博物教育"办学特色。

（一）新规划：崇德博物，通优育人，创建办学体系

学校办学体系由理念体系、行为体系、形象体系三部分构成。理念体系包括：办学理念、共同愿景、办学目标、育人目标、管理思路、一训三风、办学特色等；行为体系包括：管理、课程、师训、德育、教学、环境等；形象体系包括视觉系统和听觉系统。这三大体系的构建，提升了学校发展的规划力。

（二）新管理：守正出新，激发动力，践行人本管理

1.打造过硬干部队伍

干部队伍是学校发展的引领者、执行者，学校明确提出"德才兼备威信高，管理有方效果好"的建设目标，制定干部队伍建设方案，强化"支部引领、民主管理、集体决策"管理，对干部"选苗子、指路子、压担子、出点子、扶梯子、剪枝子"，促进干部成长。

2.明确人本管理策略

学校采用"把方向、用干部、抓重点、促落实、做表率"的领导方式，坚持"精神引领、制度保障、人文关怀、重点突破、全面提升"的管理思路，明确"常规工作讲规范、重点工作创业绩、特色工作出亮点"的工作要求，使学校管理在宏观、中观、微观等层面做到统揽全局、立足实际、追求高效。

3.贯彻人本管理主线

确立体现以人为本思想的"12345"管理主线，为学校做好管理和服务指明方向和路径。具体而言，就是坚持"一条道路"：走制度化与人性化相结合的人本管理之路。围绕"两项关注"：一是关注两个需求（学校教育教学工作的需求和教师工作、生活、发展的需求）；二是关注两个提高（教育教学质量的提高和教师生活、待遇的提高）。强化"三种方法"：教育基本方法（校内教育、家校协作、社区延伸）、教学基本方法（三段五环教学法）、学习基本方法（三先三后）。狠抓"四个落实"：落实上级文件精神、落实学校规章制度、落实学校工作计划、落实学校会议决策。推进"五条主线"：依法治校、制度建校、质量立校、以德兴校、科研强校。

4.树立人本价值导向

明确提出全校师生要努力践行"成功三要素"，即在理想信念、思维方式、行为准则三方面突出以人为本的价值导向，重视精神引领、强调自我管理、体现立德树人，有效激发全校师生学习、工作和生活的正能量。

5.实行人本管理机制

学校在管理机制上，根据工作性质不同，结合干部能力特点，采用不同的管理方式和办法，追求干部、教师能力发挥的最大化。

6.创新人本管理职能

学校建立"心理健康"指导组、"学生社团"管理组、"教师发展"指导组、"课程建设"规划组、"法律咨询"援助组，强化组织管理职能。

7.采用人本管理方式

在人本性管理理念、民主性管理作风、激励性评价机制方面体现人本位，发挥教师及各职能部门聪明才智和主观能动性。

通过过硬的干部队伍，以人为本的管理策略、管理主线、价值导向、管理机制、管理职能、管理方式，提升学校发展的凝聚力。

（三）新课程：广闻多识，学有优长，构建博通课程

课程是为实现培养目标而选择的教育内容及进程的总和。课程建设直接影响着培养什么人、怎么培养人的问题。学校根据"崇德博物，通优育人"理念，在"博爱厚德、博学笃行、博艺尚美"的育人目标下，构建了"博物通优"课程体系，它是办学理念在课程文化建设方面的具体落实。

以下是以三大领域、六个维度构建的课程体系框架。

"博通"课程框架

课程	六个维度	国家课程	地方课程	校本课程
博通课程	博爱	品德与生活、品德与社会	通州社会	通州社会国学、育才伴我成长、中小衔接教育、大名人小故事等
	博学	语文	中华优秀传统文化	古诗词赏析、吟诵、阅读与写作、经典诵读、好书不寂寞、经典赏析、课本剧表演、文学苑、童心生妙笔
		英语	英语文化读本	趣味英语、英语衔接读本、英语课本剧表演、科技英语、英语口语
		历史	通州历史	历史于传承
	博艺	地理	通州地理	地理于生活
		美术		趣味装饰画、简笔画、儿童画、艺术空间、儿童线描画
		音乐		口风琴、电子琴、合唱、二胡、竖笛
		书法	写字	软笔书法、篆刻
	通创	数学		有意思的数学、数学思维
		科学		科技与实验、单片机、机器人、未来科学家、天文
		信息技术		航模、无线电、3D打印
		生物	通州生物	饮食与健康、无土栽培、科技与实验
		物理		科技与实验
		化学		科技与实验
	通健	体育	健康	中国象棋、足球、羽毛球、篮球、跆拳道、网球、健美操、花样跳绳、武术、轮滑、羽毛球、毽球、体操、体育舞蹈、心理健康教育
	通技	劳技	创业	种植、手工制作、班务整理、志愿服务

这一课程体系的构建与实施,迈出了课程改革中崭新而坚实的一步,提升了学校发展的创新力。

(四)新教师:仁爱笃行,勤学尚美,打造博雅教师

教师队伍建设以习总书记全国教育大会讲话精神为指导,以"四有好老师""四个引路人"为培养方向,采用"一二六"管理,促进教师素质整体提升。

一个目标：打造"师德高尚，知识渊博，业务精湛"的博雅教师队伍。

两种思路：内升外助。

六条途径：自主发展、同伴互助、分层培训、科研引领、校际联盟、高端助力。

（1）自主发展。自主定标，教师自定目标，制定个人的"五年发展规划"；自主学习，向书本学习、他人学习、网络学习、案例学习；自主活动，自己选择时间、内容，参与市里的教研活动。

（2）同伴互助。听课评课，走进教师课堂，取人之长，补己之短；师徒结对，工作3年以下新教师，结成师徒对子；组内活动，开展集体备课、交流研讨活动；育才讲堂，进行教学心得、教学方法、班级管理交流。

（3）分层培训。把教师按照履职时间分为：成长期（1至4年）、发展期（5至10年）、成熟期（10年以上）、卓越期（市、区骨干）。通过带领成长期教师，以"培"促发展，把深度理解教学理念作为重点，开展理论培训和业务培训；培养发展期教师，以"赛"促发展，把熟练掌握教学基本功作为重点，开展竞赛活动；锻造成熟期教师，以"研"促发展，把提升研究能力作为重点，开展各种活动；提升卓越期教师，以"领"促发展，开展专题讲座、经验交流会，定期上公开课、展示课，带领组员进行交流提升。

（4）科研引领。以学校十三五市级课题《基于五步教学环节的学情分析，提高学生自主学习能力的研究》为龙头，依托教研组分解子课题，设计技术路线，引领教师成为研究型教师。

（5）校际联盟。通过手拉手活共同体活动及校际联盟，教师在活动中开阔视野，提升素养，促进教师成长。

（6）高端助力。以"五借力"为抓手，一借市区领导，指导制定教学计划，学习教改文件；二借市区专家，进行课堂诊断、课标解读、中考分析、基本功培训，试卷命制培训等，引领教学方向；三借研修机构，沟通教学视导，发现教学问题，分享改革经验；四借市区优质校，带领教师到育才本校、潞河、运河、六中等学校学习；五借校外机构，与"燕博园"在优生辅导、弱科辅助、资源共享上开展合作。

教师队伍建设的扎实开展，提升了学校发展的内生力。

（五）新德育：博爱厚德，化育人才，涵养德育氛围

德育工作采用"一四三"管理，对学生进行全方位教育，促进学生综合素质的提升。

1. "一个目标"，即明确全面育人目标，促进学生综合素质的提升。

2. "四条主线"，即突出学生线、教师线、家长线和社会线，紧紧抓住四条主线，务求德育实效性的提升。

3. "三个平台"，即依托常规管理、主题活动和家校共育三个育人平台，达到管理育人、活动育人、环境育人的效果。

（1）常规管理平台。搭建"一校一班一习惯"系列养成教育平台，将《北京市中小学养成教育三年行动计划》及《育才学子一日行为规范》分年级落实；搭建"天天5分钟德育"平台，每天开设一堂5分钟德育课，养成学生良好的文明习惯；搭建学生班级评价平台，开展"七色光下的彩虹少年"，"育才好少年"，"五好班级"评选，让学生"学有榜样、行有楷模、赶有目标"，发挥评价育人功能。

（2）主题活动平台。学校每学年定期开展系列活动，将社会主义核心价值观教育及弘扬中华优秀传统文化作为重点，促进学生德、智、体、美、劳全面发展；学校每学年定期开展理想信念教育、感恩教育、核心价值观教育、传统文化教育、社会实践教育、法制教育和安全教育等系列活动，促进学生全面健康成长。

（3）家校共育平台。以"理解认同、合作共赢、共促成长"为家校共育目标，以"沟通分享、多元创新、开放互育"为家校共建理念，以《育才家长学校宣言》《育才教师宣言》《育才娃娃宣言》为行动纲领，拓宽家校互动渠道，推动家校携手共育。

"一四三"德育管理的实施，提升了学校教育的协同力。

（六）新教学：规范有序，百花齐放，积淀教学底蕴

在办学实践中，我校不断探索，逐步确立了"一三五"教学管理："一个奋斗目标"，即教学质量位居通州区学校前列；"三种管理方式"，即主管负责制、年级负责制、学科负责制；"五种具体措施"，即抓常规、抓课堂、抓教

研、抓学法、抓评价。

1.抓常规，备课、上课、反思、作业、检测，奠定教学基础。估分制的推进：估前，教务处根据上次学生考试成绩从教师所教班级中选取好中差三类，共10名学生；估中，教师根据教学情况、学情判断、试卷难易预估该生成绩；估后，教务处对比预估成绩和实际成绩的差值，计算差值的平方和（方差），结合分项差值，整体评价教师学情把握度，引导教师关注学生学情，改进教学行为。

2.抓课堂，提高课堂实效。在推进教学改革过程中，积极推进"三段五环"教学法。三阶段体现，明确目标（任务）、主体参与（途径）、反馈矫正（手段）；五环节体现，展、思、议、评、测。由于学科、课型和教学内容的不同，教师在课堂上可以灵活运用五个教学步骤，但要贯彻"尊重规律，注重实效"的教学指导思想。

3.抓教研，提高研究效果。

4.抓学法，提高学习效率。

5.抓评价，反馈教学效果。

"一三五"教学管理的实施，提升了学校的竞争力。

（七）新环境：和谐雅致，点滴浸润，创设博约校园

1.视觉环境建设

学校"行政、教学、文体、生活、广场"五大区域环境建设，以"博爱厚德、博学笃行、博艺尚美"育人目标为主题，分区设计，各具特色。

（1）行政区以"修德、敬业、勤思、高效"为主题，分楼层展示古今中外教育家等思想理念和成就，激励干部教师树立理想信念，务实高效工作。

（2）教学区以育人目标"博爱厚德，博学笃行，博艺尚美"为主题，分楼层设置。缓步楼梯一侧以校史展廊为主题，传承育才红色文化，激发爱国情感；另一侧展示学生荣誉和师生摄影、绘画、书法等作品；教学楼道以"厚德、钻研、乐教、创优"主题，悬挂励志名言警句；班内以"团结、活泼、乐学、争先"为主题，各班自主设计班级文化，尽展学生才华；科技楼以"探索、求真、合作、创新"为主题，悬挂国内外著名科学家事迹资料，鼓励学生讲求合作、积极实践、大胆探索、勇于创新；图书馆以"博览、静思、善用、修身"为主题，制作多读书、读好书的宣传浮雕。

（3）文体区分为室内文体馆和室外运动场，室内以"博艺、广趣、活力、健美"为主题，制作文化浮雕，成立"育才书画苑"，建"美林教室"，促进学生在体育、艺术等方面的素养提升。室外以"友谊、拼搏、健体、快乐"为主题，悬挂宣传标语，合理设置活动区域，让学生在竞技体育中得到锻炼，快乐成长。

（4）生活区以"文明、节俭、均衡、健康"为主题，通过摆放桌牌，电视宣传，张贴常识，悬挂横幅，培养师生良好用餐习惯。

（5）广场区以"传承、励志、和谐、有为"为主题，依托徐特立雕像、伟人题词、校园橱窗、LED显示屏、音乐喷泉、熊猫雕塑等形式，凸显红色文化、传承中华传统美德、创建优美和谐校园。

2.听觉环境建设

校园铃声、校歌、学校宣传片是环境建设的重要组成部分，其独特的渗透性、愉悦性和教育性帮助师生陶冶性情、愉悦身心、塑造品格。

通过多彩灵动的校园环境创设，提升学校办学的支撑力。

三、"一三七"办学策略取得的成效

在各级领导的亲切关怀下，随着办学实践探索的深入推进，经过全校干部师生家长的共同努力，办学品质不断提升。

近年来，学校先后获得"全国教科研优秀实验校""全国学生综合实践活动课题研究先进单位""全国传统文化教育示范校""全国中小学节约型校园建设示范校""全国校园足球特色校""北京市基础教育课程建设先进单位"等诸多荣誉。今后，学校将深入贯彻教育综合改革文件精神，紧抓城市副中心建设的历史机遇，继续深入推进现代学校建设的实践探索，务本求实，砥砺奋进，以团结协作的精神风貌和用心拼搏的实干精神，不断创造育才学校新的辉煌。

推进"心理健康教育课程化"建设，
奠基学生卓异人生

（2010年12月24日）

《中小学心理健康教育指导纲要》指出，心理健康教育的总目标是"提高全体学生的心理素质，充分开发他们的潜能，培养学生乐观、向上的心理品质，促进学生人格的健全发展"，具体目标是"使学生不断正确认识自我，增强调控自我、承受挫折、适应环境的能力；培养学生健全的人格和良好的个性心理品质；对少数有心理困扰或心理障碍的学生，给予科学有效的心理咨询和辅导，使他们尽快摆脱障碍，调节自我，提高心理健康水平，增强自我教育能力"。我校为切实加强初中学生心理健康教育工作，做了相应的问卷调查，通过调查问卷我们发现，学生在学习、生活、人际交往、自我意识等方面出现的心理困扰较突出。2009年1月我校提出学校发展规划的"八项工程"，"心理健康教育课程化"建设是其中之一，《初中生心理健康教育》课程由我校两位主任兼职任教。

一、开发心理健康教育，落实两个立足点

首先立足发展性。优化学生的心理品质，强调学生的自我认识、自我教育、自我控制，发展学生的心理机能，开发学生的内在潜力，促进学生全面发展。其次立足预防性。主动了解学生的学习、生活状况，根据学生出现的心理困惑向他们介绍相关的心理知识、及时疏导，减轻他们的心理压力，维护和保持学生的心理健康。

近两年的心理健康教育实践使我们认识到：我们的教育面对的绝大多数是积极向上、心理正常、健康的学生，学校心理健康教育的目标应以发展性、预防性为主。

二、根据学生心理特点，编写心理健康教材

学校《初中生心理健康教育》一书基本内容包括：适应篇；智能训练篇；认识自我与悦纳自我篇；突破学习难关篇；相处篇；情绪意志篇；交友篇；我和父母、老师篇；学会生活篇；自我保护篇；生命教育篇；性教育篇。

选择心理健康教育的内容时，我们主要有四点考虑。

1.考虑学生成长过程中必然遇到的问题，即以学生心理发展中遇到的问题为主线。如：为了提高初一新生适应新的学习环境的能力，我们编写了适应篇，进行以"认识新伙伴——适应新环境——制订学习计划"为主题的辅导；为了让学生学会学习，编写了"突破学习难关篇"；对学生的情绪问题，编写了"情绪意志篇"的辅导。

2.考虑不同年龄学生心理发展的特点，即对不同年龄阶段学生有不同的辅导重点。如：在青春期心理辅导中，对学生进行"做一个受欢迎的异性同学"等为主题的心理辅导；在自我意识的辅导中，我们以"认识自我与悦纳自我"为主题。

3.考虑学校对学生教育整体规划的需要，即要结合学校德育工作来安排。如：为配合行为规范教育，进行"学会倾听""学会感恩""宽容待人"等辅导；为配合亲情教育，进行"体会亲情""最熟悉的陌生人"的辅导。

4.考虑学生所处的环境和他们的实际需要，即根据学生的生活环境和他们所关心的热点问题来安排。针对现在的校园安全防控工作，组织学生开展关于"远离暴力""如何应对侵犯"的讨论"；针对学生爱上网的特点开展"网络是一把双刃剑"的讨论等。

心理健康教育课程的顺利实施，帮助学生全面地了解了自己、了解男女生的心理特点、交往的基本原则；指导学生掌握了基本的学习方法、人际交往的技巧、调节情绪的方法；学会了尊重父母、珍爱生命、热爱生活。

我校心理健康教育结合本校学生的实际，适应学生的年龄特征和心理特点，使得心理健康教育具有较强的实效性。

三、活动教学，丰富多样

心理学认为，人的感受和体验产生于人的活动。我校的心理健康教育课

程遵循这一规律，引入活动教学，并将其作为这门课程的基本教学模式。它以个体经验为载体，以精心设计的活动为中介，借助角色扮演、情景体验、经验分享、谈话沟通、行为训练等丰富多样的活动形式，通过师生共同的参与，引起学生相应的心理体验，从而施加积极影响，在活动中建立起学生所认同的行为规范和价值观，促进了学生的自我认识和自我成长。具体方法有：

1.情景体验法。即给学生提供一种情景或氛围，让他们从中有所感受和体验。如在讲完赞扬别人的技巧和作用后，学生沉浸在赞扬的氛围中，这时让学生离开座位去寻找1—2名同学，互相写赞扬对方的话，然后请部分同学到前面宣读。同学们在宣读的过程中，无形中受到情境的感染和鼓舞，情感上得到升华。

2.角色扮演法。结合教学内容，让学生准备小品表演或即兴表演，使学生体验所扮演角色的情绪，并学会扮演角色的行为技巧。

3.讨论分析法。根据教学内容，让学生在小组中相互交流个人看法，集思广益，相互学习，从他助到自助，力求同步成长。

4.实践锻炼法。结合教学内容，组织各种实践活动，在活动中训练和培养学生优良的心理品质。

5.自评自述法。即让学生对自己的某种心理水平和品质进行叙述和评论。如："人际交往水平自评"等。

6.他山之石法。通过电影、微视频、教学课件等多媒体手段演绎身边的故事、介绍一些成功人士的心路历程，提高教学实效性。

四、提升"心理健康教育课程化"产生的效果

《初中生心理健康教育》课程开设至今，从效果来看，学生非常欢迎这门课，教学中，学生积极参与，气氛活跃。通过"推进心理健康教育课程化"，营造了师生平等、发展个性的教育氛围，学生在学会学习、学会交往、学会认识自我、提高自我调节能力和自我发展能力等方面取得了一定效果。

（一）学会学习，提高了学习能力

掌握学习方法。学生表示"我学到了如何提高学习效率，如何在课外复

习，这些都有助于学习成绩的提高""利用谐音法或是联想法，成绩有了一定的提高"，等等。

运用学习策略。学生表示"我认为这个学习计划很成功，计划中明确考试成绩在年级30—40名。在实现目标的进军途中，我以积极的态度攻克了各种各样的难关"，等等。

增强学习毅力、自信心。学生表示"挫折教育给了我很深的印象，我学会了遇到挫折要总结经验教训，它使我以积极的心态投入学习活动中去""欣赏自我的方法，使我在遭受挫折之后重新振作起来，使我明白：我是一个聪明的人，我能战胜重重困难"，等等。

克服焦虑紧张。学生表示"以前我遇到考试常常感到紧张不安，并有一些焦虑情绪，心理老师给我们作了适当分析，从此我在考试中用了心理暗示方法，并在考前认真复习，这样在考试时不再觉得那么紧张了，成绩也有了显著提高"，等等。

（二）学会交往，改善了人际关系

尊重、理解、关心他人，努力做到倾听、欣赏、接纳。学生表示"感触和印象最深的是人的交往。例如安慰别人得表示理解。决不能因对方的偶尔失败就嘲讽对方，揭对方的短""我知道应该大大方方地与他人交谈""心理课启发了我主动与他人交往，学会关心、理解他人，并赞扬、欣赏别人，消除嫉妒心等技巧"，等等。

提高了交际能力。学生表示"我把这些落实到实际行动中，果然获得了良好的效果，我的交际能力比以前有了很大的飞跃，身边的朋友越来越多，学会了交际，对我来说帮助很大"，等等。

改善了人际关系。学生表示"通过实践，改善了我和几个同学的关系，增进了我们的友谊""原来觉得母亲有点啰唆，现在我知道她都是为了我好，我和母亲的关系更加融洽了"，等等。

（三）学会认识自我，提高了调节情绪和自我发展的能力

认识自我、调节情绪。学生表示"以前只要我一有不开心的事或心情不好时，总喜欢扔东西、踢桌椅，自从我上了心理课以后，我一改以往的恶习，

遇到不顺心的事能心平气和，静静地想整件事有没有我做错的地方，尽量把坏事变好事""心情不好时，听听轻音乐"，等等。

提高自我发展的能力。学生表示"我想心理课给予我的帮助远远多于这些，它帮助我们在人生旅途上健康成长，是我们人生的良师益友"，等等。

我校"心理健康教育课程化"的实施，工作上实现了"三个落实"：编写了《初中生心理健康教育》校本教材，设置了课程，安排了教师，初步形成了我校的学科特色；效果上做到了"三个更加"，使学生心情更加愉快，人格更加健全，心理更加成熟，促进了学生的全面健康发展。

心理健康教育课程化工作的推进，对处在身心变化高峰期的青少年学生无疑是有益的，搞好学生的心理健康教育，对每一位教育工作者来说，既是责任也是挑战。我校的心理健康教育工作才刚刚起步，为促进学生心理品质和人格的健全与发展，奠基学生卓异人生，让我们重视并积极投身到心理健康教育实践中去，不断书写素质教育、人格教育新的篇章。

初中课堂教学中学生有效参与策略的研究开题报告

（2011年1月）

一、课题研究的目的、意义

我校是一所普通的农村中学，课堂教学中存在着教师教得很辛苦，学生学习效果欠佳的问题。主要表现为：

1.教师热情高涨，学生死气沉沉，反应平淡。

2.课上热热闹闹，实际教学效果并不理想。

3.学生过于依赖教师，不能勤于思考，做吃等喂现象严重。

4.学生不能全程参与课上学习，常答非所问。

学校虽然教学成绩不错，但学生"不会靠讲，记不住靠练"形成了恶性循环。这与素质教育的目标、《课程改革纲要》的要求和社会需求的终极目的都是不相符的。这一问题困扰着教师，也让学生痛苦。教师们都希望摆脱这一困境，都在努力寻求一种变革，一种突破。

近年来，我校推行"主体参与，及时反馈，强化辅导"的教学模式，试图提高教学实效性。从听课、课后反思、学生问卷、教学成绩等实际教学活动和效果看，"及时反馈""强化辅导"落实的比较理想，也总结出了一些可行方法，收到了实效。而在"学生主体参与"方面，教师反映落实起来比较困难，存在的问题较多，反思其症结所在就是课堂上学生参与的有效性不够。主要体现为三易三难：全班统一学习容易，全体参与学习困难；吸引学生注意容易，学生维持注意困难；学生理解表层知识容易，真正吸收内化知识困难。

"新课改"的教学目标内在的、必然的、本质的联系呼唤有效教学，目标的顺利实现需要学生的有效参与；课程改革的核心环节是课堂教学，课堂教学的核心环节是学生的有效参与；学校教育的有效性依赖于教学的有效性，教学的有效性依赖于学生的有效学习，学生的有效学习依赖于学生对教学过程的有效参与。

美国教育家布鲁姆曾说："学习者不应是信息的被动接受者，而应该是获取过程中的主动参与者。"现代教学论认为："学生不是接受知识的容器，知识和能力要靠他们主动思维去获取"。《基础教育课程改革纲要》在具体目标中也强调，要形成学生积极主动的学习态度，倡导学生主动参与、乐于探究、勤于动手，培养学生获取新知识的能力、分析和解决问题的能力以及交流与合作的能力；在教学过程中强调师生积极互动、引导学生质疑、调查、探究，在实践中学习；鼓励创设能引导学生主动参与的教学环境，激发学生学习的积极性，培养学生掌握和运用知识的能力，使每个学生都能得到充分的发展。

因此，我们的研究就是要从学生当前的心理安全需要、被认可的需要和内部发展需要出发，力求通过强化学生的参与意识，促进学生积极参与，全体参与，深层参与，持久参与，达到全身心有效参与教学活动，提高课堂教学质量的目的，促进学生进步与发展。

二、研究课题的界定

《现代汉语词典》中对"参与"的解释是参加（事务的计划、讨论、处理），对"有效"的解释是能实现预期目的，有效果。我们认为本课题中有效参与指的是学生有明确的学习动机，积极主动的全程参与教学活动，达到预期效果，最大限度地获得进步和发展。

我们认为对有效参与要从以下四方面理解：（1）有效参与是隶属于主体参与下的现代教学理念，在内涵上高于教学方法、策略等。（2）从教师角度而言，有效参与是一种供教学参考、调整、改进的有效策略。（3）从教学表现的角度来看，有效参与是一种教学特点，是现代教学的一个醒目标志、一个本质内涵。（4）从学生角度而言，有效参与是学习中的一种行为，是在教学活动中获得解放，在有效活动中获得发展必由路径。

课堂教学中学生有效参与策略的研究，是指运用科学的调查研究，探究出一些行之有效的方法和途径，使学生在内在需要的激发下，在明确的学习目标的引领下，积极主动地、创造性地介入教学活动的各个环节，获取知识，发展智力，提升能力，训练思维，使自身获得全方位的发展与提高。

三、课题研究遵循的基本原则

全面性原则——课堂教学是全体学生的参与，是整个教学过程的参与，是思维、情感的全部参与。

针对性原则——要从不同层次学生的学习基础出发，组织学生参与教学活动，使他们在原有的基础上有所提升。

连续性原则——要根据学生认识事物的规律和参与行为的形成，在组织学生参与教学活动时要整体设计，循序渐进。

四、国内外研究现状

学生的主体地位真正从理论上被确立起来是杜威的"儿童中心说"。在教育史上，他率先把教学的重心从"教"转向了"学"。"从做中学"是他教学思想的核心，也是其他教学理论的基础。"参与—活动—发展"，是杜威教学思想的一条主线。

苏霍姆林斯基认为培养学生的兴趣是主体参与的重要策略，并倡导全面参与。

继他们之后，关注学生在教学中的主体地位，调动学生主体参与的热情几乎成了世界性的教学潮流。教育家布鲁纳、布鲁姆、罗杰斯以及施瓦布等人都进行了理论上的深入研究。

美国新教育运动以后的一些研究发现，在课堂中存在着一种称之为学生"非投入"现象。这种现象促使"有效教学"研究关注学生的主体作用。学生的主体性参与研究更加备受关注。

我国有效教学的研究已有成果，但在考察教学诸要素时，一般都是从静态的角度进行分析的，基本要素有教师、学生、课程、方法、反馈、环境等要素。这些因素其实都是教学的条件性因素，由它们所构成的教学结构只是对静态的教学结构的刻画。而教学是一个动态化的过程，我国的研究长期以来并没有揭示教学动态结构中的活性因素及其表现形态，这严重影响了教学实践的丰富性、生动性。从参与行为的角度而言，教学的活性因素主要有理解、沟通、参与、互动。理解与参与强调教学中个体的作用，沟通与互动强调团体的作用。理解是其他三个活性因子的前提。

国内学者20世纪90年代以来，学生有效参与的研究主要是立足教育现代化，探讨的是学生的主动参与、全面发展、主体性发展的关系。如：福建师范大学教育科学与技术学院院长余文森写了《有效教学十讲》，从教学的有效性、生成性、三维目标、教学情境、教学关系、有效教学的三条铁律等方面进行了阐述，也把学生参与的有效性作为课程改革的重点、关键。

自从"首届知识分子问题讨论会"后，我国学术界也开始重视对主体参与问题的研究。相比较而言，教育领域对主体参与的研究较为系统。这几年关于主体参与的理论与实验研究越来越多。大致归为"实践说、原则说、投入说、过程说、方法说、模式说"这几类。其中代表性较强的是北京师大教育学院教授、博士生导师、北京师范大学教育科学研究所名誉所长、天津师范大学教育科学学院院长裴娣娜教授，她认为："主体参与的目标就是通过建构学生的主体活动，完成认识和发展的任务，促进学生主体的发展。""主体参与的教学策略为：营造民主、宽松、和谐的氛围，形成相互尊重、信任、理解、合作的人际关系。"其中参与的有效度被提升到一个新的高度，上升到理论层面。

总体来看，我国近几年越来越重视学生主体有效参与问题的研究，这方面的研究成果也在逐渐增多。但也存在着明显的不足：一是关于研究的成果论文还比较少，一些交流性的论文由于大多没有公开发表，未能在较大范围内产生影响。二是研究仍处于教育理论与实践领域的前沿阵地，没有进入主流的课堂教学，导致未能深入开展。三是关于有效参与的意义、策略等问题的研究成果，较多都集中在理论层面上，使原本内涵丰富的有效参与失去了学术和实践价值。四是有效参与的目标定位、过程等问题的研究，精辟深刻，给人很大的启发；而特点、策略的研究流于肤浅，缺乏较为深入的理性思考。五是从教学需要、社会需要、教师需要角度进行研究的较多，而从学生需要的角度进行研究的很少，几乎还是一个研究空白。

本课题在对国内外学生有效参与的起源、发展和研究现状进行分析后，我们试图在学习借鉴的基础上，结合本校实际，以学生自身发展过程中的各种需要为突破口，从学生有效参与的广度和深度上进一步挖掘、研究，找到学生有效参与课堂教学的途径和方法，真正确立学生的主体地位，使学生在学习中热爱学习、学会学习、体验学习的成功与快乐，提高课堂教学的实效性，使学生得到全面发展。

五、课题研究的对象、内容和目标

课题研究的对象：初一至初三的学生。

课题研究的内容：学生参与课堂教学的现状，存在的问题，现阶段学生的各种需要及相应对策，提高有效参与度的方法、途径。

课题研究的目标：找到满足学生各种需要和促使学生有效参与课堂教学的方法和途径，提高课堂教学的实效性，使学生得到全面发展。

切入点：现阶段学生的各种积极的需要。

马斯洛的层次需要理论为我们的研究提供了心理支持和理论基础。我们想在把握学生当前的内在需要的基础上，从满足学生的心理安全需要、交际活动的需要、得到尊重的需要、自我实现发展的需要等需要入手，探究学生有效参与课堂教学的方法、途径，从学生参与课堂教学的积极性、持久性、深入性等多方面进行课题研究。

重要观点：我们认为初中学生存在积极、持久、深入参与教学全过程的基础，能够通过适当的引导、激励，引发他们内在的强烈需求，从而激发他们的内在潜能，达到掌握知识、发展思维、提高能力的目的。

六、课题研究的方法

本课题研究采用以下主要的研究方法：

调查法：通过听课、评课、座谈、调查问卷，发现课堂教学中学生在有效参与教学方面的主要问题。

行动研究法：各科教师协同合作，在课堂教学中边实践边研究，做好札记，逐步明确影响课堂教学学生有效参与的具体问题，有针对性探究出切实可行的提高学生课堂参与有效度的途径、方法。

个案研究法：在大量课堂教学实践基础上，选择具有典型意义的教学个案，充分解剖，总结经验和规律，为行动研究提供可借鉴的案例。

文献资料法：收集、分析和整理有关教学和有效参与方面的教育理论，为研究学生有效参与课堂教学提供理论基础。

七、课题研究的人员分工

课题牵头人：校长李竹林，领导、主持学校教科研工作，为教师的研究搭建相互交流、学习的平台，帮助解决研究过程中出现的问题。

课题负责人：教务处副主任郭长林任主管干部，教科研组长马子建老师任研究组组长。

课题组主要成员：王烨、李淑梅、高平、韩宇超、刘思超、王丽媛、崔涛、朱萍、柏刚、李云、周立勇。

八、课题研究的基础

为促进学校的可持续发展，我校高度重视教科研工作，提出了"科研强校"办学思路，成立教科研室，建章立制，组建教科研队伍，初步形成点面结合的教科研网络，现有市级科研课题2项，区级科研课题5项，教师教科研意识和能力不断提高。

我校领导、课题负责人和课题主要成员事业心强、教科研热情高，许多教师渴望解决课堂教学中存在的问题，教学实践中会"有感而研"，工作的积极性、主动性较强。

北京教育学院专家教授、区教科研部、教研员是我们进行科研工作的坚强后盾。

九、课题研究的步骤

（一）第一阶段：准备阶段（2011年1月—2011年2月）

1.为课题组教师提供充足的教育教学理论书籍，组织教师学习，做好学习交流和记录。

2.设计学生调查问卷，分析调查结果，完成调查报告。

3.通过听课、评课和学生调查问卷，发现影响学生在有效参与课堂教学方面存在的问题及产生问题的原因。

4.明确课题研究的主要目标——找到学生有效参与课堂教学的方法和途径，促进课堂教学实效性的提高。

5.针对主要问题，确立子课题：语文组，初中语文课堂教学有效参与的朗读诱发策略研究；数学组，初中数学课堂有效参与的展示激励策略研究；英语组，初中英语课堂有效参与的障碍激发策略研究；物理组，初中物理实验有效参与的调控与协作策略研究；化学组，初中化学课堂有效参与的监测评价策略研究。

（二）第二阶段：实施阶段（2011年3月—2011年4月）

1.针对问题，制定课题实施方案。

2.组织教师进行具体实践研究（从领导听课跟踪交流指导、课题组听课评课、课堂教学实录、自评自悟与改进、学生问卷检验效果等方面实施）。

3.实施过程中随时注意搜集整理材料。

4.组织教师进行交流，针对课题实施中存在的问题，提出相应的改进措施。

5.做好阶段性研究总结工作。

（三）第三阶段：总结阶段（2011年5月）

通过系统的研究和实践，初步构建一个学生有效参与的、提高课堂教学实效性的教学模式。同时以教学案例、教师研究论文、课堂教学实录光盘等形式进行总结，完成结题报告。

参考文献

［1］孙亚玲.课堂教学有效性标准研究［M］.北京：教育科学出版社，2008.

［2］王升.主体参与型教学探索［M］.北京：教育科学出版社，2003.

［3］余文森.有效教学十讲［M］.上海：华东师范大学出版社，2009.

［4］和学新.主体性教学论［M］.兰州：甘肃教育出版社，2001.

［5］冯克诚，西尔枭.实用课堂教学模式与方法改革全书［M］.北京：中央编译出版社，1994.

［6］周明星等.学校德育与美育工作创新［M］.北京：中国人事出版社，1999.

［7］钱立霞.普通学校促进不同学习需要学生有效参与的策略［M］.北京：教育科学出版社，2008.

打造多彩校园文化，创建和谐优质学校

（2011年4月13日）

随着《国家中长期教育改革和发展规划纲要》的颁布实施，创建全面育人、和谐优质、办有特色、人民满意学校日益成为学校内涵发展的方向和社会各界对学校教育的强烈期盼。众所周知，学校文化是学校建设的灵魂和核心，这就意味着要实现学校的内涵发展，必须通过打造多彩校园文化这一途径去实现。

近年来，我校坚持走制度化与人性化相结合的人本管理之路，以"把学校办成一所办学条件达标、管理规范、氛围和谐、环境优美、活力健康、教育教学质量处于全区农村中学前列、全面育人、办有特色、人民满意的学校"为办学目标，以"打造多彩校园文化，创建和谐优质学校"为切入点，有力促进了学校的内涵发展。

一、重视制度文化建设，加强新制度体系构建

以目标管理理论和行为激励理论作为学校管理的核心理念，突出体现制度化与人性化有机结合的人本管理。

大杜社中学在校园制度文化建设上，锻造并形成"12345"的管理理念，统领学校工作全局，落实到学校各项具体工作。

坚持"一条道路"：走制度化与人性化相结合的人本管理之路。

围绕"两项原则"（关注两个需求，促进两个提高）：关注学校工作需求和教师个人生活、待遇、发展、成长需求，促进学校教育教学质量的提高和教师综合素质的提高。

强化"三种方法"：教育基本方法（校内教育、家校结合、警校共建）、教学基本方法（主体参与、及时反馈、强化辅导）、学习基本方法（三先

三后）。

　　狠抓"四个落实"：落实上级文件精神、落实学校规章制度、落实学校工作计划、落实学校会议决策。

　　推进"五条主线"：依法治校、制度建校、质量立校、以德兴校、科研强校。

　　学校工作思路清晰导向明，干群工作有具体方向、有实际方法，有力地推动了学校的内涵发展。

（一）加强领导班子建设，提高管理水平

　　2007年7月至今，经过不断的磨合、调整，目前学校班子成员共11人，平均年龄41.4岁，年龄、学历结构合理，朝气蓬勃、年富力强，颇有战斗力；修订《领导干部工作制度》，制定《领导干部作风"十要十不要"》和《领导干部学习培训制度》；认真学习教育理论和先进管理经验，积极参加市、区教委、研修中心组织的各种培训，走出去学习兄弟校管理经验，干中学，学中干。目前，干部政治素养、理论水平和管理能力不断提高（参加华师大、辽宁营口、北京市校长高级研修、中英联合校长研修等培训；研修中心视导；赴通州二中、第一实验、牛堡屯学校、次渠中学参观学习等）。

（二）转变领导作风，变"官本位"为"人本位"

　　学校的管理活动是一种特殊的社会活动，他通过管理者与被管理者的双向互动进行，只有通过人与人的各种活动，管理者与被管理者的主客体才能有机统一。因此，我们要求干部必须放下架子，深入到教职工中去，不但会管理，更要会服务。

　　1.实行目标管理责任制。

　　2.实行干部包年级制度。

　　3.实行牵头人负责制。

　　4.实行领导干部深入学科教研组制度。

　　5.实行领导干部工作效能评价机制。

　　6.实行领导干部学期工作"一述一评"活动。

（三）结合绩效工资改革新形势，抓好新制度体系的构建

修改完善原有的学校规章制度，努力体现制度化与人性化的有机结合，在强化管理的同时，体现人文关怀，保护并继续营造进取创优的良好工作、生活氛围。

研究制定适应新形势的《教职工绩效工资课时津贴分配办法》《教职工岗位设置实施方案》《教职工岗位设置实施办法》《教师年度考核办法》和《教师教育教学成果奖励方案》，修订《教职工考勤管理办法》《班主任考评制度》《教师教学考评制度》《初三毕业班工作奖励方案》《师生学科竞赛和教科研获奖奖励办法》《教学学段奖奖励方案》《教师进修、深造获得优秀学员奖励办法》《教师教学进步奖奖励方案》和《学生评教制度》等学校管理制度，激励教师努力学习，敬业工作，增长才干。各项制度的推进与落实，突出了学校工作制度化的方向性和具体问题具体分析的人性化体现，提高了工作的针对性、实效性。教师在公平、公正、公开的评价制度引导与和谐氛围下工作积极性高涨。

重要岗位实行择优上岗。每到新的学年，学校中的重要岗位采取择优上岗的方式，使教育教学的中坚力量在学校工作中发挥重要的作用。重要岗位教师由部门负责人根据学校工作实际需要择优选择，把爱岗敬业、成绩突出的教师安排到重要岗位，使学校形成你追我赶、进取创优的良好工作局面。

二、突出学校精神文化建设，重视教师心灵家园的构建，提升教师归属感和幸福感，激发师生主体动力

（一）明确学校整体舆论导向，形成"校园思维"，促进干部教师查找不足，自觉改进工作

在教学楼走廊、各处室、各年级组均张贴全校师生达成共识的"校园思维"：人人都有进步的潜力，事事都有改进的余地，不为不足找理由，只为提高想办法。这"四句话"适合于干部的管理工作、教师的教育教学工作，同样适合于学生的学习和生活。这"四句话"目前已经形成一个强大的校园舆论，在影响着我校的每一个人。当干部工作出现失误不愿面对现实时、当教

师教育学生措施不力时、当教师教学成绩不理想时、当学生纪律出现问题时、当学生成绩不理想时，我们形成的正确舆论发挥了巨大的作用，这"四句话"有时替代了某些形式上的思想工作，变成了干部师生自己找问题、找差距、改进工作和学习的自觉行动。

（二）努力打造"干群和谐精神面貌好，拼搏实干教学质量高"的"学校形象"（共同愿景），用具体的目标引导师生努力方向

各个年级围绕学校整体形象要求，精心设计年级工作文化。初一、初二、初三各个班级围绕年级工作重点，精心设计班级规划。以班级座右铭、班级目标、做人、学习和班级特色展示等方面为切入点，开展具体工作，做好阶段总结反馈，提高班级工作的计划性和教育的实效性。

（三）开展丰富多彩的学生活动，寓育人于各种活动之中，培养学生关注社会、关心他人、全面发展的良好品质

充分利用校内外的各种资源，发挥学生的主观能动性和创造性。

1.以节日教育为契机，开展尊师、孝道、助人等活动（植树节植树、重阳节慰问敬老院老人），通过身体力行，使学生从活动中得到教育，达到润物于无形的效果。

2.结合社会热点事件，让学生关注生活、关注时事，如：结合汶川地震开展关爱教育，使每个人都有一份爱心，培养学生优秀品质。

3.以多种社会实践活动为抓手，使学生走出去，亲近自然，感悟社会，增长学生才干。如，学校组织安排学生干部进入社区，与社区领导沟通学校情况、宣传师生先进事迹、向社区领导通报纪律有问题学生情况争取协助解决。

4.学校突出以学生为中心、以育人为己任，在提高学生素质方面下功夫。组织学生研究制定《初中生成长三年规划》，从奋斗目标（短期、中期和长期）、实施步骤和阶段反馈等三个环节加以调控，增强学生成长的规划意识，提高学生成长的目的性；在学生综合素质评价的实施中，坚持学生之间联评、自我评价、任课老师参与和班主任评价相结合。规划与评价活动的开展，促进了学生良好人生观、价值观的形成，学生感觉到学习有目标，生活有价值，生命有意义。

5.注重学生心理健康的培养，促进学生全面健康发展。自2009年初开始，学校编辑整理出版《初中生心理健康教育》校本教材，在初一至初三年级开设心理健康教育校本课程，实现心理健康教育课程化，用课程化的校本管理（出版书籍、纳入课程、专人授课、效果测评），打造学校心理健康教育特色。实践证明，心理健康课程化的实施，使学生心情更愉快，心理更成熟，人格更健全，促进了学生的健康成长。

6.扎实推进"三结合教育"，以"三结合"教育的和谐开展，促进学生健康和谐地成长。以家长学校为载体，强化家庭教育，有机地与学校教育、社会教育相结合，突出家庭教育的重要性，彰显社会教育的必要性。通过召开学生家长会，邀请心理教育专家讲座提高家长教育能力；通过请派出所领导、民警进行法制教育，形成教育合力，提高学生遵纪守法意识。

导向明确的多彩的校园主流精神文化的营造，使学校师生在惠风和畅的大杜社中学工作和学习有一种到家的感觉。师生们在一起心中有愿景，思考讲方法，疏导懂技巧，活动重方式，为学校各项工作的开展打下良好基础。

三、建设学校行为文化，提升教师专业素质，打造和谐质优教师团队

1.创造一个适宜师生学习生活发展的和谐空间。我校坚持依法办学，重要决策要征求教代会的意见，一经做出决定迅速向全体教职工通报。在评选优秀党员、先进教师以及职称评定等工作中充分发扬民主，不以行政命令压抑教师的个性，集思广益，达成共识，形成最终决策。

2.在教育教学活动中，给教师充分的自主权，鼓励教师树立自己的教育思想，支持教师进行教改实验，注重每个教师的教学个性发展，形成自己的教学风格。学校在提出并推进"主体参与、及时反馈、强化辅导"教学要求的同时，鼓励教师结合自身实际自主创新，只要效果好，都是好方法。学校的教育教学工作既有模式引导，又提倡百花齐放，为教师教学工作的创造性留有空间。这一措施推进了教师和谐群体建设，促进了教师良好的精神风貌、务实的探究精神和良好教学业绩的形成。

3.学校领导把尊重教师、培养人才、凝聚人心、协调利益、化解矛盾、排忧解难作为自己的职责，创设科学民主、积极向上的工作氛围，与师生员工

同呼吸、共命运、心连心，重实际、说实话、办实事、求实效。学校十分关注教师身心健康，除去组织教师日常乒乓球、篮球活动外，由工会主席牵头，组织教师和学生一起做课间操锻炼身体，同时尽可能每月开展一次师生文娱活动（如乒乓球赛、沙包掷准、篮球赛、跳绳比赛、拔河比赛、篮球三分球比赛、托球跑等），鼓励全校师生共同参与，增进友谊，促进沟通，强健体魄，缓解师生工作学习压力。学校在教师生日之际为教师过生日，赠送教师有校长签名的生日贺卡，使教师感受到学校大家庭的温暖，提升教师归属感和幸福感，把学校营造成一个健康和谐的大家庭。

4.加强校本培训，提升教师专业水平。组织教师制定《教师职业发展五年规划》，从总目标（育人和专业）、年段目标、实施步骤、学校意见等环节加以调控，提高教师工作的方向性，促进教师快速健康成长。

立足课堂教学主渠道，开展校内听、评课活动，打造高效课堂。

开展备课组活动，提升学科组教师整体教学水平。

建立"青训班"，开展"师徒结对"活动，培养青年教师。

开展校内评优活动，培养学科教学骨干。

开展校内"教学开放日"活动，促进教师取长补短，改进各自教学工作。

聘请专家来校视导、讲座，提升教师课改理念，诊断、改进教师课堂教学行为，促进教师教学水平的提高。

借鉴美国"学习金字塔"实验结论和"艾宾浩斯遗忘曲线规律"，对教师、学生进行宣传学习，学以致用，提升教师课堂教学效率和学生记忆效果。

以月考、期中、期末考试为契机，严抓监考、阅卷、复查、抽检、登统、分析各个环节，让教师体验诚信、感悟诚信、收获诚信，以考风促教风。

5.加强教科研工作，优化教师教学行为，促进教育教学质量的提高。以提高课堂教学实效性为突破口，开展市、区、校三级科研课题研究，形成校长牵头，科研主任主抓，教师集体参与的科研管理体系，点面结合，扎实开展相关工作。

四、加强学校物质文化建设，夯实和谐优质学校建设之基

学校努力创设一种和谐、充满人文色彩的多彩的校园环境，打造体现学

校办学理念的"博物少年"校本课程体系特色，熏陶学生思想、净化学生心灵、促进学生全面健康发展。

注重细节布置，注重渗透感染。著名的教育家苏霍姆林斯基曾经说过：要让学校的每一面墙都会说话。学校的每个墙壁、每块绿地、每个角落都是会"说话"的老师，学生随时随地都会受到感染与熏陶。

我们根据校园布局特点，把标语、名言、警句、书画展示在墙壁上，这样既可烘托育人环境，又可改观学校整体布局。将"厚德、博学、求实、创优"校训竖立在学校教学楼顶端，教育、引导师生学会做人、勤奋学习、努力争创佳绩。在教学楼正面安装我国著名书法家华敬俊先生书写的"大杜社中学"校名，激励学生奋发有为。在教学楼内各层教学区、门厅、会议室、图书馆等地，设立以"厚德、乐学、励志、成才"为主线的名言警句，激励、引导、规范师生言行。

我校坚持做好校园广播工作，紧密配合上级精神和学校工作，充分发挥"以高尚的精神塑造人，以先进的文化引导人，以优秀的作品鼓舞人"的教育功能，抓热点、抓重点，体现教育的及时性。我们的校园广播，有分管领导组织，做到了定时间、定人员、定内容，受到师生好评。

建立学校宣传栏，体现学校办学理念、办学目标、办学宗旨、德育教学等诸多方面的思路、作法，表扬优秀教师和优秀学生，用先进的理念引导人，用优异的成绩激励人。

打造"博物少年"校本课程体系特色，促进学生全面健康发展。为贯彻落实全国教育工作会议精神，全面实施《国家中长期教育改革和发展规划纲要》，推进素质教育，我校在和谐优质学校形象初步确立的基础上，为进一步丰富学校教育内涵，以学校资源及社区资源为载体，逐步探索体现学校办学理念的"博物少年"校本课程体系特色，促进学生主动、全面、和谐、健康发展。

我校"博物少年"校本课程体系特色建设，其内容包括：本土文化类、综合实践类、国学修养类、科学素养类、博物学家考等五类。本土文化类课程我校开发的校本教材为《古镇新韵马驹桥》，综合实践类我校开发的校本教材为《初中生心理健康教育》，国学修养类课程我校准备开设《论语智慧》，科学素养类课程我校准备开设《科技与实验》，博物学家考课程我校准备组织学生编纂《博物学家小传》集结成集。目前，这一特色建设正依实施方案逐步推进。

精心设计校园铃声，让铃声承载教育内涵，形成学校特色。让铃声奏响爱国、立志、乐学、和谐的华美乐章，让铃声充满校园空气，让校园空气滋润学生心房。[注：激发学生爱国热情（每天早晨、中午学生到校，学校广播播放《歌唱祖国》《红旗飘飘》）；倡导学生勤学、乐学（每天上课铃声设计为催人发奋学习的《小二郎》）；营造轻松愉悦气氛，缓解师生工作学习压力（每天下课铃声设定为轻松愉悦的乐曲《游戏》、放晚学播放轻松舒缓的乐曲《回家》）]

目前，学校校园物质文化建设初见成效，校园内育人氛围浓厚，文化感染力强，逐步推进的"博物少年"校本课程体系特色建设受到师生欢迎，促进了全体师生和学校的健康和谐发展。

推进青春期健康教育，促进学生素质提升

（2011年4月26日）

为切实做好学生青春期健康教育工作，我校向学生做了问卷调查，调查发现我校学生青春期存在的问题主要有：青春期烦恼问题、学习问题及心理品质、行为问题。针对这些问题，我校探索开展学生青春期健康教育，逐步形成以实现青春期健康教育课程化为主渠道，以其他多种健康教育方式为辅助的教育形式。主要体现在：

一、开展多元化青春期健康教育

第一，实现"青春期健康教育课程化"，通过体验式教学使学生成为课堂的主人。将学生普遍关心的心理问题，如认识新伙伴、情绪控制、异性交往等诸多内容，以稳定的课堂教学的形式实施教育。

第二，知识宣传普及。学习相关自我调节的常识，使全校师生提高对自身心理状况的关注。制作"校园思维"宣传板，用正强化的方式，让全校师生的心态受到正向激励；通过心理专刊、心理简报、校园广播等方式，传递青春期健康教育知识。

第三，通过举办团体专题讲座，对学生感到困惑的问题进行团体辅导。如学校心理教师开展以"做一个受欢迎的异性同学""区分友谊与爱情"为主题的辅导；请教育专家来我校开展以"关爱感恩教育""让孩子学会负责""明确人生航向，让青春飞扬"等为主题的大型巡讲等。

第四，个别学生青春期咨询辅导。针对学生健康档案和管理中了解到的情况，用面谈、心语信箱等方法对学生进行个别辅导。既保护了学生隐私，又给了学生切实的帮助。

二、青春期健康教育校本课程的开发与实施

首先，围绕"全面育人、和谐优质、办有特色、人民满意"的办学目标，精心搜集教育内容，编辑出版校本教材。作为"博物少年"校本课程体系构成要素之一，我校《初中生心理健康教育》一书的基本内容有：适应篇、突破学习难关篇、自我保护篇、性教育篇等共12个单元。

选择青春期健康教育的内容时，我们主要有4点考虑。

第一，考虑学生成长过程中必然遇到的问题，以学生青春期成长过程中遇到的问题为主线。例如，为了帮助学生更好地适应青春期生理变化，我们编写了"性教育篇"；针对学生的情绪控制问题，编写了"情绪意志篇"。

第二，考虑不同年龄学生心理发展的特点，对不同年龄阶段学生有不同的辅导重点。例如，在青春期心理辅导中，对学生进行"迷惘的花季"为主题的心理辅导；在自我意识的辅导中，我们以"认识自我与悦纳自我"为主题。

第三，考虑到学校德育教育的一致性，将青春期健康教育与学校德育工作相结合。例如，为配合学校亲情教育，进行"体会亲情""架起和父母之间的心桥"的辅导等。

第四，考虑学生所处的环境和实际需要，根据学生的生活环境和所关心的热点问题来安排。针对校园安全防控工作，组织学生开展关于"如何应对侵犯"的讨论；针对学生爱上网的特点，开展"网络是一把双刃剑"的讨论等。

其次，以课堂教学为开展青春期健康教育主渠道，按照教学内容，以精心设计的教育活动为载体，建立起学生所认同的行为规范和价值观。具体方法有：

情景体验法。即给学生提供一种情景或氛围，让他们从中有所感受和体验。如在讲完赞扬别人的技巧后，让学生离开座位去找1~2名同学，互相写赞扬对方的话，然后请部分同学到前面宣读。同学们在宣读的过程中，情感得到升华。

角色扮演法。结合教学内容，让学生准备小品表演或即兴表演，使学生

体验所扮演角色的情绪。

讨论分析法。根据教学内容，让学生在小组中相互交流个人看法，相互学习，同步成长。

实践锻炼法。结合教学内容，组织各种实践活动，在活动中训练和培养学生优良的心理品质。

自评自述法。即让学生对自己的某种心理感受进行叙述和评论。如："人际交往水平自评"等。

他山之石法。通过影视、录音、教学课件等手段演绎身边的故事、介绍成功人士的心路历程，提高教学实效性。

三、推进青春期健康教育，提升学生素质

自我校青春期健康教育课程开设后，学生心情更加愉快，心理更加成熟，人格更加健全，学习和生活十分快乐。初步形成的、具有我校特色的青春期健康教育课程受到师生的欢迎和上级领导的高度评价，2010年6月通州区"积极关注，推进心理健康教育课程化研讨会"在我校召开，会上，我校做了以"推进心理健康教育，创建和谐优质学校"为主题的典型经验介绍，通州电视台做了专题报道。

为促进学生全面健康发展，今后我校将以"青春期健康教育进校园"活动为契机，更加重视并积极投身到青春期健康教育的实践中去，努力为通州区国际新城建设输送活力健康、素质一流的优秀人才，用智慧和心血不断书写青春期健康教育新的篇章。

充分发挥学生思维主体作用，教师要做到"八勤"

（2000年12月）

在课堂教学中，突出学生学习的主体地位已成为广大教育工作者的共识。究其实质，这个主体的核心是思维主体。现代数学教学论认为："数学教学中学生不是接受知识的容器，知识和能力要靠他们主动思维去获取"。因此，只有充分发挥学生思维主体作用，学生才会摆脱那种注重知识的传授、继承和记忆，忽视对新知识进行探索的"维持性学习"，转而接受注重对知识的理解、探索与创新的"创造性学习"方式。唯有如此才能提高教育、教学效果，才能真正将素质教育落到实处。

从事数学教学十余年，我对发挥学生思维主体作用的认识逐渐清晰。我深深体会到："数学是思维的体操"。学习数学的全过程，始终离不开思维。学生学习数学的过程是一个思维训练的过程，必须要经过思维主体作用发挥这一途径来完成。而要发挥学生思维主体作用，教师要坚持做到"八勤"。

一、勤"学习"——开阔视野，提高教师自身素质

时代在不断发展、不断进步。学生随着时代的发展视野更加开阔，接触面更广，接受新知识的能力更强，要求也更强烈。从事教育工作的我们，唯有加强自身学习，提高自身能力，才能顺应时代，胜任时代对我们的要求。

在教学中，我侧重做了如下三点。

1.学习教育学、心理学和教改前沿信息理论，学习相关教育、教学理论，为自己充电。

2.坚持进修深造，加强业务技能学习，更新文化知识。在这一基础上，深入钻研教材，领会大纲精髓，力求吃透教材，同时，加强对现代教学手段的学习，提高自身专业素质。

3.认真钻研教法，博采众长，根据学生实际，采用灵活多样、行之有效的教学方法，力求适应学生，创设思维情境，调动学生学习积极性，提高教育教学效果。

在教学实践中，我感受到只有充分发挥学生的主体作用才能使学生真正受益，只有教师具有较高的专业素养才能提高学生的素质。

1993年中考前，一名初三学生（尖子生）找到我想让我帮他指导，我因顾及情面，就应了下来。可是，给这样的学生辅导难度太大了。于是，我先充分分析近年来中考题型，认真钻研求解方法，然后再有针对性地辅导。功负不负有心人，这位同学如愿升入重点中学。而我也得到一条经验：为师须知勤学习。自身没有知识底蕴，启发学生思维，发挥学生思维主体作用，提高学生能力就会成为一句空话。

二、勤巡视、反馈、矫正——了解学生当堂思维，及时纠正错误思维，提高学生思维深刻性

苏联教育家赞可夫说过："教师工作有这样一个特点，就是他应该经常评价自己的学生。"从中我领悟到，在课堂教学中要加强对学生学习的"巡视、反馈、矫正"，尽量变传统的讲后辅导为当堂矫正、巩固（当然，课后辅导对部分学生来说也必不可少），力求落实"堂堂清"。

其中，矫正是目的，巡视、反馈是手段，具体操作中需明确如下几点：

巡视应选择在观察学生对教师所授内容反映出木然、无动于衷或表情烦躁这一时机和学生课上进行的习题训练及问题讨论这一时机。巡视的目的是为反馈学生学习的真实信息（包括知识上、方法上和能力上的真实信息）。

反馈主要了解学生精神、身体上的表现，如表情如何，是否患病，练习是否出错、运用知识是否熟练或过于死板，基本内容或重点内容是否掌握，方法是否科学等。同时，反馈的目的也是为了使矫正更具针对性。

经过巡视、反馈两个环节，教师了解到学生学习真实情况后，矫正要突出实效性和及时性。教师巡视中发现的个别问题及时给学生指点，使学生及时弥补不足；发现带有普遍性的问题，主要采用老师作整体讲解，交由学生集体分析讨论或以题组训练等方式，力争课上使学生正确、熟练地掌握知识

并在能力上有所提高。同时，鼓励、引导他们对所学知识进行深入分析、综合比较和概括，掌握知识特点，灵活地运用知识解决问题。这样教给学生学习方法，使学生学会如何学习。

事实证明，课堂上老师勤"巡视、反馈、矫正"表面看耽误了一些时间，但是它符合艾滨浩斯遗忘曲线规律，能以最快速度了解学生思维现状，使学习后进的学生趁热打铁，掌握知识和学法。通过纠正错误思维可防止错误积累，增强后进学生学习信心，提高学生思维的深刻性，克服学生存在的"等课下辅导"的消极心理。同时也强化了优秀生对知识的理解和学法的掌握，体现了因人施教，使教学效果大大提高，不失为一种行之有效的教学方法。

学生反映：用此法教学，反馈、矫正次数多，每节课我们都在不断思维、训练和矫正中度过，使我们能及时改正不足，不留疑点，有利于当堂教学目标的完成。

三、勤"疏导"——为学生创设良好的思维情境，提高课堂思维的有效性

长期身处教学第一线，面对诸多学生，课上什么突发情况都可能发生。有的一贯表现出色的学生也偶尔出现异常表现。这不稀奇，因为他们是学生，是生活在社会中的活生生的有感情的人。况且，心理学认为，初中阶段的学生心理、生理发育均不成熟，情绪不稳定，受外界干扰尤为明显。因此每遇学生课上反常情况，我都在观察之后及时地在课上或课下找他们谈心（课上短时间进行，一般三言两语，课下另找时间耐心询问原因，做有针对性的疏导），做必要的心理疏导，或精神安慰，使他们放下包袱，愉快地投入到学习之中。实际上学生课上出现的"表现异常"问题，所谓的"大事"并不多（如打架、受处分、心理压力过大、家中突发事件），有时，就是同学之间吵几句、家长训几句、丢支笔、短把尺子……这样一些日常琐事。当然，有时也会因为学习中的某个环节未弄清而苦恼不已。只要教师时刻怀着一颗关心学生学习的热心，具有疏导意识，随时注意课前观察，只需在课上简单开导，心理疏导或知识系统的梳理，就可改变学生原来低落的学习状态，提高思维的质量，使课上学生思维主体发挥得更加充分。"磨刀不误砍柴工"，适当及

时的疏导可有效地提高教学效率。

有一次，一名初三（5）班学生突然伤心地哭了起来。我及时中断讲课，询问情况，原来她哭是因为课上听不懂，做练习时一用到前边知识就不会。我同她讲："课上先认真听，充分利用课堂45分钟学习，不会的课下可以及时找我，我相信你一定能学好。"她点了点头，重新进入听讲状态。经过课下的指导，她有了明显的进步。

四、勤"激励"——提高学生思维的持续性

心理学认为，实现教学目标，在考虑学生因素之时，不能忽视情感因素的作用，教师要善于激励学生，使其情感处于最佳状态，使学生在亢奋状态中进行思维。

要发挥学生思维主体作用，教师要善于抓住一切有利时机，及时有效地激励学生，常用方法有：

1.精心备课，提高授课艺术性，增加语言感染力，力求授课生动，引人入胜（此为核心）。

2.热爱学生，与他们多接触，同他们交朋友，对他们多理解，多关心，多帮助。

3.对学生进行口头表扬、做荣誉记录、搞练习题抢答、年级间学科竞赛等，充分利用青少年求知欲望强、善于表现的心理，充分发挥学生学习的主观能动性。

通过以上办法，建立起了"平等、民主、合作"的良好的师生关系，使学生体会到教师是自己学习上的良师，生活中的益友，从而达到长期激发学生学习兴趣的目的，使学生思维主体作用真正能不断地围绕教师主导、训练主线得到发挥。

一名学生，初一、二年级时学习成绩一般，升入初三后，对自己有了新的要求，课上更加专心听讲，学习成绩有了一定提高。发现这一情况后，我找他单独谈心，为他制定了初三中考目标，利用课上、课下一切可以利用的时间，适当地对其进行鼓励、鞭策，使他学习劲头更足了，如今他已成为班内数学尖子生。

五、勤"了解"——及时把握学生思维水平，体现因材施教

和学生多接触、多交谈、多家访（即使不做班主任工作），与学生交朋友，从学生的喜、怒、哀、乐中了解学生，倾听他们对自己教学中的意见、建议，这样能更好地开展教学工作。

具体做法是：

1.了解学生基本情况，包括家庭环境、社会环境、学习环境、学习基础等（主要采用翻阅学生档案、家访、谈话聊天等方式）。

2.了解学生学习生活，包括各科学习情况、学习态度、学习方法是否科学等（主要借助自己授课中了解的情况和班主任、科任教师对学习情况的综合整理）。

3.了解学生感情世界，包括个性偏爱、品质特点等。

了解学生的诸多方面，才能使老师及时掌握学生"最近发展区"，使学生思维主体作用在教师有效调控下充分发挥。

六、勤"放手"——培养并提高学生思维能力

中外心理学家大量研究实验表明：学习是一个建构过程，主动思考是学生学好知识、提高能力的关键。由此可见，传统意义上教师"手把手教"，表面上教师主导作用得以较为充分地发挥，却使学生思维主体作用发挥大打折扣，背离了教学"双向、互动"的原则，实不可取。为改变这一现状，我的一些常用做法是：

1.布置预习作业，先测后讲，测得有目的，讲得有针对性（培养观察、分析、运算、思维能力）。

2.课上学习较好的学生指导后进生，结合同学间的自查与互查，出现问题及时补漏，使学生在自悟、质疑、交流、发现中愉快地参与教学。因为他们思维水平相近、解决问题的方法差距小、语言交流较直接，便于接受。实践表明，这种做法收效明显，也使学生真正成为学习的主人（培养思维的批判性）。

3.由学习好的学生课上自己归纳本节的学习重点内容及知识系统，并当堂

表述，注重学生对所学知识的理解与深化，强化后进学生理解重、难点，帮助学生逐步掌握知识点、知识链和知识网（培养思维概括性）。

4.由学生自制教具，使学生在摆一摆、拼一拼、画一画、量一量等实际操作中不断观察、分析、记忆，不断提高领会新知识的能力，使学生思维主体作用发挥更加充分。常做的教具有：三线八角、三角形、四边形（平行四边形、矩形、菱形、正方形、梯形）及圆等有关内容的模型（培养思维的灵活性、创造性）。

5.在新授课、习题课、复习课等多种课型中，鼓励学生加强观察、勤于动笔、主动思考、敢于质疑、肯于讨论、善于交流、敞开思路、广开言路，使学生主动地参与教学活动（培养思维的敏捷性）。

对学生要敢于放手。教师实际操作中，把学生作为学习的主人，教学过程中通过引导学生进行习题训练、自制教具、自编习题、一题多解、等式变形、动脑思维等活动，使学生积极参与教学目标的完成；同时，教师注意鼓励学生发表自己的观点，使学生对某一知识的认识能充分地展现出来，在必要情况下，适当组织学生进行小组讨论（老师不能做暗示、提示或打断学生思维），学生回答正确，老师给以赞许的目光、会心的微笑或富有激励性的表扬，以此鞭策学生；答错了，也对学生保持应有的耐心，给予善意的理解，帮助其寻得真知。

学生们说：老师这样上课，把学习的主动权交给了我们，使每类学生都能在老师精心安排下活动起来，思维活动得到加强，促进了知识的掌握和能力的提高。

七、勤"训练"——学习思维上的参与最终体现在通过训练使数学知识达到内化，形成数学技能

所谓"好脑子不如烂笔头"，要使学生掌握所学知识，就要注重对学生进行一定量的、带有目的性和层次性的训练。不是题做得越多越好，搞"题海战术"，而应该是有一个"度"的限制，以学生易于接受，使之学习能螺旋式上升为标准。

我的一些做法是：

1.在备课环节上下功夫，深入钻研教材，结合教学大纲和学生实际，精心设计习题层次。

2.强迫自己每节课讲的时间尽量压缩在20分钟以内，使学生在自主学习的环境中通过动脑、动口、动手训练，不断领悟，不断建构，达到学习重点内容能突破、难点内容能分散的目标。

3.充分利用电教手段，适当加大课堂练习密度，提高课堂单位时间的利用率，促使学生参与，体现学生思维主体地位，使学生在动与静的有机结合中接受、消化、吸收所学知识，体现训练主线，培养学生学习兴趣，提高学生能力。

在数学教学过程中，要引导学生动手、动口、动脑，全方位地参与，而关键是思维上的参与，老师的主导作用也要体现在引导学生思维的参与上。而各类训练恰好为思维提供了载体。

八、勤"改进"——不断改进教学方法，鼓励、引导学生思维，提高教学效果

心理学表明：初中学生有意注意时间短，自控能力不强，求知欲望会受其影响而逐步淡化。巴甫洛夫也曾经说过"刺激总叮在一个细胞上，必然使学生进入无兴奋状态"。因此，任何一种教学方法，使用时间过久都会使学生失去开始时的新鲜感，不同程度地引起思维的抑制。遇到这种情况，教师要依教学内容、学生情况（可做问卷调查），适当改变教学方法，力求通过灵活多变、易于学生接受的教学方法，鼓励、引导学生积极思维，达到为提高教学质量服务，培养学生能力的目的。在教学中我常用的教学方法是：反馈式教学法（此教学法于1995年初在全校推广，并获通州区第七届教科研成果二等奖），讨论式、启发式、自学指导式、竞赛式等形式，使教学方法始终围绕如何充分发挥学生思维主体作用而灵活采用，调动了学生学习积极性。

发挥学生思维主体作用，是真正落实素质教育的关键，其方式也多种多样，文中所述八种方式仅是本人教学实践中不断探索并经常采用的而已，还很不全面。著名教育家苏霍姆林斯基认为："真正的学校乃是一个积极思考的

王国。"教育家第斯多惠也说过："学校里必须使思维的工作高于一切。"随着素质教育的深入开展，我会进一步探索更具实效性的、能充分发挥学生思维主体作用的规律和方法，为学生思维能力的发展和思维品质的提高做出应有的贡献。

学校干部队伍建设的思考与实践

（2020年12月4日）

《义务教育学校校长专业标准》指出："校长是履行学校领导与管理工作职责的专业人员，其基本理念为以德为先、育人为本、引领发展、能力为重和终身学习。"在"引领发展"部分中提到，"校长作为学校改革发展的带头人，担负着引领学校和教师发展，促进学生全面发展与个性发展的重任"。结合当前新时代教育发展要求，如何完成好这一光荣使命，成为校长必须面对进而需要思考和解决的重大课题。

一、担当使命，明确定位

要把学校带领好、治理好、发展好，首先要明确校长的角色定位，那就是校长在学校工作中的身份、作用是什么？笔者认为校长是兼具领导者、教育者和管理者的一个综合体，是学校发展的引领者、学校教育的研究者和学校管理的组织者，其核心使命就是如何引领、促进学校和师生的成长和发展。而要实现这一神圣担当，干部队伍建设至关重要。干部是学校发展的骨干精英、关键力量，要办好一所学校，一定要从建设一支高素质的干部队伍入手。

二、分析特点，了解现状

自2007年任校长以来，我先后在通州区大杜社中学、育才通州分校、通州二中等单位担任校长，每到一校，根据《通州区教育系统党政领导干部选拔任用工作条例》、学校发展需要和干部教师个人素养特点，不断培养、选拔和聘用干部，大批干部快速成长。

从学校干部成长规律上讲，一般具有以下三个特点：首先是选拔聘用比较晚，学校的干部任用，鲜见"直升飞机"式的提拔，一般都是从业务出色的教师中遴选，而一名教师从入职到成为优秀教师，一般少则3~5年，长则8~10年，甚至更长。其次是个体差异比较大，每个干部的专业、特长、性格、能力均有所不同，有的擅长德育管理，有的擅长教学管理，有的适合办公室工作，有的适合后勤保障，有的活泼开朗，有的内向务实。再次是培养周期比较长，干部能力的提升，非一朝一夕之功，是一个漫长的历练过程。

学校坚持问题导向，运用调查法对全体中层以上干部进行现状分析诊断，对每名干部的政治素质、管理能力、专业水平、工作作风、廉洁自律等方面进行问卷、访谈，了解干部素质现状，分析其优势与不足。通过调查分析发现，学校干部总体上政治素质好，工作作风扎实，爱岗敬业，团结协作，有一定的教育教学管理和组织协调能力，作风正派，勇于担当，自律性强，得到广大师生的好评。但也发现一些需要改进之处。如顶层设计能力、统筹规划素养、梯队培养策略等方面有所欠缺，创新精神尚显不足等。干部素养现状的明确，为有针对性地开展干部队伍建设提供了可靠依据。

三、讲究策略，引领成长

校长是学校发展的引领者，有什么样的校长就有什么样的学校；校长是学校教育的研究者，要对学校有关概念有自己深刻的理解和认知；校长是学校管理的组织者，教师队伍建设处于战略性地位，干部队伍建设则是重中之重。引领者、研究者、组织者，是校长要担当好的"三重角色"。

（一）做好引领者，明确三个主张

在学校管理中明确"三个主张"，具体体现为：管理思想上，坚持制度化、人性化相结合的人本管理；管理理念上，树立"三同一统一"理念，坚持同心同德、同甘共苦、同舟共济、统一指挥；管理思路上，坚持精神引领、制度保障、人文关怀、重点突破、全面提升。

三个主张，思路清晰、内涵丰富、旗帜鲜明、入心入脑，有效地统一认识，指导行动，对干部有序开展各项工作起到积极促进作用。

（二）做好研究者，强化三种认识

1.对"学校"的概念性认识

学校是贯彻党的教育方针、按照一定的要求、在一定的场所、用一定的方式，对一定的对象，进行塑造心灵、传授知识、训练技能的场所。学校是教书育人的地方，是师生工作、学习、生活的地方，是培养人、成长人、发展人、成就人的地方。在我的理想和实践中，要努力把学校办成"七个地方"，即充满教育思想、拥有丰富课程、彼此相互关怀、弥漫浓郁书香、师生寻找同伴、相互合作学习、留下美好印迹的彰显师生价值的幸福温暖的地方。

2.对"领导"的概念性认识

领导是在一定条件下，指引和影响个人或组织，实现某种目标的行动过程。领导的本质是一种影响力。"领"即率领，可解释为上级给下级要做出榜样。"导"即引导，可解释为下级找不准方向要引导，下级想不通要开导，下级遇到困难要辅导，下级不会干要指导。

3.对"管理"的概念性认识

管理是为实现一定目标而进行的决策、计划、组织、指导和实践，达到既定目标的过程。管理的落脚点是实现效益和效率的双提升。管理的本质是协调，协调的中心是人，管理要以人为本，要关注人的安全、生理、归属、自尊和自我实现的需要。

学校工作千头万绪，校长只有站在研究者的高度，带领干部深入理解"学校""领导"和"管理"的概念内涵实质，才能在工作中做到站位高远、发力精准、实效提高。

（三）做好组织者，抓好三项工作

1.搭好班子，组建坚强有力战队

班子是学校管理的核心机构，决定着学校核心理念和制度方案的落地实施，是学校工作的关键执行者和重要践行者。搭好班子是校长的首要任务，只有搭好班子才能高效推进学校各项工作的开展。把搭好班子放在首位，强调了人的重要性，没有一个强有力的班子，做决策和带队伍就会成为一句空话。

搭好班子，本着"先讲品德后讲才能，先讲格局后讲观点，先讲方向后讲努力"的原则，选拔忠诚可靠、责任心强、能力突出的优秀人才作为学校的干部，着眼学校发展，充分考虑工作需要、岗位适切、优势互补、整体协调、结构优化、增强功能等因素。同时，选干部切忌三种人。第一种，无方向型："只知拉车用力，不知抬头看路"，干工作不会思考，不清楚轻重缓急，不讲求方式方法，缺乏创新能力；第二种，无条理型：干工作思路不清，方法不明，心中无数，东一榔头，西一棒子，事倍功半；第三种，无原则型：干工作拉帮结派，心胸狭窄、爱嚼舌头、无组织无纪律。

2.做好决策，把握几个关键问题

学校办学的支撑是管理，管理的核心是决策，决策贯穿于管理的全过程，是管理成败的关键。决策能明确目标，统一行动，是执行的前提。带领班子成员做好决策，关系到学校发展前途和师生切身利益，校长要引起高度重视，而做好决策，需要把握几个关键问题：

一是明确解决什么问题。问题的根本是什么？问题出在哪里？有时我们看到的可能只是表面的现象或症状而已，把问题搞清楚，才能进行正确的决策。

二是缜密做好价值判断，决策前要从形势局面、政策依据、理论基础、过往经验、理性分析、伦理规则、逻辑原点、意义大小和必要程度等方面进行思考。

三是安排可用最佳人员，选用具有大局观念、超前意识、积极主动、严谨周全、务实创新等特点的适合、胜任相关工作的得力之人牵头，带领其他干部，在规定的时间内高质量、创造性的完成工作。

3.带好队伍，强化三个重要导向

干部队伍建设在学校管理中起着至关重要的作用，要引领学校发展，必须要打造精诚协作、能力突出、士气高昂的干部队伍，这是保证学校优质办学的不竭动力。而要带出这样一支队伍，干部研修培训、实践锻炼等方式方法且不赘述，对干部明确前进目标、倡导学习途径、开展积极评价，可称干部培养的有效之举。

（1）目标导向

坚持目标导向，就是要让每位干部明确自己是什么、干什么、怎么干和达到什么效果。只有这样，干部工作才会有方向、明标准、知敬畏并为之奋力前行。

学校的干部培养目标概括为"德才兼备威信高，管理有方效果好"，即具备"干部七个素养"：一是厚德：品德高尚，公正清廉，严于律己，率先垂范。二是乐学：主动学习，超前思考，善于自省，勇于创新。三是求实：诚实做人，踏实做事，心无旁骛，实干兴校。四是人本：以人为本，尊重他人，换位思考，共存共荣。五是全局：大局观念，全局意识，系统思考，统筹规划。六是协作：善于合作，和谐竞争，无私奉献，团队取胜。七是创优：珍惜荣誉，创先争优，崇尚一流，追求卓越。

（2）学习导向

《师说》中提到，"古之学者必有师；道之所存，师之所存；圣人无常师"等观点，这些观点深刻阐明从师学习的重要性、必要性和择师的原则，为人们提供了一个亘古不变的以能者为师的发展要诀。在办学实践中，倡导干部"学习三个途径"。

一是向行政领导学习。行政领导对于政策方向、文件精神等的学习、领会视野更开阔，处理复杂问题经验更丰富，学校各级干部要养成向行政领导学习的习惯，学习他们的工作方法和艺术，应用到实践工作中，少走弯路，不断提高自身能力素养。

二是向专家学者学习。很多干部在被提拔聘任之前都是学科岗位的业务骨干，对自身任教学科有比较深刻的领悟，但专家学者是业界权威，专业水平更精深，干部要在学术上善于向专家学者学习，努力在分管工作中做行业领军和业界能手。

三是向同行高人学习。每位干部都要虚心向各个学校同一部门或负责同一领域以至于其他领域的优秀干部学习，吸收、借鉴他们行之有效的工作方法和成功经验，提高自身工作水平，改进完善工作。

（3）评价导向

管理是一个需要"控制"和"协调"的过程，而最能发挥控制和协调功能的措施是评价。评价是对被管理者的及时回应，是管理的重要一环，明晰而恰切的评价，能够激发最有力的执行。

评价履职"八个标准"：一是树立"领导交办的工作我担当负责""主管负责的工作我全力配合"的理念。二是对自己手中行使的权力负责，负责的工作取得成功是职责所在，要全力以赴，同时主要是对工作开展不力造成的不良后果负责。三是守本分、守规矩、守时间、守承诺、守底线。四是能够领会、实现上级精神意志和师生愿望呼声。五是关注工作的尺度、力度和速度。六是能够完成领导决策部署，攻坚克难，积极主动想办法，创造性地执行和落实。七是有看家素质，即正直务实、自信真诚、不怕失败、勇于认错、有责任感和使命感。八是明确工作方式，即研究部署、迅速落实、梳理汇报。

评价激励"三个时机"：一是布置任务时，赞扬一下过去。肯定过往的工作表现，体现对干部工作的认可。二是检查工作时，表扬一下成绩。让干部感受到努力和付出得到赞许。三是出现问题时，表达一下信心。给了充分尊重信任，鼓励干部积极想办法解决问题。

评价沟通"三个技巧"：一是安排工作的时候，把指令融入磋商当中，以商量的方式征求意见，让干部体会到被重视、被尊重。二是让干部有面子，做事从情、从面子开始，重视干部的基本、合理和多元需求。三是当好啦啦队长，重视干部的点滴进步，对表现出色的干部及时给予夸奖和赞美。

实行评价"三个阶段"：一是采用领导干部工作周汇报制度。二是开展领导干部期中阶段交流活动。三是实行学期末教职工民主评议机制。

搭好班子、做好决策、带好队伍是校长履好职责、办好学校的重要举措，也是校长岗位的长期必修课。校长只有搭好强有力的领导班子、做好关键性的正确决策、带好过硬的干部队伍，才能为学校持续稳定和谐优质发展提供坚实保障。

四、聚焦发展、效果凸显

近年来，作为学校发展的引领者、学校教育的研究者和学校管理的组织者，在各级领导的关怀和指导下，经过学校干部师生的共同努力，学校、师生、个人都取得了可喜的成绩。履职经历的三所学校干部队伍在学习和实践锻炼中迅速成长，20多名优秀教师陆续走上领导岗位，同时向外单位输送正校级干部2名，副校级干部4名，他们正在不同的单位、不同的岗位上发挥着光和热。

新时代、新使命、新担当。今后，在党的十九大和全国市区教育大会精神指引下，随着教育综合改革深入推进和北京城市副中心建设的持续发力，我将不忘初心，牢记使命，继续重视和加强干部队伍建设，奋力书写高点定位、首善标准、副中心特色、人民满意的新时代学校教育新篇章。

"中小学青年教师专业发展校本研修策略的研究"
课题结题报告

（2021年7月9日）

一、课题研究基本情况

（一）研究背景

国家层面：教师是教育发展的第一资源，是国家富强、民族振兴、人民幸福的重要基石，是学校持续发展的动力与源泉，学校的教育教学质量根本上由教师专业发展情况决定。2018年1月，中共中央、国务院颁布的《关于全面深化新时代教师队伍建设改革的意见》指出："遵循教育规律和教师成长发展规律，建设一支高素质专业化的教师队伍；根据各级各类教师的不同特点和发展实际，采取有针对性的政策举措，定向发力，重视专业发展，提高教师培养层次和培养质量；到2035年，教师综合素质、专业化水平和创新能力大幅提升，培养造就数以百万计的骨干教师、数以十万计的卓越教师、数以万计的教育家型教师。"《意见》的颁布指明了教师队伍建设的重要意义和总体要求。

区级层面：2017年，通州区结合北京城市副中心的发展定位，提出打造教育强区的目标，制定了一系列关于教师队伍建设的方案，如《通州区基础教育提升支持计划（14条）》《教师素质提升支持计划（20条）》，名校长、名园长、名师工作室启动等，文件的出台、方案的实施都聚焦教师队伍建设，为区域教师专业发展提升助力。

学校层面：我所在的北京市通州区第二中学是一所具有116年历史的百年老校。目前是一所九年一贯制公办学校。目前学生2267人，专任教师149人，由于小学还在继续扩招，青年教师数量增加很快。学校现有一线任教的青年教师35人，占一线教师的23.5%。从学历看，所有教师学历均为本科以上，其中硕士研究生8人；从原始学科背景看，涉及中小学多个学科教师，大致分为语、数、体、历史、思想品德；从专业对口看，师范类有30人，所学即所教有28人。学校处在班级数大量增加的阶段，任课教师缺编的情况时有发生，所以在保证招齐人开齐课的前提下，对新调入教师的专业要求也就必然降低，对青年教师的专业要求也随之降低，学校要想可持续发展，教学质量要想继续提高，就要加强青年教师队伍的建设。

校本研修实践层面：学校研修形式单一，主要是师徒结对、专题讲座、听评课等；集中研修较多，针对个体教师或特定某一个学科教师个性化指导较少；内容涉及本学科教学较多，对一般的教育教学理论较少；评价制度不能调动青年教师发展的积极性和主动性；研修时间、条件等保障机制不健全；具体实施比较琐碎和零散，缺少系统设计，还未形成针对青年教师校本研修有效策略。这些情况影响了教师参与校本研修的积极性和实效性，需要尽快进行有侧重点的研究。

教师专业化发展已成为国际教师教育改革的趋势，教师专业化既是社会发展对教育的要求，也是教师个体发展的内在要求。只有通过教师专业化发展，教师在教育实践中的主体地位和主体作用得到确认，教师的主体意识和创新精神才能得到激发。因此，依据《关于全面深化新时代教师队伍建设改革的意见》精神，结合区域发展定位和学校中小学青年教师现状分析，根据教师专业发展理论，调研青年教师发展需求，构建并实施青年教师校本研修策略，促进学校中小学青年教师专业发展是非常值得探索的课题。

（二）研究综述

1.关于教师专业发展的研究

1996年，联合国教科文组织在日内瓦召开第45届国际教育大会提出了"教师专业发展"的概念，是指教师作为专业人员，积极投身教育实践，在专业思想、专业知识、专业能力、专业品质等方面由不成熟到成熟的发展过程。有四种代表性的观点：第一类观点认为教师专业发展是指教师群体专业化发展的历程；第二类观点认为教师专业发展是指教师提高自身，实现非专业化到专业化转变的过程；第三类观点认为教师专业发展是指教师职业与教师教育形态的历史演化；少数学者认为教师专业发展以上含义兼有之。朱旭东（2014）构建了教师专业发展内涵框架，认为教师专业内涵包括教会学生学习、育人和服务三个维度。崔允漷等（2014）从实践视角认为教师专业发展是专业实践的改善。综上，尽管对教师专业发展的表述不同，仍存在共性，强调教师发展的主动性、长期性、阶段性。

教师专业发展是一个复杂的过程，其研究涉及发展阶段、规律、内容、路径等，整理文献和已有成果具体如下：

在教师专业发展阶段上，其理论是建立在职业生命周期阶段论的研究成果之上的。1969年，美国学者福勒依据教师关注的焦点划分发展阶段，分为任教前自我关注阶段；关注教学内容、学生和他人的评价、课堂控制等问题的早期求生阶段；关注当前的教学情境下相应教学技能的掌握、教学任务完成的教学情境阶段；关注学生的学习、情感和社会方面需求等的关注学生阶段。美国学者卡茨（1972）依据教师专业发展的需求划分阶段，分为：第一个阶段，求生阶段（任教开始一、二年），需要教学指导和教学技能协助；第二个阶段，巩固阶段（任教第三、四年），需要专家指导、同伴互助；第三个阶段，更新阶段（任教三、四年后），希望观摩课堂教学，渴望同行交流；第四个阶段，成熟阶段（任教三至五年后），渴望参加学术研讨。费斯勒（1985）和克里斯坦森构建了"教师职业生涯发展周期模型"，分析生活环境和组织环境对教师的影响，阐明了教师在每个阶段（职前期、职初期、能力建立期、热情成长期、职业挫折期、职业稳定停滞期、职业消退期和职业引退期）的专业发展特征和需求，提出了相应的激励措施和建议。伯林纳（1988）依据教学专业知识与技能的掌握情况划分发展阶段。第一学习陈述性知识，熟悉课堂教学的具体情境的新手阶段；第二能把所学知识与当前的具体情境联系起来的高级新手阶段；第三能对事情做出适当的反应的胜任阶段；第四能综合识别出情景相似性的熟练阶段；第五能机敏地、理智地对教学情境做出适当反应的专家阶段。

学习、吸收、借鉴国外优秀理论成果并结合我国基本国情和教育体制特点，教师专业发展理论在我国的研究取得了丰硕的成果。依据教育教学能力和发展任务，北师大申继亮将教师专业发展分为四个阶段，第一个阶段（入职后3～5年），熟悉教学是发展的主要任务；第二个阶段（持续5～7年），具有一定的教学能力，积累经验是发展的主要任务；第三个阶段，教学经验丰富，课堂调控能力强，容易出现职业倦怠，深刻领会理论是发展的主要任务；第四个阶段，教学反思能力和教学监控能力强，发展的主要任务是开展科研。北京教育学院钟祖荣（2000）等提出了适应期、熟练期、成熟期、发展期、创造前期和创造后期六阶段理论。连榕（2008）研究了新手教师、熟手教师、专家教师的职业心理、认知、人格、教学策略等特征，提出教师教育要关注专业发展特征，促进新手成长为熟手，熟手成长为专家。

在教师专业发展的内容上，以往研究侧重于教师外部胜任力水平，通过丰富知识结构、熟练教育技能和改变教学方式等以改善教育质量。然而，现代专业发展要求在"互联网+"环境下，既强调教师外部素质发展，也要发展内在特质，如教育观念、职业追求、人格发展及自我价值实现等。包括专业思想的确立、知识体系的构建、专业能力的培养。

在教师专业发展的路径上，实现路径多种多样，互相渗透。我国教师专业发展路径分个体、学校、政府。个体发展途径为"学后干"与"做中学"，包括自我反思、自我学习、行动研究；学校包括接受师范教育和任教学校的研修；政府包括中小学教师国家级研修、教师轮岗制等。

2.关于校本研修的研究

校本一词最早出现在欧美国家。20世纪六七十年代，随着"教师及研究者"口号的提出，校本研修作为一种教师培训的新策略在英国、美国出现，国外学者的校本研修往往与教师学习、专业发展相结合。1972年英国的《詹姆斯报告》中指出，校本研修应从学生基础阶段抓起，在教师的培训过程中重视校本研修优秀教研员的引领作用，并将这形成一项基本国策确定了下来，并形成了校本研修的"六阶段模式"理论。20世纪80年代，校本研修在英国、法国等地流行，各国积极开展校本研修，同时采取立法确保校本研修顺利实施。

从师资研修和教师专业发展看，20世纪90年代，在美国出现了一种新的师资培训模式。即大学和中小学合作，包括：指派师资研修联系人，协助中小学解决问题；大学教授、资深中小学教师共同制定中小学教师研修计划；定期开展各种研讨会和主题讲座；建立"一对一"咨询，中小学跟大学等教育团体优秀专家结对子。同时发现，大学与中小学合作忽视了教师的自主权，很难解决教育理论转向实践的困惑，此时，教师教育协会提倡以解决教师教学技术和实践为取向的学校本位的教师研修活动形成了以中小学为中心的教学研修方式。

综合国外的校本研修，我们发现，校本研修已成为当今教师专业发展的主流，成为教师专业发展的一个重要组成部分。校本研修含有几个要素：场所是在教师所任教的学校中和教书育人的工作岗位上。内容是结合自身学科教学和教育管理实践，结合学生学习成长的实际而开展研修，有针对性地、不断地解决教师教育教学中新问题。组织形式是自主研修、学校组织、专业引领、随意组合。运行方式是教书育人工作、教育教学研究、专业知识进修学习、专业技能修炼等互相融合、相互促进。作用：提升教学理论、实践水平、教学质量，增强科研能力。新导向是倡导大学与中小学合作，平等相待、资源共享。研修更加注重理论和实践的结合，关注教师的真实需求。

从20世纪90年代起，随着我国基础教育的逐渐深化改革，校本研修兴起，随着学校办学自主权的扩大，教师变为课程的开发者、组织者、实施者和评价者，成为校本研修的内在动力，推动了校本研修的深入发展。进入新时期，我国著名教育家顾泠沅教授大力提倡和积极推崇校本研修，2005年创建了中国校本研修网，搭建了一个学习、研究和交流一体的平台。余文森、洪明教授认为校本教研是以学校为研究的基地，以教师为研究的主体，以教师在教育教研实践中遇到的真实问题为研究对象的研究，自此以后，校本研修被许多省市教育行政部门列为教师培训计划。教育部原部长袁贵仁曾在教师继续教育会议上多次提出："要积极完善省、市（地）、县、乡、校五级培训体系"。研修模式多种多样，归纳起来有：技能型研修包括基本功、说课、微格教学。实践型研修有导师带教，校级交流等。评价型研修意在提高教师听课、评课能力。理论型研修适用于学习新知识、新理论。研究型研修使教师学会做课题，撰写研究报告，开展行动研究等。

综上所述，围绕教师专业发展的内涵、规律、目的、途径及校本研修的内容、方式等，国内外学者展开大量研究并获得了一定的成果。但依然存在不足：以理论思辨为主，实证分析较少，缺乏学校或地区典型案例的分析，缺少针对特定教师群体校本研修的研究，针对教师需求的校本研修，在"互联网+"时代，还需结合时代变迁研究。基于专家提出的教师专业发展的相关理论，学校中小学青年教师专业发展特征及需求等，当前的校本研修无法有针对性地满足他们的研修需求以及互联网的时代特征。因此，本研究主要探讨适合中小学青年教师专业发展的校本研修策略。

（三）核心概念界定

教师专业发展：是教师通过正式和非正式的、线上和线下的途径，提升专业思想、拓展专业知识、增长专业能力的持续的、动态的过程。其中，专业思想是教师的人格修养、专业情感、专业伦理等非智力因素及教师职业道德行为，包括法律法规、职业道德、身心健康。专业知识是教师专业成长的基础，包括学科知识、教育学和心理学知识、实践性知识、学识水平和文化底蕴等。专业能力包括教学设计能力、教学实施能力、教学评价能力等。我校根据中小学青年教师专业发展现状与需求，本课题在教师专业思想上侧重于职业道德行为的提升与评价，在专业知识上侧重于教学方法知识的提升与评价，在专业能力上侧重于教学设计能力的提升与评价。

校本研修：结合了校本教研的"研"和校本培训的"训"的概念，在继承教师培训的优良传统上增加了专业研究和进修的内容，并将研与学有机融合，逐步完善和改进而形成的。其目的是实现教师、学生与学校共同可持续的创新发展。王祖琴认为，校本研修是一种专业发展行为，这种行为以"以校为本""教师即研究者"为核心理念。其本源就是要从根本上强调教师的自主性和能动性。

我校中小学青年教师校本研修着眼于解决专业发展中的问题，指向青年教师的专业提升。在真实的情境中，"研"青年教师在教育教学中的真实问题，"训"解决问题的方法，所需要知识、能力，"修"教师解决问题的能力。训是基于研，为研提供支持；研是训的前提和目的。关键解决学校常规的校本培训与青年教师专业发展的需求相结合，通过深化多学科教师集体备课，任务驱动式听评课，建立青年教师工作室等路径推进青年教师成长。

中小学青年教师：是指中小学部35岁以下（含35岁）的教师。

策略：指可以实现目标的方案集合。

（四）研究目标与研究意义

1.研究目标

总目标：围绕中小学青年教师专业发展内容构建校本研修策略框架，通过具体实施，促进青年教师专业发展。

分目标：在专业思想上，侧重职业道德行为的提升；在专业知识上，侧重教学方法知识的提升；在专业能力上，侧重教学设计能力的提升。

2.研究意义

聚焦中小学青年教师专业发展，厘清青年教师校本研修的目标、内容、方式、机制、评价、管理等，形成符合我校特色的校本研修策略，丰富青年教师专业发展理论；通过青年教师校本研修策略的构建与实施，促进其专业发展，提高教育教学质量。

（五）研究内容与研究方法

1.研究内容

调查了解本校中小学青年教师专业发展中存在的问题，聚焦主要问题，制定研究方案，形成本校中小学青年教师校本研修策略。

根据研究目标主要研究三个问题，制定三个方案。

（1）方案一：加强中小学青年教师专业思想建设校本研修策略研究

研究目的：创新中小学青年教师职业道德行为校本研修的内容、方法和途径，提升青年教师师德素养，尤其是青年教师专业成长的快乐和教书育人的价值感和幸福感。

研究方法：调查法，通过座谈、问卷等形式，调查了解本校中小学青年教师职业道德行为的状况，采取有效的方法、手段，明确研究方向；经验法，搜集和整理相关的做法和经验，提供典型范例，使经验上升到理论，形成可推广的策略。

解决关键问题：通过问卷分析我们发现，青年教师在专业思想上存在一些问题，其中，最主要的问题是对教师职业道德的认识，师德的内涵，相关法律法规不熟悉等。表现为师德行为不当，比如仪容仪表不符合教师身份，处理学生、家长问题时会简单粗暴，工作中不能体会到教师的使命感、责任感，不能感受到职业的幸福感等。因此，我们主要通过改进青年教师不当的师德行为，表彰宣传师德先进人物等活动，提升青年教师职业认同感，感受教师职业的快乐与幸福。研究方案如下表所示。

中小学青年教师职业道德行为校本研修策略研究方案

具体内容	目标	方式	评价	管理
开展问卷调研	了解师生、家长需求，明确研究方向	1.开展青年教师职业道德行为问卷调研 2.采取学生会和家长座谈会问卷、谈话、向社会和学生家长印发征求意见表等	领导小组分类汇总，明确研究方向	领导小组分类汇总
学习师德文件	加强学习，提高思想认识，努力提升自身素养	1.自学或集中学习教师职业道德行为相关文件，完成个人学习笔记 2.召开师德教育专题讲座 3.举办青年教师学习心得交流研讨、分享会等 4.青年教师针对个人职业道德行为书写自评材料，并组织交流	1.分组开展学习交流会、分享会 2.考核小组进行学习评定、表彰	分年级、分部门组织学习交流
建立师德档案	监督青年教师行为，促进师德行风建设	1.成立青年教师师德考核评定小组 2.制定《学校青年教师师德行为考核细则》 3.建立青年教师师德师风档案卡 4.评定青年教师师德标兵等荣誉称号	考核小组组织学生、家长、教师开展青年教师师德评议	考核小组做好青年教师师德档案评定整理、存档工作
培育师德典型	形成浓厚教育氛围，促进活动深入开展	1.开展青年教师师德演讲活动 2.举办青年教师师德标兵先进事迹报告会 3.征集优秀师德论文 4.通过学校公众号、橱窗、年级展示栏等载体进行宣传表彰	分部门、分年级开展师德典型评价工作	分部门、年级对优秀师德典型进行选树评

（2）方案二：充实中小学青年教师专业知识校本研修策略研究

研究目的：运用多种方式对中小学青年教师教学方法知识开展研修，促进其教学方法的提升。

研究方法：

①调查法。借鉴已有《教师专业知识》问卷，从教育常识、教学常识等维度对中小学青年教师在研修前后的专业知识情况进行调查，分析本次研修效果；对青年教师进行定期访谈，访谈提纲拟从青年教师专业知识的认识、自身需要提高的专业知识等方面进行，目的是获取教师对该次研修的收获体会，为本次研修效果提供访谈资料。

②经验法。根据数据和中小学青年教师评价总结、固化研修效果好的方式，形成策略。

解决关键问题：通过问卷分析我们发现，青年教师在各种专业知识上均有欠缺。其中，以教学方法问题最大。主要表现为：对教学方法种类不熟悉，每种教学方法的特点和适用条件不清楚；不会根据教学内容的特点、学生实际等因素选用适合的教学方法；不会把教师教学方法、学生的学习方式结合，不能做到活学活用等。因此，我们以提高青年教师教学方法知识为重点，着力解决青年教师教学方法知识欠缺的问题，先掌握这些基础知识，然后再结合课堂实践运用、反思、总结、调整。这是一个做中学的过程，力求通过理论与实践相结合的方式取得最佳效果。研究方案如下表所示。

中小学青年教师教学方法知识校本研修策略研究方案

知识	目标	具体内容	方式	评价	管理	备注
教学方法知识	教学方法分类	讲授法、讨论法、直观演示法、练习法、读书指导法、任务驱动教学法、参观教学法、现场教学法、自主学习法	1.对青年教师有关教学方法分类知识调研，了解教师对知识的掌握情况 2.集中学习：定期召开会议，集中学习有关教学方法知识等 3.自学：业余时间自学相关知识，做好笔记，定期交流 4.专家进校园培训；外出研修	1.教学方法相关知识试卷考核，予以评价 2.运用学校师生《课堂教学评价表》予以评价	1.教学干部统筹管理 2.教研组长负责本组教师学习管理 3.师傅负责平时的指导与检查	1.前期访谈了解各学科教师参与校外教研情况，尤其是专业知识的相关培训情况，避免重复培训，增加教师负担

知识	目标	具体内容	方式	评价	管理	备注
教学方法知识	选择教学方法依据	根据教学目的和任务、根据教学内容性质和特点、根据教学对象实际情况、根据教师自身素养及条件、根据教学方法类型与功能	1.集中学习选择教学方法依据，进行交流研讨 2.师傅、教研组内研讨一课时教学设计选择的教学方法 3.师傅听课指导，评价教学方法运用情况 4.组织青年教师教学方法选择交流研讨 5.聘请专家听课进行指导	3.教师自评、互评相结合 4.教师教案检查，重点检查教学方法的不同体现	4.结成"师徒对子"，定期组织研修活动	2.专业知识培训依托学校原有教师培训方式，同时建立青年教师校本研修方案，制定青年教师激励奖励制度，促进校本研修效果的提升
	运用教学方法要求	综合性、灵活性、创造性	1.组织学习运用教学方法要求，研讨交流 2.师傅指导教案设计			
	掌握教学方法的注意事项	发展学生的智能、调动学生学习积极性、发挥教师主导作用、加强学生学习方法指导	1.组织学习教学方法运用注意事项 2.师傅指导教案中教学方法的运用是否准确 3.教案评比，重点教学方法的体现 4.课堂教学评优，重点教学方法的运用、效果			

（3）方案三：提升中小学青年教师专业能力校本研修策略研究

研究目的：运用特定的研修方式对中小学青年教师教学设计能力开展研修，促进其教学设计能力的提升。

研究方法：

①调查法。借鉴已有《中小学教师专业能力》问卷，从课程理解、学情分析、教学组织、课程开发、信息技术等维度对中小学青年教师在研修前后的专业能力情况进行调查，分析本次研修的效果；对青年教师进行定期访谈，访谈提纲拟从青年教师专业能力的认识、自身需要提高的专业能力等方面进行，目的是获取教师对该次研修的收获体会，为本研修的效果提供访谈资料。

②经验法。结合数据分析、总结、提炼研修策略，固化深受大家欢迎且效果好的方式，形成策略。

解决关键问题：通过问卷分析我们发现，青年教师在专业能力的各个方面均存在问题。其中教学设计能力尤其不足。主要表现为：不熟悉教学设计的基本结构；不知道如何撰写指导思想和理论依据，对教学理论知识和学科课程标准认知不足；不熟悉教材，不能整体把握教学内容；不会进行学情分析，缺失具体方法；课堂教学目标往往太多，并且不够具体、不可测量、不利达成，或是目标侧重于知识技能的学习，对过程与方法渗透较少；教学基本环节比较熟悉，但各环节中教师的引导和学生活动的组织方式单一，以讲练居多，自主、合作、探究较少；学习效果评价形式简单，主要是检测，题目设计缺乏层次等。教学设计是教学实施、教学评价的基础，我们以提高教学设计能力为突破口，重点培养青年教师教学基本理论、课程标准、学科教材、学情分析、教学目标设定、教学过程设计、学习效果评价等方面的能力，具体操作上针对每个内容采用不同形式，同步推进。研究方案如下表所示。

中小学青年教师教学设计能力校本研修策略研究方案

能力维度	目标	具体内容	方式	评价	管理	备注
教学设计	掌握一个教学基本理论；能够理解课标的指导思想与理念	指导思想与理论依据	1.收集青年教师对课标的疑问，聘请学科教学专家解读课程标准，答疑解惑 2.聘请教学理论专家进行建构主义、信息加工等理论的培训	1.绘制学科课程知识思维导图	1.组建"春苗青年教师研修班"定期开展主题研修	1.前期访谈了解各学科教师参与校外教研情况，尤其是专业能力的相关培训情况，校本研修关注青年教师需求，是对校外教研内容、方式的补充
	能从整体上把握教材，熟练掌握教学内容的地位与作用；掌握学情分析的手段，能够根据学情设计教学	教学背景分析	1.师傅、教研组、备课组分析教学内容及教学方式等 2.组织学情分析问卷和访谈提纲的设计培训			

能力维度	目标	具体内容	方式	评价	管理	备注
教学设计	能依据课标制定教学目标，且表达规范、目标可测	教学目标制定	组织学习三维教学目标的表述案例分享	2.优秀教学设计评选 3.参照市教学设计评价指标体系评价	2.结成"师徒对子"，定期组织研修活动 3.教学干部一对多指导（学科背景相同）结成研修共同体	2.专业能力培训依托学校原有教师培训方式，同时建立青年教师校本研修方案，制定青年教师激励奖励制度，促进校本研修效果的提升
	能利用学习资源，从不同角度设计学生活动，充分体现以学生为主体	教学过程与教学资源设计	1.专家指导进行学生活动的设计，骨干教师分享优秀案例 2.组织学习相关教学方法			
	能设计出结构合理，重点突出的板书	板书设计	组织板书设计培训与展示比赛			
	能依据教学目标评价效果，且评价方式可操作	学习效果评价设计	师傅、骨干教师指导习题设计与选择			

2.研究方法

主要采用行动研究法，辅之文献法、调查法（问卷与访谈）等方法。

行动研究：采用"计划—行动—观察—反思"四步螺旋循环模式，围绕中小学青年教师研修目标，分析问题及需求，制定计划，组织研究活动，观察效果，评价，调整、反思、改进活动，更加精细化、有实效、有价值。

文献法：查阅相关文献，如教师专业发展内涵、阶段、内容、路径、校本研修等，分析前人研究成果及不足之处，借鉴已有成果和经验，为研究做准备。

调查法：前期问卷调查中小学青年教师专业发展的认识和困惑，了解青年教师专业发展遇到的瓶颈；访谈青年教师需求、愿望、希望的方式。后期根据不同的评价方式，设计问卷或访谈，评价研修效果。

3.研究思路

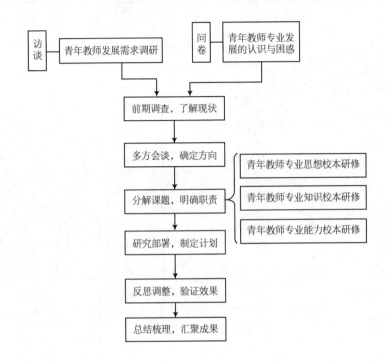

（六）研究计划与实施过程

第一阶段：准备阶段（2019年9月—2019年10月）

2019年9月，运用调查法收集、了解我校中小学青年教师专业发展需求与问题等；

2019年10月，通过谈话、深入课堂等方法找到问题症结，分析影响因素。

第二阶段：实施阶段（2019年11月—2021年3月）

2019年11月，成立研究团队（组织领导、专家咨询、课题研究分组等），明确各自的分工与职责，通力配合，合作共研。

2019年11月，运用文献法，查阅与教师专业发展、校本研修有关资料，学习相关知识，找准研究切入点。

2019年12月，分解研究内容，确立子课题。

中小学青年教师专业思想校本研修策略的研究进一步分解为青年班主任、思政课教师或学科德育渗透等。

中小学青年教师专业知识校本研修策略的研究进一步依据教师任教学科分组研究，从现有知识储备的角度再次切分。

中小学青年教师专业能力校本研修策略的研究进一步依据教师任教学科分组研究，从学科素养的角度再次切分。

2020年1月，子课题小组制定研究计划，组建团队，分解、细化子课题。

2020年2月—2021年1月，用行动研究法开展研究活动，及时反思总结，改进研究，重在落实。

第三阶段：总结阶段（2021年3月—2021年5月）

2021年3月，梳理子课题研究成果，撰写子课题研究报告。

2021年4月，根据子课题成果，梳理总结成果，撰写研究报告。

2021年5月，整理相关材料，办理结题手续。

二、研究成果

（一）初步形成六种推进青年教师专业发展的校本研修策略

1.目标导向策略

青年教师处在建立正确的教育教学观和对自身定位很关键的时期，也是最有热情最有创造力，吸收能力最强的时期，清晰准确的阶段性目标和总体目标能帮助他们集中精力有效自我提升。

学校把成为学科青年骨干作为青年教师专业发展的阶段目标，依据区级青年骨干教师评选基本条件，确定青年教师发展目标，从师德师风、教学效果、研究课、教学评优、教科研课题、教育教学论文、同伴影响力七个方面对自己提出目标，每年表彰。

2019年通州区青年骨干教师评选学校评审小组考核评议量化表

序号	单位名称	姓名	师德师风（10分）	教学效果（10分）	公开课、研究课、示范课（10分）	教学评优、各类竞赛获奖（15分）	教科研课题（10分）	教育教学论文发表、个人专著出版（15分）	论文获奖（10分）	影响力（10分）	加分（10分）	合计	备注
1													
2													
3													
4													
5													
6													
7													
8													
9													
10													

2.规划引领策略

目标确定后，青年教师制定个人专业发展五年规划，不仅重视发展的结果，更注重发展的过程，为青年教师提供自主发展的平台，开拓自主发展的空间，让他们自主实现动态性的发展。专业发展五年规划对青年教师从九个方面进行记录，包括：听评课、进修学习、研究课、教学评优或教学竞赛获奖、参与课题研究、论文获奖或发表文章、指导学生获奖、取得荣誉、教学成绩统计。每学期期中备课组内总结，期末教研组总结上交存档。

2018—2019学年第一学期青年教师专业发展记录

项目	活动内容
听评课	20节课左右，课题《背影》《木兰诗》《藤野先生》等
进修学习	1.2018年9月研修中心新教材培训 2.2018年10月至1月研修中心进修活动共10次 3.2016年12月到101中学参加协同创新活动项目——走进名师
研究课	1.2019年6月为联片四所学校初三语文教师做题为"古诗改写—写作指导"研究课一节 2.2019年9月为全区初一语文教师做教学设计讲座一节 3.2019年11月市级开放课"改写古诗" 4.2019年12月市级开放课"言之有序——作文之结构仿写"
教学评优或教学竞赛获奖	1.2018年12月语文基本功竞赛二等奖 2.2019年3月教学课例一等奖 3.2019年5月微课设计一等奖
参与课题研究	1.全国"十二五"教育科学规划课题"'少教多学'在中小学语文教学中策略与方法的研究" 2.全国"十三五"教育科学规划课题"基于语文核心素养的优秀传统文化教学实践研究"
论文获奖或发表文章	2018年10月，论文《"悦"读散文　"享受"美感》荣获北京市中小学第九届《京美杯》征文一等奖
指导学生获奖	1.2019年3月指导的学生金裕撰写的作文《善待挫折》一文发表在《语苑撷英心之绽放——培育和践行社会主义核心价值观中学生优秀作文选编》（区级） 2.2019年3月指导的学生李想等在通州区作文大赛中分别获一二三等奖。 3.2019年12月指导学生撰写的《我的友善小故事》主题教育征文荣获指导教师一等奖（区级）
取得荣誉	1.2018年8月，全国教育科学"十二五"教育部规划课题"少教多学"在中小学中的策略与方法研究子课题"初中语文寓人文性于工具性之中的阅读教学策略研究"结题，并鉴定等级为"优"。本人被评为课题优秀主持人 2.2018年9月被评为2018届初三毕业班工作优秀教师（北京市通州区教育委员会）

教学成绩统计

考试类别	及格率	优秀率	平均分	考试类别	及格率	优秀率	平均分
期中	97.56%	24.39%	80.78	期末	97.56%	34.15%	80.59
备注				备注			

3.任务驱动策略

在目标引领，规划记录的前提下，学校组织教学干部制定每学期青年教师培养计划，用任务驱动各部门落实研修效果。

针对教师职业道德布置以下任务：（1）理论学习：组织青年教师自学或集中完成教师职业道德相关文件，完成个人学习笔记。（2）协议提醒：签订师德承诺责任书。（3）制度约束：制定《青年教师师德考核办法》，对照自评。（4）榜样示范：评定师德榜样，宣传榜样，先进事迹报告会，撰写学习体会。（5）案例警示：违规案例通报，惩戒机制宣讲，撰写学习体会。（6）评价引导：成立青年教师师德评价小组，建立青年教师师德奖惩机制，撰写总结。（7）专题研讨：撰写优秀师德论文。

针对教学方法知识布置以下任务：对讲授法、讨论法、直观演示法、练习法、读书指导法、任务驱动教学法、参观教学法、现场教学法、自主学习法等教学方法的定义、特点、效果等相关知识进行分类学习研讨。用自评、互评、点评的方式促进任务的达成。

针对教学设计能力布置以下任务：朗诵、解题、口语、实验、绘图、学情分析、板书设计、思维导图制作、积极评价策略。用比赛的形式提高综合的专业能力。

教师专业发展校本研究策略任务单（评分）

序号	姓名	师德师风理论知识自学	一幅师德主题硬笔书法作品	完成三个调查问卷	撰写自我发展计划	确定研究课的时间、主题、指导方式、指导教师	按校教学设计提前备好一周的课	上课效果教师教学设想课后评价打分	画出每节课思维导图	粉笔字展示	每周至少撰写一篇教育教学反思	每月至少写一篇读书笔记	学习撰写开题报告	三分钟的演讲稿，主题是师德	出一套试卷并学习、分析试卷的方法	风采展示篇	填写自身五年专业发展规划	伙伴交流活动的收获	完成家长和学生调查问卷	综合知识测试题成绩	总评
1																					
2																					
3																					
4																					
5																					
6																					
7																					
8																					
9																					
10																					
11																					
12																					
13																					

4.高端助力策略

青年教师的培养需要整合各方面资源，借助各种类型的指导，总的来看，我们是以"五借力"为抓手，对青年教师职业道德行为、教学方法知识和教学设计进行综合指导和培训。

（1）借助市区领导学习最新的理念，指导制定青年教师培训计划。北京市基教研中心李卫东主任、北京教育学院胡淑云教授、杨雪梅教授、朱建民校长、北京市教育学院体育与艺术学院副院长赵楚教授、区教委付树华主任、区教育督导室领导等都到校视导过青年教师培养情况。

（2）借助市区专家对青年教师课堂诊断、课标解读、基本功培训、试卷分析等进行指导，中考出题专家数学康杰老师、语文刘宇新老师、道法金利老师、物理白晓豫老师、音乐张平伟老师等到校指导青年教师教学方法。

（3）借助研修机构，沟通教学视导，发现青年教师教学问题，分享研修经验，化学黄冬芳、物理张卫东、地理张灵燕、道法康利等研修员到校指导青年教师课堂教学设计能力。

（4）借助市区优质校，走进市区优质校取经，带领青年教师到北师大附中、潞河、运河、六中等学校学习。

（5）借助市区级专门培训项目在校内培训、校内竞赛、专题辅导、外出学习、成果汇总等方面进行专业支持，申请《教师专业提升》项目、《教师积极心理培训》项目、《教师积极心理品质对学科教学的影响的研究》项目和《课堂教学积极语言率对教学效果的影响作用》等一系列项目，利用项目的资源，制定《青年教师积极心理培养计划》。包括九个主题：培养积极情绪让教师工作更快乐，学会积极沟通让教师工作更高效，团体绘画投射技术，教师怎样说话学生才走心，教师的非语言沟通，团体主题沙盘游戏，教室里的正面管教，让家校沟通架起心的桥梁，心灵图卡—认识最真实的自己（见下表），用培训和研究实验促进自我激励、同伴激励、师生激励的工作氛围形成。

通州二中青年教师心理健康教育培训课程

培训对象	主题	课程功能		时长
青年教师	培养积极情绪让教师工作更快乐	1.帮助教师了解情绪对身心健康，工作生活的影响，提升教师对自我情绪的感知能力。2.学会消极情绪的疏导方法，培养教师积极情绪的转化能力，从而提升教师的积极心理品质。		半天3个主题
	学会积极沟通让教师工作高效	1.帮助教师了解沟通的要素和原则，学会运用积极心理的技术审视和改善在教育教学以及班级管理中的言行举止。2.学会用积极的态度调整教师与学生的沟通模式，提升良好教师人际沟通能力，帮助提高教师工作效率。		
	团体绘画投射技术	1.帮助学校解决教师团队可能存在的团队文化消极，协作能力弱的问题。2.收益：通过绘画投射技术，激发集体潜意识的呈现和价值发挥，引发成员的思考，提升其团队文化的潜意识，增强团队凝聚力。		
	老师怎样说话学生才走心	1.帮助学校解决师生沟通中的问题，从而避免可能的不良事件。2.收益：通过案例研讨，学会用围绕焦点问题以及心理叙述疗法与学生沟通；学会站在学生的立场看问题，善用现有的资源和能力，提高教学效果，构建良好的师生关系。		
	教师的非语言沟通	1.帮助学校解决师生沟通中的问题，从而避免可能的不良事件；2.收益：了解非语言行为在沟通中的正面、负面影响和应用技巧，察觉自己与学生的非言语行为，以及在日常工作生活中肢体语言的运用，学会用非语言沟通的方式向学生传达感受和态度，构建师生良好关系。	1h	
	团体主题沙盘游戏	1.帮助学校解决教师团队可能存在的团队文化消极，协作能力弱的问题。2.收益：通过团体沙盘的建构，促进成员的人际互动改善，学会从他人角度看问题，为成员带来团队归属感，增强彼此之间的信任，提高团队凝聚力。		
	教室里的正面管教	1.帮助教师提升处理学生和班级管理的能力。2.收益：了解正面管教的基本内容和使用方法。提升教师在学生心中的影响力，促进师生关系的良好发展。		
	让家校沟通架起心的桥梁	1.帮助学校缓解可能存在的家校沟通不良的现象。2.收益：了解家校沟通的原则、方法、注意事项和技巧，提高教师家校沟通的意识、能力以及效果，加强家校的配合，引导让孩子快乐成长。		
	心灵图卡—认识最真实的自己	1.帮助教师解决自我认识不足，缺乏客观自我评价的问题。2.收益：了解OH游戏卡的工作原理体验式学习欧卡使用方法，可以将欧卡用于自我对话、与他人对话、团队活动、深度探索自我内心感受和想法。		

5.综合评价策略

好的评价方式应该是自发性的、激励性的、发展性的、非利害性的，即让青年教师在自我反思的基础上肯定自我，主动向同伴同事学习，对自己阶段性的进步心中有数，对自己的评价全面客观，为自己的更快发展找方法。

学校青年教师专业发展从职业道德行为、教学方法知识、教学设计能力三方面进行评价，由自评、互评、部门评价、学生评价、家长评价五方面构成，内容和方式，如下图所示。

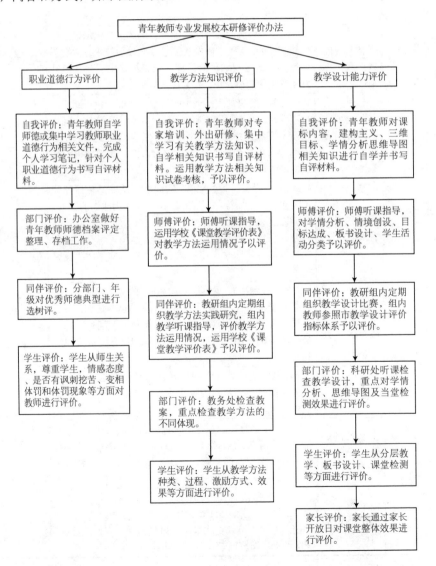

其中部门评价包括：办公室负责对青年教师参加师德培训数量和质量进行统计、德育处对学生评教卡中师德师风内容进行统计；教务处专门对教学方法知识掌握和教学设计质量进行评价；干部深入到每个学科中去，重点关注本组青年教师的培训效果、发展需求以及提升困惑，根据工作积极性、课堂教学效果进行评价；学科教研组长是本学科青年教师个性化培训的牵头人，从专业的角度为青年教师提供资源与平台、方法与指导，对教学理论学习、课堂教学反思和组内点评进行综合评价；备课组长作为青年教师的同头教师，对青年教师的日常学习和提升进行帮助，对教学设计效果进行评价；师傅对徒弟言传身教，对徒弟德能勤绩廉进行综合评价。每学期青年教师将部门评价上交科研处汇总，学校根据情况给予专门的指导和帮助。评价分工表如下所示。

通州二中青年教师专业发展校本培训部门评价分工表

姓名：　　　　　　　　学科：　　　　　　　　任课年级：

部门	办公室	评价	科研处	评价	教务处	评价	德育处	评价	干部	评价	教研组	评价	备课组	评价	师傅	评价
培训方向	教师职业道德培训		教学方法知识培训		教学设计能力培训		班级管理能力培训	优秀	工作积极性		理论学习、课题论文撰写	优秀	做课听课评课		指导教学设计和课堂教学	
培训方式	制定制度、签订协议、监督效果		聘请专家、组织自学及交流		组织技能比赛		组织先进教师讲座	优秀	深入教研组了解青年教师整体情况	优秀	组织同伴互助，心得分享	优秀	组织研究课、示范课	优秀	针对性指导	

6.互联网+策略

随着信息技术的飞速发展，传统的学科教学模式受到了巨大的冲击，迫使教师改变过去的课程观、教育观、教学观以及学习观，尊重人的独立性、主动性、首创性、反思性和合作性都成为新的研究课题。信息技术为教师的实践活动提供有力的资源和工具支持，也是教师专业的构成要素，技术在教师学习和教育教学中的潜在作用有材料呈现、数字资源管理、答疑求助工具、学习管理、创建虚拟学习环境、大数据分析、沟通交流等，青年教师在使用信息技术方面有先天的优势，可以通过智能互联实现教育资源共享，实现高效教学；通过使用大数据对每个学生的知识薄弱点进行分析，准确发现问题，有效讲解，帮助每个学生找到适合自身的学习方法，实现因材施教、精准施教；通过信息技术开展启发式、探究式、讨论式、参与式教学，培养学生学习能力。学校聘请专业教师和专业机构对青年教师进行实用性培训，比如建立教育教学资源库、试题库、微信随笔记录、数据分析、家校沟通、跨学科备课等，引导青年教师在日常教学中不断促进教与学方式的变革，促进课堂教学的转型发展。

（二）课题研究实践成效

1.教师职业道德水平与教育效能明显提升

青年教师的师德意识增强，参与校本研修的积极性很高，师德意识增强，已形成以学生为中心，正视差异，五育并举，注重过程性评价的意识。在课堂提问、批改作业、任务布置等方面都一视同仁，尽自己最大的努力使所有学生养成学习习惯保持学习兴趣。深入了解学生，潜心研究教育的自身规律，选择公正合理的态度、方法教育学生。经常听取学生及其家长或监护人关于教师教学、班级管理意见。在学生有意或无意地冲撞、伤害自己的时候，能够理智地对待，冷静地分析，正确地解决。对教师职业道德有了清楚的认识，意识到了教师在国家发展、民族复兴、社会和谐、人民幸福、文化传承中的重要作用，体会到了教师职业道德水平关系到学生终生的发展，尤其是人生观道德观价值观的形成，学习到了相关法律法规。在仪容仪表、与学生和家长沟通方式等方面加强了对自身行为的控制，掌握了一些效果好的沟通方法和积极性评价方式，减少了不必要的误会，体会到了教师的使命感、责任感，感受到了到职业的幸福感。

2.教师的教育教学水平显著提升

青年教师通过个体自学和集中交流的方式深入学习和领会教学方法及规律，成为指导自身教学的理论依据；通过课堂实践，检验自身课堂教学效果，及时进行教学方法的调整，有效调动学生积极性，提高课堂教学效果。对教学方法种类逐步熟悉，每种教学方法的特点和适用条件逐渐清楚；会根据教学内容的特点、学生实际等因素选用适合的教学方法；会把教师教学方法、学生的学习方式结合，能做到活学活用等。

（1）教师的教学设计能力水平显著提升

青年教师通过接受教学设计的相关培训，不仅意识到教学设计与深度备课之间密不可分的关系，而且对教学设计中每个环节都养成了习惯性的推敲与精准把控，整个课堂内容层次分明，课堂教学环节设计精巧有效；通过自备和集体备相结合的备课方式，青年教师对指导思想与理论依据的把控更加准确；通过接受校内外研修相结合的方式，对教学背景的分析更加翔实；通过学习各种典型教学案例，对教学目标的制定更加具有实效性；通过聆听专家指导和个体钻研相结合的方式，对教学过程与教学资源的设计和应用更加具有合理性；通过接受以赛代培的学习方式，板书设计更加新颖和美观；通过接受学科师傅指导的方式，对学生的学习效果评价设计更加合理。教学设计能力增强。主要表现为：已经熟悉教学设计的基本结构，会撰写指导思想和理论依据，对教学理论知识和学科课程标准认知逐步清晰；能整体把握教学内容；会简单进行学情分析，会针对性使用具体方法；课堂教学目标逐步聚焦、具体、可测量、利达成，过程与方法渗透增多；教学基本环节比较熟悉，各环节中教师的引导和学生活动的组织方式开始丰富，讲练结合，自主、合作、探究增多；学习效果评价形式增加，语言、肢体、奖励、竞赛、检测等使用熟练。

（2）生成了高质量的教学研究成果

课题研究提升了课堂教育效果，促进了学生的全面发展、个性化发展和可持续发展，也促进了青年教师专业发展，提升了他们独立开展教育研究的能力，形成了一大批有创新特质与实践价值的研究成果。

①崔晨老师获奖情况。论文《用仿写开启写作之旅》荣获北京市中小学

第十二届《京美杯》征文三等奖，2019—2020学年度第一学期通州区教师基本功大赛中获得二等奖，论文《借助主题阅读渗透传统文化—以古诗文教学为例》获北京市2018—2019学年度基础教育科学研究优秀论文二等奖，论文《让美充盈于散文教学》获北京市首届"教师专业能力"教育教学研究成果二等奖，论文《用仿写开启写作之旅》获北京市首届"教师专业能力"教育教学研究成果三等奖，论文《借助主题阅读渗透传统文化》获北京市首届"教师专业能力"教育教学研究成果三等奖，论文《让美充盈于散文阅读》在《通州区中小学生学习策略发展特点及训练研究》课题成果征集评比中获得一等奖，2019—2020学年度第一学期被评为我心目中的好教师，2019—2020学年度优秀班主任，论文《让语文课"活"起来》被评为北京市首届教师"基本功与智慧"教育教学研究成果三等奖，论文《时间不过是考验，种在心中的信念永不变》获北京市教育学会创造教育研究会2020年学术论文评审三等奖，论文《古诗文教学有"方"可循》在通州区2020年中学语文教学论文征集评比一等奖，论文《"语"你同行——线上教学初探》在通州区2020年中学语文教学论文征集评比二等奖，论文《过春风十里，尽荠麦青青》获北京市中小学第十三届《京美杯》征文三等奖。

②常瑞娥老师获奖情况。通州区教育委员会2020届初三毕业班工作优秀教师；2020年通州区教育学会中学历史年会录像课一等奖；2020年通州区教育学会中学历史年会教学设计二等奖；通州区初中历史2019—2020学年试题命制评比二等奖；2020通州区教育学会教学论文二等奖；2019年通州区教育系统"先进师徒对子"；2018—2019和2019—2020两个学年四个学期连获通州二中"教学成绩优秀教师"；2018—2019和2019—2020两个学年四个学期连获通州二中"我心目中的好教师"；2019和2020年通州区"在做中学历史"优秀指导教师；2019年通州第一届"新蕾杯"教学基本功比赛三等奖。

③张欣然老师获奖情况。北京市第八届曙光杯班级德育主题教育活动设计大赛二等奖，北京市第五届师成长杯微课征集评选活动三等奖，北京市第五届启航杯教育教学研究成果三等奖，北京市第十一届京美杯论文二等奖，北京市第十一届京美杯课例三等奖，北京市首届教师基本功与智慧教育教学研究成果三等奖，北京市第十三届京美杯征文三等奖。

④林蕴老师获奖情况。通州区2019年"新蕾杯"三等奖；传统文化国学赛课一等奖；新教师风采大赛二等奖，2021年，国学诵读比赛经典奖。

⑤陈驰老师获奖情况。2020年10月在2019—2020年度第一学期新教师教案评审活动中，被评为二等奖。2020年9月在北京市中小学新任教师第四届"启航杯"教学风采展示活动中获得二等奖。2020年9月在通州区2019年中小学新任教师教学风采展示活动中被评为一等奖。2021年3月获得"经典记忆·诗心养德"庆祝中国共产党成立一百周年暨通州区小学生第三届诗词大会优秀辅导教师二等奖。

3.校长自身专业素质有效提升

在课题实践过程中，正赶上制定"十四五"学校发展规划，本人从校本研修策略研究中学到了很多理论知识、实践方法和学校管理启示。沙培宁老师说过，做好教育媒体人，"情"与"思"二字最为重要，其实作为校长也是一样，要把对学校发展的盼望变成对干部真诚的期待，变成对教师真诚的关爱，变成对学生真诚的爱护，变成对家长真诚的合作，变成对自己的真诚的激励，才能清晰地真实的思考，什么是真正的专业发展，什么是教师真正的进步，"关心他人成长"是学校的大工程，是科研、教研、教学、培训整合，促进整体发展的大工程。

随着研究的深入，本人的研究能力和创造性解决问题的能力也得到了有效提升，骨干示范引领的作用也得到了充分发挥。在促进教师专业发展的过程中也实现了个人专业发展的进步提升。2019年10月在《北京教育》刊物发表论文《促进教师素质提升的六条途径》，2020年8月，为"运河计划"领军人才通州二中发展共同体做《德才兼备　教学相长》专题讲座；2021年4月，为区教委视导组做《百年富育　继往开来》专题介绍。

三、结论与反思

（一）主要研究结论与发现

在北京教育学院多位理论导师和实践导师的指导下，在领导专家的精心帮助下，在学校各部门协调配合下，"中小学青年教师专业发展校本研修策略"课题依据研究计划，按照研究步骤循序渐进开展研究，达到了预期目标，取得了一定的研究成果，得出如下结论：

研究结果确证了校本研修是促进教师专业发展的有效途径。通过调查访谈、确定方向、制定策略、实践论证、总结反思、循环推进，取得了一定成果，整合了过去单一的培养模式和评价办法，初步形成了目标导向、规划引领、任务驱动、高端助力、综合评价和互联网+校本研修策略，对青年教师专业发展起到明显助推作用，对学校和谐发展和可持续健康发展提供了理论依据和实践方案。

研究还印证了加强教师职业道德建设，引领教师职业理想的实践价值。高素质和高效能的教师是决定中小学教育效果的核心要素。提升教师的教育效能离不开有实效、接地气的学校师德建设和高质量的师德培训。加强学习培训、自我反思、榜样示范、同伴互助，是促进教师形成正确的职业价值观，树立职业理想信念，养成良好的学习工作习惯，提升师德修养的有效途径。

研究发现，提升教师的教学素养和专业能力需要进行深度的校本专项研究。在教师教学方法知识培训上，加强教学方法分类标准、选择教学方法依据、使用教学方法要求、运用教学方法注意事项的培训，是促进教师掌握有效教学方法，提高课堂教学效率的有效途径。在教师教学设计能力培训上，加强教学基本理论、课标指导思想、学情分析手段、教学目标制定、教学资源设计、学习效果评价设计的培训，是促进教师深入研读教材、精准把握学生情况和知识重难点、细致把握教学各环节效果的有效途径。

研究中也发现，建立教师专业共享群体，有助于提升校本研修的实效性。青年教师在专业发展中需要有一个专业共同体，为他们提供分享教育经验，共享专业成长进步快乐，强化彼此专业成长动机的学习共同体。对校本研修活动的设计与有效实施，同样也需要这个专业发展平台。本研究在实践探索中，也得益于教师学习共同体的建设。

（二）反思

在"中小学青年教师专业发展校本研修策略的研究"课题研究过程中取得一些成果，也发现一些不足。

校长要履行引领教师专业发展的职责，有效促进教师的专业成长。校长是教师专业发展的第一责任人，要重视教师专业发展的规律，尊重、信任、团结和赏识每一位教师，关爱教师身心健康，激发教师发展的内在动力，激励教师主动发展，指导教师开展教育教学实践与研究，完善教研训一体机制，指导教师制定专业发展规划，扎实开展师德师风教育，推进信息技术在教师专业发展中的应用。要重视校长自身的专业发展，让校长的专业发展和教师发展同步共进，要把自身对校本培训的学习、管理、设计、指导、使用、检验和教师专业发展整合起来，用自身的不断发展来引领、助力、推动各层次教师尤其是青年教师的发展，促进学生和学校的发展。

校长要把握青年教师的专业发展阶段，帮助青年教师熟悉自己的专业发展情况。学校要逐步形成包含素质性目标（师德教育、心理指导、发展意识、动机水平、高层次需要、进取精神、自我激励、思维素质、认知能力、科学方法）和发展性目标（一年要适应；三年成合格教师；五年成骨干教师；八年成教育教学能手等）相结合的教师发展共同体，坚持成熟一批，宣传一批，激励一批，把教师的培养与学生成长、学校发展相结合，统筹兼顾，共同推进。

校长要充分关注青年教师发展的差异性，促进青年教师的个性化发展。青年教师专业发展校本研修策略，是一种随着青年教师发展水平变化逐步调整适应的策略，在实施中不能整齐划一，不能搞一刀切，不能用硬性指标数据统计来简单判断和看待教师发展水平，要坚持过程性评价、发展性评价、激励性评价、非利害评价、定性定量相结合等多种评价形式，建立开放、尊重、理解、平等、合作、自主的校本研修氛围，让青年教师在学生进步中、自我提升中、学校发展中，得到成就感、获得感、幸福感。

"中小学青年教师专业发展校本研修策略的研究"课题，在北京教育学院各位理论导师和实践导师的精心指导下，形成了我校中小学青年教师校本研修策略，提升了校长专业素养，促进了青年教师专业发展，形成了学校学术氛围，是今后学校校本研修的理论依据和实践路径，为实现通州二中"学生全面健康成长、教师科学幸福工作、学校和谐内涵发展"起到强有力推动作用。

参考文献

［1］连榕.新手—熟手—专家型教师心理特征的比较［J］.心理学报，2004，（36）：44-52.

［2］罗晓杰.国内外教师专业发展阶段研究述评［J］.教育科学研究，2006，（7）：53-56.

［3］朱旭东.教师专业发展理论研究［M］.北京：北京师范大学出版社，2011，20-82.

［4］钟祖荣.教师专业发展阶段的调查研究及其对职后教师教育的启示［J］.教师教育研究，2012，（6）：20-40.

［5］朱旭东.论教师发展的理论模型建构［J］.教育研究，2014，（6）：81-90.

［6］崔允漷，王少非.教师专业发展即专业实践的改善［J］.教育科学研究，2014，（9）：77-82.

［7］陈桃.教师专业发展及与之相适应的研修模式的构建［J］.中小学教师研修，2016，（3）：6-8.

［8］吴胜秋，李婷.教师专业发展研究动态与展望［J］.教育导刊，2018，（6）：21-25.

［9］张琳.教师专业发展阶段理论研究述评［J］.创新创业理论研究与实践，2018，（22）：22-23.

［10］程妍涛，顾荣芳.21世纪以来国内外教师专业发展阶段研究述评［J］.教育导刊.创新，2017，（11）：17-22.

［11］韩潇国.K市A校校本研修个案研究［D］.新疆：喀什大学，2018.

［12］张双凤.尚志市农村中学校本研修问题研究［D］.黑龙江：黑龙江大学，2004.

［13］汪桂琼.校本研修：20年实践回顾及未来展望［J］.教育科学论坛，2019，（5）：3-6.

［14］赵瑛群，方慧琴."互联网＋教育"环境下校本研修机制的实践研究［J］.基础教育参考，2019，（6）：29-31.

［15］李树培，魏非.中小学校本研修的问题、缘由与路径［J］.教师教育研究，2019，（2）：37-41.

［16］冯思瑜，李丽霞.史家学院"伙伴式校本教师研修模式"有效实施的行动研究［J］.中国教育学刊，2018，（2）：70-72.

［17］余文森，洪明.校本研究九大要点［M］.福州：福建教育出版社，2007.

［18］陈伙平.教育科学研究方法与原理［M］.福州：福建科学技术出版社，2005.

［19］教育部师范教育司组.教师专业化的理论与实践［M］.北京，人民教育出社，
　　　2003.

［20］朱益明.校本教师发展论［M］.天津：天津教育出版社，2006.

［21］燕学敏.教师专业标准解读［M］.天津：天津教育出版社，2017.

［22］顾秋红.以问题研究促进专业成长［M］.北京：教育科学出版社，2012.

［23］刘晓明.教师专业能力培养与训练［M］.北京：国家行政学院出版社，2013.

［24］冯锁堂.校本研修模式与案例［M］.天津：天津教育出版社，2007.

［25］刘晓明.教师专业知识提高与更新［M］.北京：国家行政学院出版社，2013.

［26］朱建民.勇毅笃行　大志大成［M］.北京：教育科学出版社，2015.

［27］张大军.新时代中小学教师职业行为十项准则学习手册［M］.北京：团结出版
　　　社，2019.

［28］肖北方，马宪平.中小学职业道德规范学习手册［M］.天津：天津教育出版社，
　　　2009.

［29］沙培宁.情与思［M］.上海：华东师范大学出版社，2020.

［30］熊焰.校本教师专业发展研修手册［M］.天津：天津教育出版社，2017.

［31］陈大伟.校本研修面对面［M］.北京：中国轻工业出版社，2011.

［32］张仁贤.做首席教师［M］.北京：世界知识出版社，2017.

［33］徐世贵，徐佰刚.有效校本研修的策划［M］.长春：东北师范大学出版社，
　　　2018.

辑二 ◆ 辞序简摘

大杜社中学秋季开学典礼讲话

（2007年9月1日）

老师们、同学们：大家上午好！

在这艳阳高照、金秋送爽的大好季节里，我们共同迎来了充满收获与希望的新学期。首先让我们以热烈的掌声欢迎初一新同学投入大杜社中学怀抱。

老师们、同学们，我们的学校是一所令人瞩目的学校，大杜社中学自1971年建校至今，全体干部教师兢兢业业育桃李，结出硕果吐芬芳，数以千计德才兼备的优秀人才陆续走入高一级学府、步入重要的工作岗位，他们用自己的智慧和汗水为国家、社会、本地区的发展奉献着、奋斗着、创造着。在座的同学们在这样的校园里读书应该感到无比的骄傲和自豪。

百年大计，教育为本；教育大计，教师为本。新的学期，各界对教育的要求更高，全体教师肩上的责任更重。我希望全体教师要模范遵守师德规范，爱岗敬业、勤于钻研、讲究奉献、善于学习，不断提高教育教学水平，努力把自己锻造成师德境界高、教育能力强、教学水平出类拔萃的精英式教师。

新的学年开启新的希望，新的起点承载新的梦想。在这里，我对全体学生提几点希望：

1.自觉遵守纪律，按照《中学生守则》《中学生日常行为规范》来严格要求自己，争做文明守纪、尊敬师长、团结同学、积极进取的中学生。

2.每位学生要树立各自的奋斗目标，努力学习。每位学生要克服学习、生活中的不良习惯，不迟到、不早退、不偷懒，讲究勤奋，讲究刻苦，讲究珍惜时间。要发扬持之以恒精神，在同学中开展比学赶帮活动，为实现自己制定的目标而努力。

3.全体学生要注重掌握好的学习方法。坚持"三先三后"。即先复习后写作业，先思考后回答问题，先预习后听讲。切实通过长期训练，养成习惯，提高学习效率，努力创造优异成绩。

"宝剑锋从磨砺出，梅花香自苦寒来。"老师们、同学们，让我们手拉手，肩并肩，与时俱进，奋力争先，用我们辛勤的汗水，共同谱写大杜社中学辉煌的明天。谢谢！

学校消防安全教育大会上的讲话

（2007年12月7日）

尊敬的各位领导，老师们、同学们：大家下午好！

今天我们有幸邀请到了通州区教委、区消协、消防中队等单位领导、专家到我校指导消防安全工作。各位领导在百忙当中光临我校，体现了他们对学校消防安全工作的高度重视，同时更体现了各级领导对我校工作的关心和支持，让我们以热烈的掌声对他们的到来表示衷心的感谢！

消防安全工作，事关广大师生生命安危、直接关系到青少年的健康成长，也是构建和谐平安校园的根本保证。

希望全体师生抓住这次难得的学习机会，专心听讲座，认真记要点，不断增强消防安全意识，增长消防安全知识，提高消防安全技能。

今后，学校将以此次消防安全知识讲座为起点，进一步加强师生消防安全教育，利用广播、黑板报、悬挂横幅标语、挂图、举行主题班会、发放安全教育宣传品、进行消防安全演练以及致学生家长的一封信等方式，多渠道地对全体师生进行消防安全教育，不断提高广大师生消防安全意识和自防自救能力。

最后希望全体师生行动起来，从我做起，人人做消防安全的宣传员和实践者，为构建和谐平安校园做出我们应有的贡献。谢谢！

《初中生心理健康教育》序言

（2009年1月）

1996年，联合国教科文组织提出了让学生"学会认知、学会做事、学会生存、学会合作"的教育主张，这一切都必须以学生具有良好的心理素质为前提条件。加强学生心理健康教育，已经成为整个教育界的共识。

为此，教育部颁发了《中小学生心理健康教育指导纲要》（以下简称《纲要》），规定了初中心理健康教育的主要内容：帮助学生适应中学的学习环境和学习要求，培养正确的学习观念，发展学习能力，改善学习方法；了解自己，学会克服青春期的烦恼，逐步学会调节和控制自己的情绪，抑制冲动行为；加强自我认识，客观评价自己，积极与同学、老师和家长进行沟通；逐步适应生活和社会的各种变化，培养对挫折的承受能力；把握升学的选择方向等。《纲要》同时明确指出：中小学心理健康教育要开设心理健康教育选修课、活动课或专题讲座。包括心理训练、问题辨析、情景设计、角色扮演、游戏辅导、心理知识讲座等，旨在普及心理健康科学常识，帮助学生掌握一般的心理保健知识，培养良好的心理素质。

如何面对现实，理论联系实际地开展心理健康教育工作，增强心理健康教育工作的针对性和实效性，促进初中学生心理素质的不断提高，是每个教育工作者的职责。正是怀着这样一种心情和责任感，我校心理健康教育教研组全体成员潜心研究、借鉴，修编出版此教材，可喜可贺。

这本书的最大特点是：很好地贯彻了"以活动和体验为主"的理念，科学选择初中生心理发展需要的心理健康教育内容，以符合初中生心理发展特点的方式呈现《纲要》内容，在精心设计的教学环节中突出"活动"和"体验"，反映并体现了初中心理健康教育活动课的设计要求。具体而言，本书修编在理念上突出以学生为主体，面向全体，突出发展性心理辅导；从"适应篇"到"性教育篇",在内容上遵循初中生身心发展规律,符合纲要精神,安排合理;在组织形式上,以形式多样的活动贯穿全课,教学环节设计流畅。整本书贴近实际、图文并茂、生动活泼、疏导有方、吸引力足、实效性强,定会受到学生欢迎。

我期待着我校心理健康教育工作从蹒跚学步开始,通过在实践中的发展和完善,书写心理健康教育的新篇章。

《论语智慧》序言

（2010年12月15日）

我们伟大的中华民族，有着五千年的文明史，传统文化源远流长。在传统文化的发展进程中，岁月虽有变迁，但儒家思想自形成以来便以其强大的生命力始终深深植根于人们思想与心灵的深处。

儒家学派的著作，经典众多，而《论语》是其核心与基石部分，它集中反映了孔子的政治主张、伦理思想、道德观念和教育原则，是道德与智慧的凝结。时光荏苒，历史的脚步走到今天，前人一串串稳健的脚印，使我们越发感受到，《论语》就像一位循循善诱的老师，处处给我们以精神力量，为我们启迪心灵智慧、提高思想境界、提升品行修养。

为了弘扬中华民族的传统文化，建设中华民族共同的精神家园，加强对学生进行传统文化教育，我们把《论语》作为研发对象，编辑整理出我校的校本教材——《论语智慧》。为了这本校本教材的顺利出版，我校主创人员在书籍的编辑整理过程中主要遵循以下三个原则：

第一，忠实于原著。《论语》是先秦时期的语录体散文，距今两千多年，时间跨度大，语言比较难懂，我们翻译的时候，尽量忠实原著，同时参考其他文献，不做主观上的臆断，不曲解原意，没有定论或有争议的内容不予收编。

第二，去粗取精。《论语》虽然是儒家的经典著作，但流传到今天，有些内容已与现代社会生活不相适应，我们在编辑整理此书的时候，做了大量的鉴别论证工作，力求展现在读者面前的是《论语》的现代精华版。

第三，联系生活实际，符合两个需要。首先是符合学生的认知需要。在编辑整理过程中，我们注意到，尽管把《论语》完整地翻译出来，可是对于学生来讲也还是非常枯燥的。因此，我们尽量做到深入浅出，符合学生的阅读习惯和阅读水平，让学生读得懂，读得进去，学有所得。其次是符合以人为本，构建和谐社会的精神文明建设的需要。以人为本，和谐社会，是当今社会的主旋律。这次编辑，我们突出了儒家以民为本的思想，引导学生立志修身。

美国著名诗人庞德说："一个人如果没有读过孔子，就不能说他真正受到过教育。"《论语智慧》一书的出版，为学生了解祖国的传统文化、传承经典文化精髓搭建了一个平台，愿全体学生通过学习感悟其深刻内涵，从中汲取精神营养，促进自身的全面健康和谐发展。

同学们，让经典充实我们心灵，让经典伴随我们成长。

《京南明珠马驹桥》序言

（2010年12月16日）

本书翔实地记述了马驹桥500多年的发展史。全书共5章，分别记述了马驹桥的历史沿革、名胜古迹、名人、水利交通、文教卫生事业。

自明朝开始，马驹桥就成为京南重镇，马驹桥人用自己的勤劳和智慧建设她，发展她，使她成为镶嵌在首都南郊的一颗璀璨明珠。

这本书对于马驹桥人应该人人必读，作为一名中学生更应该知家乡、爱家乡，知得深而透，才能爱得真而切，大家一定要好好学习家乡的历史，进而更好的爱惜、呵护她，长大后才能用知识去建设她，发展她，让她变得更美好，更辉煌。

本书是在原马驹桥地方志的基础上编辑整理而成，由于编者水平有限，一定会存在很多不足，希望教师和同学们给予指正。

在学生家长会上的讲话

（2007年10月14日）

尊敬的各位学生家长，大家上午好！

今天，我校召开全校学生家长会，大家在百忙之中，准时前来参加会议，首先我代表学校向各位家长表示感谢，同时对取得优异成绩的学生和他们的家庭表示祝贺。

一、学校概况

大杜社中学，始建于1971年，1991年迁入新址。学校总占地面积40000平方米，现有教职工115人，其中区级骨干教师3人（郭长林、马霄、龚明银），学生600名，拥有办公楼、教学楼、图书馆楼、教师食堂，现代化的塑胶操场正在建设中，教学设施较为完备，办学条件逐年改善。

二、办学思路

今年7月，我刚刚到任，今天愿将我校办学思路和大家进行汇报和沟通，以期得到更多家长的支持，进一步搞好我们的工作，为本地区培养出更多、更好的人才：

认真贯彻落实党的教育方针，忠实践行"三个代表"重要思想，始终坚持以"厚德、博学、求实、创优"为校训，以"一切为了祖国富强、一切为了学生发展"为办学宗旨，围绕"学会做人、学会做事、学会认知、学会合作、勇于创优"的办学目标，坚持"依法治校、制度建校、以德兴校、质量立校、科研强校"的治校方针，坚持"面向全体、培养能力、提高质量、发展个性、鼓励创优"的办学理念，坚持教育的方向性、整体性、发展性、主体性，坚持走"人性化"与"制度化"相结合的管理之路，努力塑造一支师德高尚、管理有方、业务精湛的干部教师队伍，增强教育的科学性、针对性、实效性，不断促进学校教育教学质量的提高。

三、重点工作及现状

1.加强对校园东大门的管理，社会闲散人员不得随便进出校园，确保校园教学秩序稳定，确保教师在一个稳定、舒心的环境中安心备课、授课、辅导，确保学生在和谐的环境中安心学习。这一举措，受到教师、家长和学生的广泛好评。

2.调整德育管理干部队伍，制定、完善《学生违纪界定》和《学生处分管理办法》，强化对学生的纪律管理，减少学生违纪现象，稳定学生纪律，为学生营造更好的学习氛围。

3.加大校园改造力度，改善教师办公和学生学习生活环境。

（1）争取区、镇领导大力支持，投资300余万，建设现代化塑胶操场。现已施工，预计11月中旬竣工。

（2）学校原有旧锅炉已经报废，今年8月，学校争取多方支持，投资数十万，进行旧锅炉改造，确保师生冬季在一个温暖舒适的环境中工作和学习。现已施工，预计11月初竣工。

（3）投资数十万在学生教室安装多媒体设备，提高教师教学效率。

（4）完善班主任、教师评价办法，关心教师生活，激发教师工作热情。

（5）以教学为中心，提出了教学成绩努力冲入全区农村中学前列的总目标。

为此，由三位教学主管干部各承包一个年级，管理所承包年级师生的所有教育教学工作。由管理经验丰富的张连华校长分管我校的教学工作。

现在，学校干部身先士卒，教师积极上进，学生纪律稳定，学习气氛浓厚（各班纪律稳定，看不见追、打、闹现象等），可谓校风正，教风好，学风浓。学校团结和谐、面貌一新，呈现出一派蒸蒸日上的景象。

四、谈学校需要家长配合的工作

好的局面需要我们共同创造、珍惜和维护。学校的基本功能是为社会培养所需要的合格人才。对学生的教育需要学校、家庭、社会等多方面一起努力，形成教育合力，才能达到较好的教育效果。为了使我们的孩子健康成长，我想在此谈谈家长应怎样配合学校工作，家长应采用什么样的家庭教育方法。

（一）重视榜样作用，养成良好的行为习惯，和孩子一起成长

托尔斯泰说："在一个家庭里，只有家长能自己教育自己时，才能产生孩子的自我教育，没有榜样，孩子进行自我教育的话都是空谈。"你孝敬老人，子女才能孝敬你……榜样的作用是无穷的，所以，作为家长必须重视榜样的作用，尤其是在独生子女问题非常突出的今天，家长要养成良好的行为习惯，从小事做起，通过日常生活影响和教育孩子。

（二）努力创建学习型家庭，让孩子以学为乐

所谓"学习型家庭"，是指在家庭中有浓厚的学习氛围，让学习成为家庭生活的重要活动；在家中有供学习用的材料，并不断充实、更新；有固定的学习场所；等等。

要创建学习型家庭，必须有"三优先"：为孩子创造安静的学习环境优先、创造浓厚的学习气氛优先、增加教育投资优先。

对于如何创建"学习型家庭"，每个家庭都有独特的见解，但有几点是必不可少的。

第一，有固定的学习场所，最好是书房。

第二，有固定的学习时间。这一点非常重要，在固定的学习时间内，家长最好和孩子一起学习、交流。

第三，有必要的读物和学习资料。家长要积极创设条件，添置书籍，同时可以引导孩子少买玩具，多买书。

最后，家长要成为家庭学习的主体。言传身教是中国几千年的传统教育的永恒命题。父母的一言一行、一举一动实际上都是在以身示范。孔子曰："其身正，不令而行；其身不正，虽令不从。"父母要带头学习，成为孩子的表率，与孩子共同成长。

（三）尊重、信任孩子，促进孩子主动发展

尊重、信任是现代教育的第一原则。孩子的内心世界很丰富，要了解孩

子，就要用心换心，用信任赢得信任；更要保护孩子的自尊，培养自信，促进孩子主动发展。

（四）注意家庭教育的一致性，引导孩子和谐发展

作为家长，在对待教育孩子的问题上要达成一致，必须多沟通、交流、互相支持，千万不能在教育问题上在孩子面前大吵大闹，把分歧暴露给孩子。有分歧没有关系，关键是我们要正确面对，达成一致，这样才能给孩子健康成长创造良好的家庭环境。

（五）强调非智力因素的培养，激发孩子的潜能

孩子的学习成绩主要取决于两个因素：一是聪明才智和学习能力的强弱，即智力因素；二是正确的动机、浓厚的兴趣、饱满的情绪、坚强的毅力及良好的个性，即非智力因素。

对于孩子的智力发展，家长们都很重视，但对于孩子的非智力因素，特别是兴趣与自信的培养，则很容易忽视。

从诸多成功人士的成长经历中，我们可以了解到，天才之所以成为天才，并不是因为天赋多么出众，而是因为在幼年时期兴趣和热情的幼芽没有被扼杀。

总而言之，切实落实今天介绍的五种家庭教育方法——发挥家长的榜样作用、创学习型家庭、尊重信任孩子、家庭教育的一致性、强调非智力因素的培养，有助于学校、家庭与社会形成教育合力，促进学生健康成长。

五、对学生的期望

遵守纪律，尊敬老师，做遵规守纪的模范；努力学习，讲究方法；向优秀生看齐，向升入潞河中学的学生看齐，自强不息，为自己、为家庭、为学校、为地区增光。

今天领奖的学生照片将作为学校永久性档案保存，这将是学生一生的光荣，是家长一生的期盼与梦想，同学们加油吧！

教育是神圣的、塑造人的工作，使命光荣，责任重大，这个责任无疑落在了学校、家长和学生的肩上。为了学校的发展，为了学生的健康成长，为了有更多的学生合格毕业，升入理想学校，为了实现家长的期盼，让我们加强沟通，提升教育、学习方法，创造属于我们每个人的辉煌明天。

开学典礼校长致辞

（2011年8月31日）

尊敬的各位领导、各位来宾，亲爱的老师们、同学们：

大家上午好！

秋风送爽，丹桂飘香。刚刚度过了一个平安、充实、愉快而有意义的暑假，我们又回到了美丽的校园，开始了新的征程。首先，我谨代表全校1600多名师生员工向各位领导、各位来宾莅临育才学校表示热烈欢迎和衷心感谢！感谢你们长期以来对学校各项工作的关心与支持！对刚刚加入育才学校的一年级和初一新同学表示热烈欢迎和良好祝愿，祝愿你们在育才的每一天都健康、进步、快乐！

老师们，同学们！在这充满希望的大好季节里，我们一起举行新学年的开学典礼。我相信，每一位老师和同学都信心满怀，站在新学年的起跑线上，为实现自己人生的理想与目标而踌躇满志！借此机会，我给同学们提几点希望：

第一，要树立一种自信——我能行，希望同学们成为学习的主人。

拥有自信对搞好学习至关重要，希望同学们在学习上要有信心、有决心，更要有行动。只要大家能够明确自己的学习目标，掌握正确的学习方法，勤于思考，善于合作，积极实践并持之以恒，你们就一定会在知识的海洋中收获属于自己的那份成功与快乐。

第二，要培养一种习惯——我自觉，希望同学们成为守纪的模范。

行为养成，贵在自觉。希望同学们自觉遵守《中小学生守则》《中小学生日常行为规范》，自觉遵守学校的各种规章制度，在老师的指引下，培养自己良好的行为习惯、学习习惯和生活习惯，让良好的习惯为自己的成功助力伴航。

第三，要形成一种氛围——我文明，希望同学们成为文明的使者。

同学们，我们的校园设施完备、环境优美、氛围和谐、活力四射，希望同学们对学校的一草一木倍加珍惜、细心呵护。同时，也希望同学们学会尊重——要尊重师长，尊重同学，用实际行动来争当文明的使者。

同学们，今天在育才学习、成长是你们的幸运与荣耀；明天离开育才校园，希望你们都能成为育才的骄傲与自豪。

老师们，百年大计，教育为本；教育大计，教师为本。育才的每位教师都是学校的形象大使，一言一行关乎学校形象。希望老师怀抱无私之心、仁爱之心、宽容之心和奉献之心投入工作，用高尚的人格去感染学生，用文明的仪表去影响学生，用广博的知识去引导学生，用博大的胸怀去爱护学生，践行育才学校"一切为了学生健康发展，一切为了祖国繁荣富强"的办学宗旨，促进学生的全面健康发展。

老师们，在新的学年里，我校将继续笃行"依法治校、制度建校、以德兴校、质量立校、特色强校"的治校方针，坚持科学教育质量观，以实施"新课程""新课标"为契机，不断深化教育改革，积极推进素质教育，稳步提高教育质量，同时，逐步形成两大办学特色，即依托中小学生"社会大课堂活动"建设的"活动育人"德育特色和依托"博物少年"校本课程体系建设的"校本育人"教学特色。希望老师们继续发扬育才人"敬业奉献、开拓创新"的精神，在尊重、和谐、责任、创优的氛围中，不断追求工作的规范化、精细化和精品化，严守师德规范，用良好的学校形象、高质量的工作业绩去赢得学生的拥戴、家长的欢迎、同行的认可和社会的称赞。

老师们、同学们！新的学年开启新的希望，新的学年成就新的梦想。让我们秉承育才学校"厚德、乐学、求实、创优"的校训精神，团结一心，开拓进取，用我们的智慧和汗水努力创造育才学校新的辉煌。

最后，祝各位领导、老师身体健康、工作顺利、家庭幸福，祝各位同学全面发展、学有所成、快乐健康！谢谢大家！

育才学校首届艺术节致辞

（2012年12月28日）

尊敬的各位领导、来宾，老师们、同学们：

大家好！

时值冬季地冻天寒，育才的校园春意盎然。今天，我们怀着喜悦的心情，终于盼来了育才首届艺术节学生展演活动。为期一个月的育才艺术节以"博物成就梦想，艺术点亮人生"为主题，体现我校"全面育人"的办学理念和"博物教育"的办学特色，彰显每一位老师和学生对生命、生活的热爱和对艺术、真善美的追求。艺术节的成功举办，得益于各方的努力，借此机会，我代表学校向精心组织本次活动的各位领导、教师、工作人员表示衷心的感谢！同时，向积极参与、取得优异成绩的集体和学生个人表示热烈祝贺！

我常说："目标比速度更重要。"作为教育工作者，就是要满怀使命感、责任感，明确全面而鲜明的育人目标并为之不懈努力。近年来，学校确立"全面育人、和谐优质、办有特色、人民满意"的办学目标，坚持科学的教育质量观，不断深化教育改革，积极推进素质教育，稳步提高教育质量。同时积极探索学校特色发展之路，逐步形成以课程体系构建、主题活动开展、校园环境创设"三位一体"育人平台为支撑的"博物教育"办学特色。学校连续三年获得通州区综合考核优秀校荣誉，各方面工作受到各级领导的高度评价和当地百姓的广泛称赞。家长自发向学校赠送锦旗，上书："放心的教师，满意的学校"。

我常想，育才学校应该像一把多彩的刻刀，在它的精心雕琢下，努力将每位学生塑造成巧夺天工的艺术精品。历时一个月的艺术节就为这个育人梦想搭建了一个大平台，它丰富了学生文艺生活、展示了学生艺术素养、培养了学生实践能力、提升了学生综合素质。今天的展演，又给我们育才学子搭建了一个彰显个性，展现风采，创造魅力，塑造形象的大舞台，我们大家期待着学子们生命光彩的绽放和艺术之光的精彩。

"真诚是人生用不尽的黄金。"让学校、教师、家长、社会四方真诚地携起手来，为把学生培养成博爱厚德、博学笃行、博艺尚美的现代少年而努力奋斗！

最后，祝育才艺术节展演取得圆满成功！

下面我宣布，"博物成就梦想，艺术点亮人生"育才学校首届艺术节展演现在开始！

2013届初三备战中考誓师大会校长讲话

（2013年3月22日）

各位家长、老师们、同学们：

大家下午好！

还有不足100天就要进行中考了，在这个特殊的日子里，我们隆重举行2013届初三毕业生冲刺阶段誓师大会，首先我代表学校向在一线辛勤工作的老师们表示衷心的感谢，向刻苦学习、努力拼搏的同学们致以亲切的问候，向全力支持、配合学校工作的初三学生家长致以崇高的敬意！

在这个不平常的日子里，相信老师们、同学们和家长们和我一样，信心百倍，摩拳擦掌，豪情满怀。大家都清楚，再过100天，我们在场的这批学生将接受国家的检验。

初三的同学们，不付出艰辛的劳动，不洒下足够的汗水，成功不会实现。人生的道路千万步，有的步可大可小，有的步可紧可慢，而中考是人生关键的一步，步伐必须加大加紧。离中考还有近100天，为了实现自己美好的愿望，同学们从现在起就要咬紧牙关，肯于吃苦，以自信饱满的热情、科学的方法、忘我的学习状态迎战中考，实现人生的目标。

学校要求学生：

1.讲究心理卫生，排除外界干扰。

2.珍惜时间，争分夺秒，尊敬老师，按老师的要求去做，从现在开始，保质保量完成老师布置的学习任务。

3.适当补充营养。

4.加强体育锻炼，保证健康体魄。

5.注意安全。

初三的干部、老师们，在过去的日子里，你们每天都在不懈地努力着，初三年级主管干部杨建成主任，深知自己责任重大，对初三管理工作废寝忘食、日思夜想，团结老师，努力工作。初三年级从组长到老师也都是好样的，他们每天都如同绷紧的弦：备课、上课、检测、讲评、辅导、谈心……工作繁重艰苦，生活单调枯燥，在种种困难和压力下，深感疲惫，却没有怨言。他们深知毕业班这副担子的分量和责任，他们为了实现个人的价值，为了学生成才，为了家长的期盼，为了学校的形象，默默地奉献着。

希望毕业班的干部师生们，在接下来100天的时间里，一定要进一步加强管理、科学管理、踏实苦干、钻研考纲，做到夯实知识，查漏补缺，形成系统，提高能力，学校的各项工作都会以初三工作为中心，全力为初三师生搞好服务。

希望毕业班的家长们，用行动多关心孩子的生活和学习。

要求孩子：稳下来，遵守纪律讲文明；沉下去，安心学习不浮躁；赶上来，学习成绩不断提高。

要求家长：家庭和睦，气氛和谐，为学生营造安静、祥和的学习环境；全家参战，多花时间，看住孩子的学习，保证学生在家有充足的学习时间；做好学生吃、住、行的保障工作；安全教育不放松。

大家更要把学校的要求记好、落实好，让孩子和家长自己受益终生。

全体师生和家长们！我校连续获得通州区初三中考优秀校荣誉，各项工作受到上级领导和社会各界的广泛赞誉，今年这届成绩也不错，这一良好的局面是大家的共同努力才取得的。

学生的中考成绩不是学校、教师一方努力的结果，需要家长的配合。尤其下一阶段，更是需要初三家长的全力配合，按学校的要求做，与班主任、老师勤沟通，了解学生情况，加强对学生的教育和管理。

讲个白龙马取经的故事。白龙马随唐僧西天取经归来，被誉为"天下第一马"。众马羡慕不已。一些想成功的马来找白龙马，问它为什么自己也努力了，却没有收获。白龙马说："我去取经的时候，大家也没闲着。我走一步，大家也没少走，只不过我有自己的理想，有明确的前进目标，克服千难万险方随师傅取得真经。而你们有的缺少目标，走了许多冤枉路，有的虽有目标却没恒心坚持，结果一事无成。"要想在竞争激烈的中考中取胜，首先要明确自己的中考奋斗目标，同时，勤学好问、克服困难，持之以恒，积蓄力量，查漏补缺，提高成绩。希望同学们，从现在开始，明确目标、不怕困难、专心致志、用心学习。这样才能学到真本事，切实掌握自己的命运。

有各位"为理想而战，为明天而战"的优秀的学生，有各位"为学校荣誉而战，为学生前途而战"的优秀的教师，有各位积极配合学校工作的优秀学生家长，我相信，在我们的共同努力下，一定能够打赢2013年中考这一仗，一定会向社会、学校、家长们交上一份满意的答卷，书写育才新的辉煌！让我们每名学生都记住并努力成为那匹成功的"白龙马"。

谢谢大家！

北京市育才学校通州分校小学2014届
毕业典礼校长发言

（2014年7月3日）

老师们，同学们：

大家上午好！

今天，我们欢聚在这里，隆重举行北京市育才学校通州分校小学2014届学生毕业典礼。首先我代表学校向圆满完成六年学业的187名六年级学生表示热烈的祝贺！向为同学们健康成长而辛勤付出的老师们致以崇高的敬意！

在"内涵发展，广育群才"办学理念指引下，我校干部教师团结拼搏，真抓实干，教育教学各项工作硕果累累。全校师生良好的精神面貌、优异的教育教学成绩、突出的办学特色受到各级领导的高度评价，得到社会各界的广泛称赞（昨天，有家长送来锦旗—教书育人，爱生如子—对老师、对学校的肯定和鼓励）。回忆过去，一张张证书，印证着你们的勤奋和收获；一张张奖状，记载着你们的实力和魅力；一张张笑脸，述说着你们的快乐和幸福。

同学们，你们成绩的取得，是老师们辛勤付出和你们自己辛苦努力换来的。为了你们，多少老师自己年幼的孩子无暇照顾；为了你们，多少老师早生白发；为了你们，多少老师废寝忘食……你们几乎成了教师工作生活的全部，老师们牵挂最多的是你们、关心最多的是你们、帮助最多的是你们。我提议，在这里让我们用最热烈的掌声向和同学们朝夕相伴、无私奉献、品德高尚、业绩突出的老师们表示最衷心的感谢！

在今天的会场上，有187名小学生即将毕业，就要像雏鹰一样展翅高飞，走进人生的下一阶段——初中。在此，我想把三点希望送给同学们：

1.要珍惜时间。珍惜大好时光，严格要求自己，养成良好学习习惯，刻苦学习，努力争取好的成绩。

2.要胸怀大志。希望你们早日树立自己的远大理想，明确自己的奋斗目标。在前进的道路上，克服艰辛与曲折，发扬持之以恒的精神，努力实现自己制定的目标。

3.要懂得感恩。在今后的学习、生活和工作中，把感恩当责任，不要忘记母校老师对你们的教育和关爱，不要忘记母校老师对你们的鼓励和希望，更不要忘记你是育才分校这个温暖大家庭中光荣的一员。每到一处，要记住，我是育才人，育才是咱的家，一言一行要为母校、为老师、为家长、为自己添光彩，不抹黑。

搞教育是为了学生的全面健康成长，为学生的人生奠基。希望同学们，要将自己快乐的心情、良好的品质传承下去；办教育不是靠大楼，而是靠大师。希望同学们将育才丰硕的成果、优秀的教师传扬出去，让学校成为学生家长心中的旗帜，让教师成为学生家长心中的明星。

最后，祝愿同学们拥有一个平安、快乐、有意义的暑假！更祝同学们人生幸福！

如果同学们感觉校长讲话内容人多记不住，那么就只记住校长送给同学们的8个字：诚实做人，踏实做事。

谢谢大家！

认真履职，用心工作

——通州区庆祝教师节表彰会优秀校长代表发言

（2014年9月9日）

尊敬的各位领导、各位同仁：

大家上午好！

在第三十个教师节来临之际，作为优秀校长代表做大会发言，我感到无比激动。感谢领导给予我这份荣誉和这次与大家交流的机会。

我今天发言的题目是"认真履职，用心工作"。

2007年至今，我先后被组织任命为大杜社中学和育才通州分校校长。人常说，校长是学校的灵魂。我常想，学校究竟应该是个什么样的地方？学校既然是师生共同学习、工作、生活的场所，那么办学就要从人的角度出发，努力把学校办成一个充满教育思想的地方、拥有丰富课程的地方、彼此相互关怀的地方、师生寻找同伴的地方、相互合作竞争的地方、弥漫浓郁书香的地方、留下美好印记的地方。简言之，就是要把学校办成适合人的成长发展，彰显师生生命价值，落实全面育人，实现和谐优质，探索办有特色、力求人民满意的一个温暖、幸福的地方。任职以来，我执着追寻着这一朴素的教育梦想，勤勉务实，用心工作，现向大家分享我的点滴体会。

一、明确办学理念，谋划学校发展

办学理念直接影响着师生的教育和学习行为，是一所学校全体成员共同遵守的价值取向和理想追求。2007年7月我担任大杜社中学校长，经过专家引领和广泛调研，提出"打造多彩校园文化，创建健康和谐校园"的办学理念，明确制度化与人性化相结合的人本管理思路。2011年5月调入育才通州分校，在商校长原有良好办学基础上，注重学校整体规划，确立"以人为本"管理思想，围绕"内涵发展，广育群才"办学理念，构建以理念系统、行为系统和形象系统为主要内容的办学体系，践行"学生全面健康成长，教师科学幸福工作，学校和谐内涵发展"的核心价值观，关注教师精神家园建设，激活内涵发展动力，引领学校和谐发展。

二、领导课程建设，优化育人环境

课程建设是学校教育的核心，把学生培养成什么样的人，是通过课程这一载体实现的。在大杜社中学，以心理健康教育课程化为突破口，构建以"本土文化类、综合实践类、文学修养类、科学素养类"四大类课程为支撑的校本课程体系，形成学校课程特色。在育才通州分校，构建以课堂实施课程、主题活动开展、校园环境创设"三位一体"育人平台为支撑的"博物教育"课程体系，形成"博物教育"办学特色，竭力培养博爱厚德、博学笃行、博艺尚美的现代少年。课程体系的构建和实施，优化了学校育人环境，搭建了学生文化素养提升、兴趣爱好培养和个性特长形成的平台，促进了学生全面、健康成长。

三、聚焦课堂教学，提高教师素质

深化教学改革，提高教学质量，是教育永恒的主题，只有抓住课堂主渠道，立足课堂主阵地，不断提高教学质量，素质教育的要求才能落到实处。在大杜社中学，确立了"主体参与、及时反馈、强化辅导"的教学导向。在育才通州分校，遵循教育、教学和学习三方面规律，摸索出"激趣展标、自学质疑、合作解疑、梳理归纳、达标测评"五环节教学模式。在实践中，学校提供基本教学模式，提倡教法百花齐放，课堂教学充满活力。

提高教学质量的关键在于教师教学水平的高低。为此，学校确立"新教师成长、青年教师成才、中年教师成名"的教师培养思路，明确"队伍思想素质优化、个人师德素养优化、业务能力水平优化"的教师队伍建设目标，指导教师制定个人职业发展五年规划，引领教师提升自身实力，共享教育幸福，一支师德高尚、业务精湛、相互关怀、乐于奉献的教师队伍正在逐步形成。

四、借力外部资源，提升办学水平

学校发展离不开外部资源的支持，借力外部资源，对学校发展的整体进程起着加速、助推作用。学校借助北京韩美林艺术馆、北京台湖国际图书城、通州大运河森林公园等资源，营造多元、开放的学习实践环境，引导学生在活动中学会合作与沟通，在服务中懂得关爱与付出，在实践中收获成长与快乐；借助与台湖学校建立"对口校"、与潞河中学建立"初中校际联盟"等平台，助推学校发展；借助"名校办分校""城乡一体化建设"等项目，依托北京育才学校，提出"依托名校、传承创新、内涵发展、办好学校"的合作思路，在文化建设、干部培养、教师培训、学生交流、学校管理等方面，积极开展学习交流活动。外部资源的注入，促进了学校办学水平的整体提升。

在两所学校任职期间，学校先后获得全国教科研优秀实验学校、北京市特殊教育先进集体、北京市基础教育课程建设先进单位、北京市基础教育学生综合素质评价工作先进单位、北京市模范职工之家、通州区初三毕业班工作优秀学校、通州区办学特色建设优秀学校、通州区"十二五"干训基地、通州区全面实施素质教育综合督导评价优秀学校等诸多荣誉。两个单位干部师生良好的精神面貌、优异的教育教学质量和鲜明的办学特色受到各级领导的高度评价和当地百姓的广泛称赞。家长自发向学校赠送锦旗，上书："放心的教师，满意的学校"。

成绩的取得离不开全校教职工的共同努力，同样离不开各级领导的关怀与培养。参加张佳春名校长工作室，学习借鉴了区内名校长的优秀经验；参加京苏粤三地优秀中青年校长高研班，分享了国内同仁成功做法；参加中英联合校长领导力高研班，开阔了教育视野。近年来，在勤学笃行、潜心办学的同时，我也在北京市多次参加校长沙龙活动，在减负提质、中小衔接、课程建设、学生综合素质评价、办学特色等方面的做法受到与会领导、专家和同仁的肯定。在区内先后承担内蒙古自治区、甘肃省、江苏省、广东省、天津市、兰州市等地教育系统校长高研班、通州区中青年优秀后备干部培训班等培训任务。可以说，我是在参加各级培训、潜心学校办学、承担培训任务中锻炼成长的。借此机会，向各级领导、专家以及所有支持、帮助过我的人们表示衷心的感谢！

　　成绩已经属于过去，我深知优秀校长的称号，既是荣誉，更是责任。在今后的工作中我将努力做到：全面贯彻党的教育方针，模范履行岗位职责，发挥优秀校长作用，珍惜荣誉，用心工作，努力创建全面育人、和谐优质、办有特色、人民满意学校，为通州区教育事业发展，为北京城市副中心建设做出自己应有的贡献。

　　最后，祝愿各位领导、来宾工作顺利，祝愿各位老师节日快乐！谢谢大家！

快乐足球，有你有我

——在"足球明星进校园暨育才首届足球节"活动上的致辞

（2015年6月6日）

尊敬的各位领导、来宾、家长代表，老师们、同学们：

大家上午好！在这火热的季节，我们迎来了学校首个足球节。首先，我代表育才分校2800名师生向各位领导、来宾和家长朋友们的光临表示热烈的欢迎，向为本次活动顺利举行、做出大量卓有成效工作的北京潼星足球俱乐部的教练员们表示衷心的感谢！

自2007年9月建校以来，育才分校坚持"崇德立教，博物育人"办学思想，以"一切为了学生健康成长，一切为了祖国繁荣富强"为办学宗旨，依托课程体系构建、主题活动开展、校园环境创设"三位一体"育人平台，努力培养博爱厚德、博学笃行、博艺尚美现代少年，打造"博物教育"办学特色，办人民满意学校。学校先后获得"全国教科研优秀实验校""北京市基础教育课程建设先进单位""北京市中小学生综合素质评价工作先进单位""北京市中小学艺术教育特色校""北京市中小学科技教育示范校""通州区贯彻中小学体育工作条例优秀校""通州区办学特色优秀校""通州区初三毕业班工作先进校""通州区中小学全面实施素质教育综合督导优秀校"等诸多荣誉。学校干部师生良好的精神面貌、优良的教育教学质量和鲜明的办学特色受到各级领导的高度评价和当地百姓的广泛称赞。

同学们！今天，我们在这里举办"足球明星进校园暨育才首届足球节"活动，是我校认真贯彻党的教育方针，全面实施素质教育，积极推进"三大球"进校园，努力提升学生体质健康水平的又一举措。希望同学们弘扬体育运动精神，发奋学习，科学锻炼，强健体魄，全面发展，以良好的精神风貌和过硬的身体素质为长大后报效祖国、服务社会打下坚实的基础。

最后，预祝本届足球节圆满成功！谢谢大家！

对青年教师的三点希望

（2016年6月20日）

一、树立坚定理想信念

什么是理想？理想，就是对未来的预见和构想。只不过这种预见和构想是从现实出发的、有根据的、合理的。比如我们有的老师，想成为一名深受学生喜爱，业务能力强的优秀教师，为学校争光，实现自己的价值，这就叫理想。

什么是信念？信念，其实是一种态度和看法，是对某种思想或者事物坚信不疑并且身体力行的精神状态。比如我们鼓励遇到困难的学生常说的一句话：坚持到底就是胜利。这就是信念，这种心理暗示会产生强大的精神动力帮助学生前行，即使困难再大，但信念在，梦想在，他就能超越自我。

理想信念是奋斗目标，是精神支柱，是前进的方向，是一种强大的精神力量。理想信念关键在于一个"信"，"信"是会意字，表示从人，从言，解释为人的言论应当是真实的，不虚伪的。生活中的每个人都会遇到一个信什么的问题。信金钱就会不择手段去收敛金钱；信迷信最终会被迷信所害；信教育理想，努力成为习总书记提出的"四个引路人——做学生锤炼品格的引路人，做学生学习知识的引路人，做学生创新思维的引路人，做学生奉献祖国的引路人。"我们就会一代又一代地朝着远大的目标奋斗。

育才人的教育理想——做中国特色社会主义的坚定信仰者和忠实实践者，拥护党的领导，忠诚于党的教育事业。坚定信念，以课堂、校园为主阵地，把工作当作事业、当作使命，以培养"博爱厚德、博学笃行、博艺尚美"的现代博物少年为目标，成长自己、成就孩子、造福家庭为自己的教育信条和人生追求目标。

二、树立正确学生观

正确的学生观即平等、激励、参与、自由、发展、趣味、体验、全面、容错。

平等：平等对待每个孩子。比如学生兴趣爱好、脾气秉性、犯错失误、应答不美等，是否不招你喜欢，你就另眼看待。学生在发言、展示、活动、参与机会是否均等。

差异：正视个体差异，尊重学生成长规律，因材施教。比如，教师在教学设计、课堂提问、课下辅导、作业布置、情感沟通等，是否体现差异性，还是统一要求。

自主：有意识有目的培养学生自主管理（时间、情绪）能力。比如，学生是否会安排学习生活的时间；课堂学习的自主，是否教师讲解太多，代替学生自学、合作学习；练习的自主，是否有选择性地布置练习题、作业题；活动设计的自主，是否考虑学生兴趣自主设计学习活动等。

参与：学生参与包括参与深度、广度、持久度。比如，课堂是否有学生没有参与学习，没有参与的原因；课堂提问是否关注每个学生；参与的学生是否有思维的提升，能否一节课持续参与等。

发展性：能够用发展的眼光看待学生。比如，是否给孩子贴标签，如果有时表现不好的学生表现好了，您怎么看待他的进步。

激励：运用多种手段如情感、语言、行为、动作、眼神、评价等，激励学生努力学习，奋发向上。比如，教师的一个眼神、一个动作、一句表扬、一次谈话带给学生的变化；如何建立有效的评价制度持续激励学生不断进步等。

趣味：关注学生学习兴趣，体会学习乐趣。比如，如何让学生觉得学习是件有意思的事，教师该如何做；开展哪些学科实践活动，课堂学习活动怎么设计等。

体验：注重让学生经历知识的形成过程。比如，教师如何让学生对学习的感受与体验更加深刻。

全面：注重学生全面发展，不唯分数论。比如，学生参加各种活动您认为对学习起到什么作用；对于在某个方面有特长的学生，教师是否给学生搭建展示平台等。

容错：正视学生成长过程中所犯的错误，及时教育引导。比如，学生经常犯错，或经常犯同一类错误，教师怎么看待，如何处理。

青年教师要用欣赏增强学生的信心，用信任树立学生的自尊，让每一个学生都健康成长，让每一个学生都享受进步、成功的喜悦。

三、树立终身学习观

社会发展日新月异，有些行业职业或消失，或日渐被新的生产生活方式代替。比如唱片行、光盘制造、数字相机生产、传统底片制造、相片冲印、电脑程序员、打字员、邮递员、传统纸媒、公用电话、电玩店等。实体店被网店代替，卡带、光盘、纸媒被数字媒体代替，3D打印技术、创客等新技术代替传统技术。交流方式变化：写信被邮箱、微信、QQ代替。支付方式变化：现金支付被支付宝、微信支付等代替。出行方式变化：骑车、打车被共享单车、滴滴打车等代替。有些知识、方法过时了，有些技术落后了，有些方式变革了。

青年教师肩负教书育人的重任，如果青年教师不能经常的更新知识结构，不能对新知保持长久的好奇与敏锐，教师的工作便如同机械的运作，在机械枯燥的活动中教师会觉得生活毫无意义，会沮丧而没有活力。所以，青年教师要树立终身学习观——严谨笃学，与时俱进，活到老，学到老。

"通州区青少年体操后备人才培训基地" 揭牌仪式致辞

（2016年10月19日）

尊敬的各位领导、专家、来宾，老师们、同学们：

大家上午好！

今天，是育才分校难忘的日子，大家满怀喜悦在这里集会，举行"通州区青少年体操后备人才培训基地"揭牌仪式，这是育才分校全体师生的光荣，也是通州区所有喜爱体操项目的青少年的福分，因为我们拥有了一个属于自己的、专门为青少年体操项目提供系统、科学指导的培训基地。在此，我代表育才分校全体师生向为基地建设提供大力支持，并在百忙当中参加揭牌仪式的市体协、区教委、区体育局、新闻媒体等单位的领导、专家、来宾表示热烈的欢迎和衷心的感谢！

育才分校自2007年9月建校以来，坚持"崇德立教，博物育人"的办学理念，以"一切为了学生健康成长，一切为了祖国繁荣富强"为办学宗旨，依托课程体系构建、教师队伍建设、校园环境创设"三位一体"育人平台，打造"博物教育"办学特色。近年来，育才先进的理念、科学的管理、过硬的队伍、有效的方法、完善的课程、优异的成绩、丰富的活动、鲜明的特色、和谐的氛围、卓越的品质受到各级领导和社会各界的广泛称赞，博爱厚德、博学笃行、博艺尚美的现代少年在育才茁壮成长。

今天，我校十分荣幸地被区教委和区体育局确定为"通州区青少年体操后备人才培训基地"，这无疑为我们落实立德树人根本任务，全面实施素质教育，激发学生进取精神，磨炼学生坚强意志，增进学生健康水平提供了又一个宝贵的资源平台。在以后的工作中，我们将在各级领导、专家、来宾的关怀指导下，进一步加强与社会专业机构的交流合作，共同把培训基地建设好、管理好、服务好，努力培养一批优秀的青少年体操后备人才，为学生的全面健康成长，为通州区体育事业的蓬勃发展，为北京城市副中心建设的全面推进做出我们应有的贡献！

最后，祝愿各位领导、专家、来宾身体健康！祝愿我们的学生快乐成长！祝愿我们的基地硕果飘香！谢谢大家！

北京市育才学校通州分校
2016—2017第二学期开学典礼校长致辞

（2017年2月19日）

敬爱的老师、可爱的同学们：

大家上午好！

踏着浓浓的春意，怀着喜悦的心情，带着美好的憧憬，我们又回到了环境优美、书声荡漾、和谐共融的育才校园，开始了新学期的新征程。在此，我代表学校领导班子向全校师生致以新春的问候和美好的祝愿，祝愿老师和同学们在新的学期里：身体健康，工作顺利，学习进步，快乐成长！

有人说：教师是学生的一面镜子，是学生一生中接受的最好的礼物。新学期伊始，在北京城市副中心对通州教育提出更高要求的新形势下，希望全体教职员工，顺应形势、加强学习、勤勉工作；关心爱护并严格要求每一位学生，努力做到形象育人、教书育人、管理育人；学习先进理念、规律、方法，科学高效工作，创造骄人成绩，努力做学生爱戴、家长放心、社会满意的优秀教师。

《中国学生发展核心素养》指出，中国学生发展核心素养，以科学性、时代性和民族性为基本原则，以培养"全面发展的人"为核心，分为文化基础、自主发展、社会参与3个方面。

借此机会，对同学们提出几点要求和希望：

一、学会做人，养成良好习惯

从现在做起，以《中小学生守则》和《北京市中小学生日常行为规范》为行动指南，践行社会主义核心价值观，努力做到：对同学讲团结、讲友爱、讲包容，珍惜同学间的友谊；对老师讲尊敬、讲纪律、讲诚信，珍惜每位教师的劳动；对家长讲关心、讲孝道、讲担当，争做父母的好儿女；对班级讲责任、讲奉献、讲和谐，争做集体的好主人。

二、学会生活，常怀感恩之心

感恩父母，给了我们生命和多彩人生；感恩师长，给了我们知识和生活技能；感恩同学，给了我们友谊和成长动力；感恩自然，给了我们阳光和绚烂世界；更要感谢我们伟大的祖国，给了我们幸福的生活和优越的学习环境。在育才的每一天里，不忘感恩，快乐生活。

三、学会学习，孜孜不倦求知

制定学习目标，勤于学习、善于学习，努力成为博爱厚德、博学笃行、博艺尚美现代少年。学习上，做到"实"和"巧"。实，就是要踏踏实实地学，扎扎实实地练。巧，就是要掌握好的学习方法，求得最佳学习效果。

四、学会锻炼，健康安全成长

积极参加体育活动，做一个体质健康的人。同时，安全是一切学习生活的保障，我们要善待自己，珍爱生命，时刻注意安全，做到安全警钟长鸣，让安全陪伴同学们健康快乐成长。

老师们、同学们！春天是千帆竞发、百舸争流的好时节，让我们一起以春天的名义播下希望和成功的种子，珍惜荣誉，勤奋学习，努力工作，在新的学期再攀高峰、再创佳绩，共同谱写育才学校新的辉煌！谢谢大家！

风华十载，筑梦育才

——北京育才学校通州分校建校十周年庆典校长致辞

（2017年11月25日）

尊敬的韩美林先生、周建平女士，尊敬的张立芳书记、申键主任，各位领导、各位来宾、各位老师、可爱的同学们：

大家上午好！

岁月如歌，盛世相约，群贤毕至，少长咸集。今天，我们怀着无比激动和喜悦的心情，在这里隆重集会，以"风华十载，筑梦育才"为主题，热烈庆祝育才分校十年华诞。在此，我代表全校3800名师生，向出席今天庆典的天才造型艺术家韩美林先生，向尊敬的各位领导、来宾，向热情关心、支持学校教育事业发展的各位家长、各界朋友表示热烈的欢迎和衷心的感谢！向奋发向上的全校师生员工致以诚挚的节日祝贺！

今天，是个喜庆的日子，新朋老友相约育才，共同庆祝育才分校的十年荣光！

今天，是个分享的日子，园丁学子齐聚一堂，共同追溯育才分校的十载芬芳！

今天，更是感恩的日子，我们共同回忆各界关怀、共同回顾岁月甘甜、共同描绘未来画卷。

此时此刻，请允许我为您叙述育才十年书写的一路铿锵。

一、育才的十年，是自强不息、携手共进的十年

在发展学校事业的轨迹上，从建校之初的497名在校生到今天的3513名学生，是建校初期的7倍。教职员工队伍也从57人，增加到现在的282人，是建校初期的5倍。在"名校办分校""城乡一体化"等各项惠民政策引领下，园

丁们用超凡的智慧和无私的奉献行走在逐梦的路上。

在改善办学条件的轨迹上，三季有花、四季常青，建设有专业教室、图书馆、文体馆、科技楼、校园网、计算机房、校园电视台、体操训练基地、育才书画苑、美林教室……先进的教育教学设备设施一应俱全。

在推进素质教育的轨迹上，育才确立"内涵发展，广育群才"的办学理念，围绕立德树人这一根本任务，聚焦学生发展核心素养，不断推进七大实践：构建办学体系，描绘学校内涵发展蓝图；锻造干部队伍，奠定学校内涵发展柱石；实行人本管理，激活学校内涵发展动力；培育教师队伍，筑造学校内涵发展主体；涵养德育氛围，浸润学校内涵发展心灵；积淀教学底蕴，铸就学校内涵发展根本；形成办学特色，彰显学校内涵发展魅力。这七大实践成果得到学生、家长、同行、社会的广泛认同。

在追求办学品质的轨迹上，育才探索"一三七"学校管理模式，"一四三"德育管理模式，"一三五"教学管理模式，"三段五环"教学法。学校先后获得"全国教科研优秀实验校""全国学生综合实践活动先进单位""全国传统文化教育示范校""全国校园足球特色校""全国节约型校园建设先进单位""北京市基础教育课程建设先进单位""北京市基础教育学生综合评价工作先进单位""北京市中小学艺术教育特色校""北京市中小学科技教育特色校""通州区办学特色优秀校""通州区教育系统干训基地""通州区素质教育综合评价优秀校"等国家、市、区级诸多荣誉。一批批博爱厚德、博学笃行、博艺尚美的现代少年全面发展、茁壮成长，成为育才的自豪和骄傲。

十年，三千六百五十天，既短也长。

我们深深记得，因为有了通州区委、区政府，通州区教工委、区教委、梨园镇党委、政府责任担当和鼎力支持，才有了育才分校的光荣诞生。

我们深深记得，因为有了韩美林艺术馆、研修中心等有关部门的长期关怀和悉心指导，才有了育才分校永不枯竭的前进动力。

我们深深记得，因为有了第一任以商文庆校长为核心的学校领导团队带领教职员工奋发图强，才有了育才分校坚实的发展基础。

我们深深记得，因为有了北京育才学校、通州区兄弟学校的关心指导、倾心帮助，才有了育才分校持续健康成长的丰富营养。

我们深深记得，因为有了播撒真知、耕耘智慧的老师们，寒来暑往，栉风沐雨，舍小家、顾学校、为学生，兢兢业业奋斗在岗位上，才谱写出育才分校砥砺前行的育人旋律！

借此机会，向为育才发展、学生成长给予关心、支持、帮助的各级领导、教育同仁、各界朋友、广大家长和辛勤工作的全校教师致以深深的敬意！

十年奋斗不息，坚持走制度化与人性化相结合的人本管理之路，倡导"提升自身实力，共享教育幸福"的育才思想，在唱响"博物教育"的华彩乐章。

十年改革创新，"厚德、和谐、拼搏、创优"的校风，"严谨、钻研、爱生、奉献"的教风，"勤学、乐学、善学、争先"的学风，在育才孕育弘扬。

十年风雨兼程，学生全面健康成长、教师科学幸福工作、学校和谐内涵发展的育才在分享桃李飘香。

二、未来的育才，是谋定既行、追求卓越的育才

回忆昨天，我们倍加珍惜，因为昨日的励精图治留下我们扎实的办学足迹和身影。

相聚今日，我们倍加铭记，因为今天的凝心聚力更增添我们走向未来的智慧和勇气。

"撸起袖子加油干，一张蓝图绘到底。"站在学校建校十年的坐标上，我们信心满怀：在党的十九大精神引领下，在北京城市副中心建设的征程中，在教育改革的蓝天碧海处，"奋云霄而振翅，励德业以日新"，我们将向着下一个目标再出发。

育才还很年轻，还很稚嫩，但我们坚信：有各级领导、教育同仁、各界朋友和广大家长一如既往的关心支持，有全校师生的不懈努力，育才的发展定将迈入新时代，朝着"社会本位"和"人本位"相结合的"学校发展，师生幸福"的育才梦阔步向前！

最后，祝愿各位领导、来宾、全体师生员工，工作顺利，学习进步，身体健康，全家幸福！

谢谢大家！

书画名家进校园活动校长致辞

（2018年11月23日）

尊敬的各位领导、艺术名家，老师们、同学们：

大家上午好！

翰墨新时代，丹青润心灵。在通州区文联、各位著名书画家的鼎力支持下，书画名家进校园系列活动，今天在育才隆重召开啦！首先我代表育才学校党支部、全体师生向多年来关心支持帮助育才发展、在百忙之中莅临育才指导工作的文联领导、各位书画名家的到来表示热烈的欢迎和衷心的感谢！

习近平总书记指出："做好美育工作，要坚持立德树人，扎根时代生活，遵循美育特点，弘扬中华美育精神，让祖国青年一代健康成长。"

书画是美育教育的重要载体，是民族艺术瑰宝，内容博大精深，历史源远流长。书画名家进校园活动的开展，就是要通过育才师生近距离感受书画名家的艺术魅力，经历书画名家的文化熏陶，深化师生对书画艺术的热爱和追求，实现弘扬传统文化、传承书画艺术、建设文化育才、实现书画育人、提升办学品质的育人效果。

我校育才金帆书画苑成立于2008年，秉承学校"崇德博物，通优育人"的办学理念，以"完善个性发展，享受创作乐趣，提高审美素养"为活动宗旨，针对学生年龄特点、个性需求，开设异彩纷呈的绘画、工艺类教学课程，建立国画、艺术工坊、创意坊3个专业展厅两个综合展廊和北京市首家"美林教室"，学校多名教师、社团多名学生获国际、国家级奖项，上百名学生获市区奖项。2018年1月，育才书画苑被北京市教委评为北京市中小学金帆书画院美术分院，成为通州区美育教育的窗口单位。至今，育才金帆书画苑先后三次代表通州区在炎黄艺术馆、山水艺术馆进行布展，展现出我区中小学高水平艺术社团美育工作骄人成果。就在炎黄艺术馆刚刚结束的"崇德尚艺，绘美生活"2018北京市学生金帆书画院教育教学成果展，我校展出的作品受到上级领导的高度评价，其中四年级高嘉逸同学的美术作品《门神》入选北京市教委在清华大学举办的北京市戏曲进校园活动。

金帆书画苑的建立、师生成绩的取得，离不开通州区文联领导、各位艺术名家的亲切关怀和精心指导，近年来各位领导、名家以捐赠书籍、走新学校、慰问师生、开展笔会等多种形式对育才发展、师生成长助力，付出大量心血。

新的时代，人民对教育、对学校有了更多、更高的美好期待，为进一步提升育才的育人品质，今天我校再次盛邀各位亲临指导，希望各位领导、艺术名家通过课堂指导、现场笔会、艺术研讨等活动，用自己对书画艺术精深的理解和精彩的作品，引领、激励、指导育才师生艺术创作，为育才师生成长，做好传帮带。也希望育才师生在今天的观摩学习中，珍惜机会，虚心求教，提高审美境界，注重艺术实践，不断提升自身学养、涵养和修养，为成为新时代书画艺术的传承者、沁润者和创造者而不懈努力。

最后，祝此次活动圆满成功！祝各位领导、艺术家、老师、同学们，工作顺利！学习进步！身体健康！

初三毕业典礼校长讲话

（2019年7月4日）

可爱的初三干部教师、亲爱的初三同学们：

大家下午好！

今天，我们怀着激动的心情，在这里隆重召开育才学校2019届初三毕业典礼。未来，在座的几乎再不会像今日这般齐聚。

借此机会，我代表学校，向顺利完成初中学业的毕业班同学们表示祝贺！向辛勤付出的初三全体干部老师表示感谢！同时，向2019中考取得优异成绩的初三师生表示祝贺！

从2016年9月入学至今，大家一同在育才美丽的校园里学习生活了3年。回首过去，感慨万千：刚入学时天真幼稚的脸庞，运动会上你追我赶的英姿，教室里勤奋好学的身影……这些都历历在目。看着眼前的同学，我仿佛又听到了你们往日的欢声笑语，看到了大家酸涩的青春烦恼，更看到了你们面向未来的无限自信。

同学们，是谁成就了今天的你？是给予你生命，每天陪伴你的父母；是把你带到这个世界的神圣的医生；是给予你帮助，每天和你同欢笑的同学。更是给予你指导，引领你前行的敬爱的老师。我们的老师特别不容易，这一年里，克服自身身体，家庭的重重困难，与同学们一起战斗，披荆斩棘，才取得如此优异的成绩。这一年里，老师们，早出晚归，披星戴月，研磨考题，把握方向，认真备课，上好每一节课……这一年里，张爱红老师送走了自己的父亲；丁岩、王英、毛丽稳老师的母亲或父亲都因为恶性肿瘤住院手术治疗；张春红赶在寒假手术，丁然老师赶在中考后手术，王英、马丽娟、丁瑜老师等暑假手术；张云老师自从去年第一次口语考试，腿一直肿着，坚持上课到6月22日；周文术、王丽丽、贾春菊、张爱红、蒲淑贞老师身体不好，需要长期治疗；张磊、杨秀娟、王丽丽、朱术青、王妍、马丽娟、王园园老师孩子小，或交给老人全程照顾，或陪着家长起早贪黑；李洋、李壮、给予我们支持的初一二体育老师李俊玲、刘宝贵、张国良，陪着同学们进行初三体育锻炼；毛丽稳、蒲淑贞、宋芝娟老师的孩子也正值初中或中考关键时刻，她们也无暇顾及；王红梅、宋芝娟、李洋老师接受学校安排，跨年级兼课，任务艰巨；高宇蓓、吕涵予、李艳蕊等年轻老师经常与同学沟通，做好学科辅导……感人事迹，太多太多，说也说不全、说也说不完。所有这些艰难都没有影响到老师们对2019届初三考生的关爱和照顾。王佳菊主任、王英老师（作为领导、骨干，对初三工作精心规划，计划详细到月、段、周、天，顶层设计，目标管理，关心师生）的带领下，为了成就学生，他们用自己的行动诠释了教师的职业道德，值得我们给予初三团队的每一位干部教师最热烈的掌声，最真诚的感谢！

同学们，离别在即，我代表学校向同学们提几点希望。

一、把学习当成一种习惯

初中毕业是新征程的开始。只有具备真才实学未来才能成才，只有终身学习才能让我们卓有成就。

二、把感恩当成一种习惯

生活总是给予我们很多：父母的亲情，长辈的关怀，同学、朋友的友谊，他人的帮助，老师的培养。很多人都在默默地帮助我们。在成长的路上，要感谢所有帮助你的人，懂得感恩的人才能获得幸福。

三、把诚信当成一种习惯

真诚是人生用不尽的黄金。对人诚信，人不欺我；对事业诚信，事无不成。诚信是一种品德，当你身上散发着诚信的光辉，就像学校文化石上的校长寄语所言：诚实做人！踏实做事！你就会成为一个成功的人。讲究诚信的人才会有作为。

同学们，大家即将毕业，希望大家无论在普通高中、重点高中、职业学校还是将来的工作岗位上，都拥有三个习惯——学习的习惯、感恩的习惯、诚信的习惯。也希望大家永远珍藏母校的这段青春岁月，永远不要忘记母校对大家的殷切期望。一言一行维护学校良好形象，用行动为母校增光添彩。母校期待着，不断听到大家成功的喜讯。

祝福同学们，暑期平安愉快，未来前程似锦！

"品读教育书籍，启迪教育智慧"
教师共读书活动校长致辞

（2019年10月28日）

老师们：

下午好！

金秋十月，既是个收获的季节，也是个读书的好时候，今天，我校的书香校园系列活动之"品读教育书籍，启迪教育智慧"教师共读书活动拉开了帷幕，很高兴能和大家谈谈读书的话题。

读书是人类获取知识的重要方式，是我们中华民族精神传承的重要途径，更是我们教师提高专业素养和教育智慧的重要手段。中华民族自古以来都崇尚读书，把读书学习作为安身立命、修身立德之本。作为北京城市副中心的教育工作者，我们更应该把读书当成一种责任、一种生活习惯、一种精神追求，通过读书武装头脑、指导实践、不断完善自我，做一名"爱读书、读好书、善读书、真用书"的学习型教师，为构建书香校园、学习型校园而努力，为提升自身实力而努力！

书有万万千，那么作为教师，选择读什么、学什么至关重要。今天，我向大家推荐的是李政涛的《教育常识》一书。这本书可谓经典、可谓永恒，是教育者的工作指南针，是教育者的领航标。我在北京名校长工程班学习时，导师就推荐了这本书。导师说，读一本书，最好首先了解这本书的作者。导师曾是李政涛教授的同事、下级。李政涛教授是华东师范大学博士生导师，著作颇丰，被万千教育者推崇。《教育常识》这本书浓缩了李政涛教授的教育理念精髓，他从教育常识的根源谈起，通过对教育常识的追问，提高人们对教育的认识、尊重和敬畏。书籍内容发人深省，极具指导性、实践性。相信老师们一旦拿起这本书就不想放下，好好学、好好悟、好好用，使自己的育人能力进一步提升。

老师们，在繁杂的工作间隙，执卷在手，与大师为友，与真理为伴，用阅读滋润自己的心灵，我们的眼睛将会变得明亮而深邃，我们的内心将会变得充实而丰富，我们的行动也将变得理智而富有创造性。

读书是一个长期的需要付出辛劳的过程，不能心浮气躁、浅尝辄止，而应脚踏实地、循序渐进。正如荀子在《劝学篇》中所说："不积跬步，无以至千里；不积小流，无以成江海。"

愿我们在未来的日子里，以书为伴，以书结友、以书修身，互相学习、共同进步，在读书学习的氛围中，找寻教书育人的真谛，在尊重教育常识的实践中，为副中心教育做出我们应有的贡献！

学校科技节校长致辞

（2019年10月31日）

尊敬的各位领导、来宾，老师们、同学们、家长志愿者们：

大家上午好！

金风送爽，硕果飘香。今天是我校"科技创造未来，智慧引领成长"2019科技节召开的日子，是同学们一同领略科技魅力，一同用创新精神迎接未来的日子，我代表学校全体师生向百忙之中参加我校科技节的领导、来宾表示诚挚的欢迎和感谢！对辛勤付出的老师同学们、家长志愿者们表示衷心的感谢和敬意，对我校科技节成果展示活动的成功举办表示热烈的祝贺！

科技节的如期举办，是学校落实素质教育的重要载体，是学校"崇德博物，通优育人"办学理念的落地呈现，是学校科技教育的特色彰显，它将进一步活跃我校异彩纷呈的校园科技生活，促进学生科学素养和实践能力的不断提升。

在全国科技创新大会上，习近平总书记明确提出："科学技术是人类的伟大创造性活动。我国要建设世界科技强国，关键是要建设一支规模宏大、结构合理、素质优良的创新人才队伍，激发各类人才创新活力和潜力。"的确，科技创新使我们充满力量，整个人类的发展史，就是一部科技创新的创造史，就是一部用科学技术攻坚克难的探索史。

从远古的钻木取火，到今日新能源的开发利用；从古代的"烽火连三月，家书抵万金"，到现在的相隔千里却近在咫尺的地球村；人类所取得的每点进步，无不得益于对未知世界的探索，无不得益于对科学技术难关的攻克。可以说，是人类造就了科技，科技服务了人类。

科技创造未来，智慧引领成长。希望我校教师以"科技师资力量的系统提升，科技环境文化的精心打造，科技活动的创新开展，科技优势项目的特色育人"为科技教育工作思路，不断激发学生的科学兴趣、树立科学意识、训练科学思维，培养勇于实践、不断创新的全面优长发展的现代育才少年。

希望同学们与科学同行，在学校为你们搭建的科技教育平台中，用你们智慧的头脑，灵巧的双手，去创造，去发明，去探索，用科技的翅膀成就自己美丽的人生梦想！期待同学们充满创意、生动精彩、科学实用的科技创造新成果。同学们，加油！

最后，预祝本届科技节圆满成功，祝各位领导、来宾、家长、全校师生身体健康！祝同学们在科技节的各项挑战赛中取得优异成绩！谢谢大家！

不负春光，携手前行

——2020春季学期校长开学第一课致辞

（2020年4月13日）

尊敬的各位家长、老师们、同学们：

大家好！

今天，我们隆重召开2020年春季学期学科教学阶段启动会，意义重大，来之不易。

今天的教学阶段启动会，作为校长，来给大家上开学第一课，我想表达这样几个想法：

一、诚挚问候，衷心感谢

天有不测风云，大家知道，一段时间以来，新型冠状病毒疫情的突然暴发，挡住了同学们如期开学的路。

面对疫情，在区委教育工委、区教委的正确领导下，育才上下，统一指挥、上下联动、制定方案，主要领导天天在岗，安排部署，深入一线指导工作；老师居家办公，停课不停教，五育并举，辛勤工作；学生居家学习，自主管理，在教师、家长的指导陪伴下，制定计划，停课不停学。全体育才师生和家长，大家同舟共济，在这个全新的学习条件下，克服困难，创造性的工作，共同谱写了一曲"停课不停学"，育才齐奋进，家校共携手，春风桃李秀的抗疫期间延期开学阶段的育人凯歌。在此向辛勤付出的全体干部教师、学生、家长表示诚挚的问候和衷心的感谢！大家辛苦啦！

二、把握形势，明确任务

我们可以这样理解，2020年春季学期教育教学工作是一个整体，一个是过去我们经历的延期开学阶段，一个是今天开始的线上学科教学以及后续正式开学返校上课阶段，这两个大的阶段共同组成本学期。按照上级安排部署，今天是开启线上学科教学的第一天。

当前我们面临的形势是，疫情防控"外方输入，内防反弹"，防控形势趋于常态化，教学也由前一阶段学生自主学习、自主管理为主，转变为学校按照本学期教学计划进行线上教学为主，集中时间完成学科教学任务；对学生也实现了从倡导性管理到刚性要求的转变。

新形势下我们的主要任务是坚持"防控、健康、学习"主题，坚持五育并举，一手抓疫情防控，一手抓教育教学质量。疫情防控上，一刻也不能麻痹，数据统计、校园封闭管理、环境消毒、物资储备、防控宣传、安全教育、心理疏导、家庭对学生的监管、教师应急值守等一刻也不能懈怠。教育教学上，从现在开始，到7月12日前完成教学计划，结束学期工作，也就是，用12周左右的时间，完成本学期20周的教学任务，时间紧，任务重，也包括我们的初三中考，必须要引起足够重视，充分利用好现在的线上教学时间。

三、保证质量，抓好落实

（一）想对老师说——如何教

在线教学，隔空传授，隔空管理，全新的教与学模式。作为教师，面对新问题、新特点、新挑战，要听从主管指挥，贯彻主管意图，及时调整应对，在线教学难，但亦有优势，只要充分挖掘，革旧创新，就能扬长避短取得实效。提几点要求：关注六个方面。

1.五育并举，思考三个如何

有限的学时，无限的空间，线上教学带来新的机遇，要坚持立德树人，五育并举，促进学生全面发展。教师要思考如何跨越课本局限、学科局限，让课堂变得更开阔、更鲜活、更自主，实现从多个角度开展教学；要思考如何帮助学生拓展学科视野，激发学生的学科学习兴趣，让平时课堂上、作业中鲜见的学科魅力充分展现出来，如学科中的名人故事、学科综合性活动、抗击疫情中的学科知识应用、跨学科融合学习等；要思考如何组织多样化的活动，丰富学习内容。教学空间广阔度从根本上讲，取决于教师的用心程度。

2.保证质量，做到三个聚焦

牢固树立目标意识、质量意识、教研意识、达标意识和提高线上教学效率意识，教师要做到三个聚焦，即人、课、物。具体来说就是聚焦每一个学生，加强学生过程管理，加强随堂练习、检测，关注作业指导，讲练反馈相结合，重视线上阶段检测、模拟考试，教、学、考、评、改，一环扣一环，做好查漏补缺；聚焦课堂教学实效性，坚持"明确目标、主体参与、反馈矫正"教学三原则，线上教学讲新课，要落实好每节课的效果，才会串出精美的"珍珠项链"；聚焦教学资源的统筹优化，市区校优势互补，长短课、大小课结合，抓好、做好备课、讲课环节。通过人、课、物的关注、聚焦与落地，确保教学质量。

3.充分准备，实现三个提前

面对线上教学新模式，教师要提早动手，精心设计，实现"三个提前"。即提前熟悉新平台，熟练进行软件的使用；提前熟悉新环境，准备好固定场所、确定好讲课位置、调试好教学设备；提前备好课，合理选用市区资源，适时融入课堂。所有的准备要充分考虑线上教学的特殊性，力求简洁、直观、生动、便捷、有效的呈现。这，需要教师付出大量的心血。

4.课程实施，立足三个突出

4月13至7月12日约12周左右的教学时间，在教育教学总体要求不变，学期任务不变。针对线上教学新模式，教师在课程实施过程中要做到"三个突出"，即，要突出基础，突出主干，突出核心，对学科内容进行适当的整合、重构和重建，确保完成教学任务。

5.教学方式，做好三个注意

非常时期，非常教学，要有非常策略。面对线上教学新要求，教师在教学组织形式、教学环节设置、教学方式、学习方式等要做好三个注意。一是注意在线教学不能是传统课堂教学的简单"移植"，不要把线下教学的方式简单的直接照搬到线上，不能抱怨线上教学的困难，要充分挖掘线上教学的优势，改进原有的教学方式。二是注意以学生学为中心，探索学习任务单、导学案、翻转课堂、个性化教学、分层教学、导师制等教学方式，提倡教学方式的强针对性、内容的适度整合、过程的积极互动、管理的及时有效、自学的充分保障等，不能让学生被动应付。三是注意课前预习指导与线上学习指导相结合，选择重点内容做充分交流，提高在线课堂教学实效性。

6.表扬激励，注重三个评价

在这场线上教学过程中，组织教学最重要，也非常有难度，需要对孩子多关心，走进他们的心灵，通过"随时随机"的表扬，把学生拉到教学的屏幕前。要加强全方位评价，从学科学习、参与劳动、运动锻炼、个性发展等方面进行评价，发现每个学生的亮点，及时表扬鼓励；要加强全过程评价，把课前准备最充分的、课堂听讲最认真的、学习最主动的、互动最积极的、展示最大方的、回复最用心的、作业书写得最清楚的、改错最及时的、复习最自觉的……充分地表扬鼓励；要加强检测评价，通过课堂检测、周测、月考、期中考试等，及时发现学生学习漏洞，对检测中成绩突出的、进步的学生给予表扬。为巩固学生学习成果，隔一个阶段，还可以组织学生一起反思、讨论、评价、整改，比学赶帮。通过全面性、过程性、终结性的评价鼓励，让每个学生感受到，老师就在身边，进步就受表扬，切实有效激发兴趣，提高质量。

（二）想对学生说——如何学

学生是学习的主体。接下来，我将对全校3600多名学生提几点要求。

延迟开学的这段时间，绝不能成为同学们迷茫、懒惰的托词。希望你们通过自律、勤奋，结合老师的关心、辅导及家长的陪伴、鼓励，让书房变成课堂，打造集聚学习能量的"场"，居家锻炼的"场"，内心强大的"场"。做到"四要、四不要"。

1.四要

要规范作息，严格执行每日作息时间，让生物钟正常运转。

要勤奋自律，调整状态，精神饱满地投入到每天的学习中。后期，我们将用12周时间完成全学期新知识的学习，这是一个艰巨的任务，也是你必须面对的严峻问题。没有比原来更投入、更专注、更用心的学习，完成起来恐怕难上加难。需要每个学生调整学习状态，认真听讲，积极思考，跟上授课节奏，不懂就问，听从老师管理安排，按时高质量完成每天的学习任务。

要珍惜时间，利用学习日的早晚、节假日的全天，争分夺秒地学习。因为是新授的内容，所以大家学起来需要一个理解、吸收、运用、消化的过程，所以要有充分的时间保障。

要做好疫情防护，注意安全，加强锻炼，保证每天锻炼一小时。

2.四不要

不要晚上不睡早上不起，懒在床上等人催。

不要患上手机依赖症，抱着手机神游。

不要上网课时不发声，被动等待别人的答案。

不要作业拖沓，胡乱写，晚交、迟交或不交。

蔡元培先生说："教育者，非为既往，非为现在，而专为将来。"同学们，今天的你们究竟为什么读书？我希望你们心存梦想，坚持不懈；我希望你们成为对国家有用之才，成为社会不可或缺的力量担当；我希望你们直面现实，在这种特殊的困难环境下经受考验逆境成长。

（三）想对家长说——如何育

家庭是人生的第一所学校，家长是孩子的第一任老师，要给孩子讲好人生第一课，帮助孩子扣好人生第一粒扣子。家校协作是学生在线学习的必要保障，疫情防控和线上教学的新形势，师生、家长每天必然要面对许多新困难，为了孩子，我们要加强家校配合，实现互动、互通、互融，携起手来，形成合力，共同克服困难，越是困难越向前。我提几点要求，做好"三个配合"。

1.配合学校，沟通引导思想教育

此刻和今后一段时间，家长要把书房变课堂，把客厅变操场……要把疫情防控和孩子相处的时间，看作修炼自己耐性，培养孩子懂得热爱祖国、尊重感恩、学会自我管理和生命自护以及自觉学习的难得机遇，同时做好和教师的沟通，及时反馈学生情况，和教师一道帮助、教育好孩子。

2.配合学校，有序规划时间管理

虽然孩子跟随线上老师的直播来学习，但思想上容易放松懈怠，家长要做好监督和管理工作。对于自制力差的孩子，要提醒其上课时间，帮助孩子按时上线，督促他们及时完成课后作业。同时关注孩子疫情防护、身体锻炼、近视眼预防、安全教育、心理疏导和日常监护等。

3.配合学校，营造良好学习环境

线上学习期间，家长要给孩子提供一个安静的、相对独立的学习环境。孩子在学习时，家长最好不要看电视，少去干扰他，这样才能让他慢慢进入学习状态，认真听讲，静心学习。

四、荷花定律，指引成功

长时间的居家办公和学习，师生包括家长或多或少会出现疲劳和焦虑，而后续的教学、学习的任务更重，困难更多，这个时候如果出现缺乏毅力、经不住磨难、约束力差、不能坚持等情况，教育教学和育人的质量、效果，孩子的学习质量就会大打折扣，甚至半途而废。

这不行。那么，怎么办？我想起了一个著名的成功定律，那就是荷花定律。

一个池塘里的荷花，每天都以前一天的两倍数量绽放。到了第三十天，荷花开满整个池塘。请问：第几天荷花开满半个池塘呢？

有人说，是第十五天。不对。是第二十九天的时候荷花开满半个池塘。

换言之，第三十天非常重要，这一天的荷花绽放数量等于前二十九天的总和。

这就是著名的荷花定律。

这个成功定律蕴含着一个深刻的道理：成功需要厚积薄发，需要积累沉淀，需要坚持不懈。

透过荷花定律去联想人生，你会发现，很多人的一生就像池塘里的荷花，一开始用力地开，拼命地开……但渐渐地，人们感到枯燥、疲惫。你可能在第九天、第十九天，甚至第二十九天的时候放弃了坚持。而这个时候放弃，往往离成功只有一步之遥，造成终生遗憾。

很多时候，甚至可以说大多时候，人能获得成功的关键就在于坚定毅力，不怕困难，咬牙坚持，百折不挠，越战越勇。

老师们，同学们，各位家长，让我们胸中有目标，脚下有行动，为了孩子并和孩子一起，坚持，坚持，再坚持，直到孩子最后成功的那一天。

五、不负春光，携手前行

没有一个冬天不会过去，没有一个春天不会到来。相信，这段同甘共苦在线学习生活的经历，我们会终生难忘，疫情改变了我们学习、工作、生活的节奏，却一定会让我们变得更加有力坚强。

各位家长、老师们，同学们，校园的柳枝已然碧绿，迎春花悄然绽放，鸟儿枝头唱歌，蜂蝶起舞闻香，让我们一起静待春风起，静待繁花开，不负春光，携手前行，早日重逢在美丽温暖的幸福育才！谢谢大家！

同心同德，携手前行

（2020年4月30日）

老师们：

大家好！我来自育才分校，来这里，是我与大家的缘分，通过工作，缘分变成情分！感谢领导的信任，希望得到大家的支持！

今天，我们隆重召开2020年春季学期初三试开学教师工作会，意义重大，来之不易！

今天的试开学启动会，我想表达这样几个想法。

一、问候感谢

天有不测风云，大家知道，一段时间以来，新型冠状病毒疫情的突然暴发，挡住了同学们如期开学的路。

面对疫情，在区委教育工委、区教委的正确领导下，二中上下，统一指挥、上下联动、制定方案，安排部署，深入一线指导工作；初三老师居家办公，停课不停教，五育并举，辛勤工作；学生居家学习，自主管理，在教师、家长的指导陪伴下，制定计划，停课不停学。二中初三教师，在这个全新的学习条件下，克服困难，创造性的工作，谱写了一曲"停课不停学"，二中齐奋进，家校共携手，春风桃李秀的抗疫期间延期开学阶段的育人凯歌！在此向辛勤付出的初三教师表示诚挚的问候和衷心的感谢！大家辛苦啦！

二、疫情防控

疫情防控，经历了自主学习、线上教学和马上要进行的试开学几个阶段。试开学阶段，疫情防控，首要任务。我校坚持"123456"工作策略。

一个工作目标：防控、健康、学习。

二个工作任务：疫情防控、教育教学管理。

三个工作遵循：国家市区教委工作部署、学校工作安排和学生家长需求。

四个工作机制：一天一会商、一天十汇报、一周一总结和纪检监督。

五个工作意识：政治意识（国家、社会形势和要求）、责任意识（干部、教职工、家长）、纪律意识（防控、安全、廉洁、工作）、担当意识（防控、教育教学）、服务意识（干部、教职工）。

六个工作专组：建立领导机构，下设健康管理工作组、教学工作组、德育工作组、后勤保障工作组、安全保卫工作组、舆情应对工作组等六个工作组。

健康管理组当中，设应急演练领导小组，下设督导协办组、疫情监测组、消毒防疫组、应急救治组、对外联络组、宣传教育组、师生就餐后勤保障组。做着试开学的各项准备工作。具体任务，十条：组织领导、人员保障、学习培训、宣传教育、物资保障、卫生保障、防护保障、排查报告、协调保障、门禁管理等。

试开学标准，按照上级防疫要求，做到"外防输入、内防反弹"，做到常规有方案、突发有预案、处理有流程、应对有办法，完成区级开学达标评估验收，实现如期开学，并实现开学后教育教学活动的顺利开展。

三、战前动员

（一）辉煌二中

我校是百年老校，声名远播、底蕴深厚，拥有一流的干部、教师，精英荟萃，铸就了无数辉煌。荣誉是大家集体创造的，二中，通州标杆！

（二）使命在肩

中国进入新时代，教育必然进入新时代，百姓对教育必有新期待。二中，要成为通州标杆、师生向往的地方，大家要捍卫二中荣誉、勇夺锦标。人人奋勇，个个争先，用态度、实力、行动捍卫尊严和荣誉。当前疫情防控阶段，各方面都在为初三试开学做保障，都在为提高教学质量这一根本任务服务。大家是二中的骨干力量，使命在肩，努力让通州的教育看二中，二中的教育看我们。

（三）工作要求

一是要思想高站位。立下为通州教育而战，为二中荣誉而战的志向，为自身价值体现而战的精神，有深厚的教育情怀，开阔的眼界视野，明确的奋斗目标，强烈的使命担当。

二是要工作高标准。工作上，具有高涨的热情、高度的责任心、强大的执行力，不懈怠、不畏难，跳出舒适区，以昂扬向上的精神面貌开展教育教学工作。不达标准不甘心、不停步，必须做到极致。

三是要育人高质量。办人民满意学校，要有一流成绩。我们是一支师德高尚、业务精湛的优秀初三团队，领导干部带头，党员发挥模范做作用，教师齐心协力，为一流质量而战，成就自己的精彩人生。

老师们，马上初三就要开学了，让我们尽快熟悉环境，进入状态，胸中有目标，脚下有行动，携手前行，积极备战，为打赢疫情防控阻击战，为二中，为二中学子，为二中人的辉煌明天而奋斗！

相信，我们在一起同心同德、同舟共济、同甘共苦的学习、工作、生活的经历，会终生难忘。

谢谢大家！

通州二中116周年校庆校长致辞

（2020年10月16日）

老师们，同学们：

大家好！

秋风送爽，丹桂飘香。在这美好的深秋时节，我们隆重集会，共同庆祝通州二中116周年华诞。在此，我向全校师生员工致以最亲切的问候！向为国家、社会培育了万千学子的百年老校致以最诚挚的祝福！祝愿通州二中乘副中心之风，扬新时代之帆，更加生机勃勃，愈发大放异彩！

时光荏苒，岁月如梭。转眼间，通州二中已经走过了116个春秋。从安士学道院到富育女子学校，从北京通县第二中学到北京市通州区第二中学，薪火相传，弦歌不辍。一世纪风雨兼程，我们历经沧桑；一百载斗转星移，我们志向不改。伴随着伟大祖国前进的脚步，通州二中欣逢盛世、焕发活力，莘莘学子继往开来、奋发向前。

2020年，是全面建成小康社会和"十三五"规划的收官之年，也是"十四五"规划的筹备、开局之年。新时代对教育事业提出了新要求，百姓对二中教育充满新期待。因此，全体二中人要以打造"通州名校"为办学目标，以"立德树人，内涵发展"为办学理念，发扬"自强不息，奋勇争先"的二中精神，不断提高师生素养、提升办学品质，努力办新时代人民满意学校，凝心聚力，求实奋进，共绘美好蓝图。实现这一目标，需要我们做到以下三点：

1.明确一个核心：继承二中优良传统，挖掘二中原有特色，创建北京城市副中心背景下的二中教育现代化；

2.重视两个提升：提升干部教师队伍素养，提升教育教学质量；

3.强化三个要求：一是思想高站位。各位同仁要具有深厚的教育情怀，拥有强烈的使命担当，立下为通州教育而战，为二中荣誉而战，为二中学子奉献的志向。二是工作高标准。始终保持积极主动的工作态度、高涨饱满的工作热情、昂扬向上的工作状态，在工作方式、方法、能力、质量、效果方面上新台阶，达新高度。三是育人高质量。全体党员、干部、教师要全面贯彻党的教育方针，不忘教育初心，牢记育人使命，打造师德高尚、业务精湛的优秀教师队伍，齐心协力，为一流质量而战，成就学生和自己的精彩人生。

我们要牢记，全体二中师生是一个命运共同体、发展共同体，相互依存，荣辱与共。在这一平台上，全体二中人要人人奋勇，个个争先，用态度、标准、实力、行动，维护尊严，捍卫荣誉，奋发图强，续写二中新的辉煌。

老师们，同学们，历史的脚步凝重清晰，文明的传承绵延不息。116周年校庆是二中发展的一个里程碑，也是二中前进的一个新起点。新的时代赋予我们新的使命，这就要求全体学生学会"格物致知，循序渐进，博采众长，融会贯通"的为学之道；要求全体教师习得"有理想信念、有道德情操、有扎实学识、有仁爱之心"的为师之本。

过去的二中，承载着太多的辉煌和荣光；明天的二中，充满更多的希望与梦想。回顾116年的历史，我们心潮澎湃；展望美好的未来，我们豪情满怀。我坚信，在学校全体师生的团结拼搏下，通州二中一定会迎来更加辉煌灿烂的明天！

最后，祝通州二中桃李芬芳，华章永续，祝老师们身体健康，工作顺利，祝同学们体魄强健，学业有成。

谢谢大家！

通州二中2021年校长新年贺词

（2020年12月31日）

老师们、同学们：

大家好！

日月春晖渐，光华万物新。2021年元旦就要到了，值此辞旧迎新之际，我代表学校党总支、学校领导班子向一年来认真履职、用心工作的全体教职工和遵规守纪、勤奋学习的全体学生送上新年最美好的祝福！

即将过去的2020年，无论对国家还是我们学校，都是奋斗的一年，不平凡的一年，也是具有里程碑意义的一年。

这一年，我受通州区委教育工委、区教委委派，于4月24日，调到通州二中任党总支书记、校长。从此，我与二中，与全校师生紧紧地连在一起。

这一年，我们全体师生凝心聚力，同心同德，埋头苦干，攻难克坚。疫情期间，全体干部教师日夜奋战，疫情防控和教育教学管理工作两手抓，确立疫情防控工作策略。制定实施试开学时间表和路线图。迅速落实疫情防控方案和制度。顺利实现全体初三师生如期开学；成功达到线上线下教育教学衔接与切换；出色完成中考组考工作。严谨优良的工作作风，赢得了市委常委、市教育工委、通州区委领导的高度评价。

这一年，学校坚持以师生需求为导向，在用餐方式改革、饮水机添置、饮水系统升级、空调安装、宿舍住宿条件改善、厕所改造、车位施划、办公椅更换、防疫物资添置、设置校园标识、操场改造、古建翻修、教职工活动开展，绩效工资改革、岗位聘任及职评人性化考量等方面都达到很好效果。以人为本的思想，温暖务实的行动，使全校师生幸福感、获得感大幅提升，工作和学习热情得到激发，学校满满的正能量迅速聚集和弘扬。

这一年，我们迎来了初一和小一的800多名新生，开学典礼上的师生讲话，入学季中，学生灿烂的笑脸、课堂上求知的目光，教室里，教师耐心地讲解与指导，116年校庆中的才华展示，趣味运动会上的精彩对决……所有这些，为我们这所百年老校注入了鲜活的力量。

这一年，正值学校"十四五"开局之年，传承和发展是二中"十四五"规划的重要工作，学校规划起草小组在了解校情校史的基础上，通过干部教师访谈，干部问卷调查，专家指导培训，梳理办学理念，逐步厘清学校的办学方向。提出了"学校发展、师生幸福"共同愿景，确立了"以人为本、尊重规律、追求卓越"办学理念，明确了"学生全面健康成长、教师科学幸福工作、学校和谐内涵发展"办学宗旨，以"知感恩、懂负责、会选择、爱生活"为校训，坚持"身心健康、全面发展"的育人目标、"德才兼备威信高、管理有方效果好"的干部培养目标、"重德善教创佳绩、专业精深有成就"的教师培养目标。

这一年，我们一起憧憬，一起奋斗，一起喜悦。我为我们二中人没有虚度这一年的光阴感到欣慰，为同学们在这一年里健康成长感到高兴。正是今年风景美，千红万紫报春光。在上级领导的正确引领和关心支持下，在全体师生的共同努力下，我校2020年中考取得喜人成绩。有101个学生考入潞河以上示范高中，有70%以上学生升入北京示范高中，近年来学校首次被评为全区教学质量进步校，18名初三毕业班老师被评为全区优秀教师和优秀班主任。成绩证明：通州二中，是追求卓越、值得信赖的优秀学校；通州二中教师是重德善教、拼搏奉献的优秀教师，通州二中学生是勤奋上进、大有可为的优秀学生。成绩的取得，是全体师生团结协作、努力拼搏的结果，在此，我向大家道一声：你们辛苦了，谢谢大家！

岁月不居，时节如流。2021年的第一缕曙光即将到来，我衷心地希望全体教职工不忘初心，砥砺前行，满怀激情，追逐梦想，肩负起历史赋予我们的崇高使命，以爱校的情感，强校的责任，兴校的担当，奋发进取，让二中管理再上新水平，质量再跃新台阶，改革再出新举措，发展再添新亮点，创造2021年二中新辉煌，迎来学校和个人发展新跨越。

盘点过往，展望未来。在2021年来临之际，由衷地希望同学们尤其是初三的同学们，在这生命的春天里，百倍珍惜宝贵的初中岁月，以时不我待、只争朝夕的紧迫感，以蟾宫折桂、舍我其谁的使命感，以闻鸡起舞、报效祖国的责任感，加强道德修养，学习科学知识，用奋斗的青春，回报父母，回报老师，回报社会，在学校发展史上描绘出你们的靓丽画卷。

老师们、同学们，2021年，机遇与挑战同在，光荣与梦想同在，让我们传承创新，开拓进取，不负韶华，再创辉煌。最后，祝二中学子在新征程中，朝气蓬勃，奋发图强！祝二中教师，豪情满怀，初心永志！祝我们的百年二中与新时代同进步，共发展，再辉煌！

最后，祝大家新年快乐！谢谢大家！

通州二中庆六一校长致辞

（2021年6月1日）

尊敬的各位领导，家长朋友们，各位辅导员老师，亲爱的同学们：

大家上午好！

日出东方，其道大光。首先，代表学校对各位领导、家长参加通州二中庆六一活动和一年级学生入队仪式表示诚挚的欢迎！向为筹办此次活动辛勤付出的所有领导、教师、家长、学生表示衷心的感谢！

同时，在六一儿童节来临之际，通州二中一年级262名同学即将加入中国少年先锋队，成为一名光荣的少先队员。代表学校对今天入队的活泼可爱的同学们表示热烈祝贺。

红领巾是国旗的一角，是少年儿童先锋队的标志，象征无数革命先烈的鲜血和党的关爱。同学们，戴上红领巾，代表着一种光荣、一种使命、一种责任。

百年富育，薪火相传。希望同学们，珍惜荣誉，在历史悠久、底蕴深厚、温暖幸福、优质发展的通州二中，用自己的行动，为红领巾增光添彩，做遵守纪律、勤奋学习、强健体魄、全面发展的好少年。

为了孩子美好的明天，让我们学校、家庭、社会一道，共同努力。

最后，祝各位领导、家长、老师、同学们，身体健康、幸福愉快！祝同学们六一儿童节快乐！祝通州二中入队仪式和庆祝活动圆满成功！

初三家长会讲话

（2021年9月）

尊敬的各位家长：

大家好！

过去的一个学年，在区委教育工委、区教委的正确领导下，在家长的大力支持下，二中上下，统一指挥、上下联动、齐抓共管，疫情防控和教育教学两手抓，学校方方面面取得了很多成绩：中考成绩优异，区前20名3人，区前100名15人，区小学抽测成绩优异……荣获区学校卫生工作优秀集体、区平安建设考核优秀单位、区党建优秀品牌等荣誉。教师还获得很多个人荣誉。是全体家长、教职工这个命运共同体，勇挑重担、同舟共济、乐于奉献的结果。

通州二中奉行"以人为本、追求卓越"办学理念，确立"学生全面健康成长、教师科学幸福工作、学校和谐内涵发展"办学宗旨，坚持"身心健康、全面发展"育人目标，因为我们深知，全校近2500个学生的背后是2500个家庭，承载着2500个甚至更多家庭的美好希望。通州二中能获得如此多的成就离不开每一位家长的支持、配合及帮助，感谢！

一、形势挑战

区位环境的形势挑战。十四五开局之年，城市副中心建设如火如荼，优质校领跑副中心教育，京津冀一体化教育有力推进，通州正向着打造教育强区发展目标迈进，区内各校形成你追我赶的局面，提高教育教学质量是重头戏、核心词、着力点。

理念改革的形势挑战。自3月份以来，落实教育部、市、区关于"双减"和"五项管理"（作业、睡眠、手机、读物、体质）的工作要求，做到课堂教学提质、作业减轻负担、课后服务丰富，根本目的：学生全面发展、健康快乐成长。上一个学期，学校探索得不错，开展得不错，代表北京市承担了通州区迎接教育部"双减"检查任务，学校工作严谨规范，亮点突出，受到好评。8月14日，中共北京市委办公厅、北京市人民政府印发《北京市关于进一步减轻义务教育阶段学生作业负担和校外培训负担的措施》的通知，要求更加严格、具体，9月开学3项任务将彻底的落实——基本要求：规范教育教学秩序，提高课堂教学质量，减轻课业负担，丰富课后服务，落实立德树人根本任务，营造良好育人环境，构建和谐活力教育新生态。

二、奋斗目标

新时代副中心名校：理念先进、管理科学、队伍过硬、方法有效、课程丰富、质量优良、特色鲜明、氛围和谐、环境优美、品质卓越。二中责任，二中使命，二中方向。百年二中，成就辉煌！时代召唤，责任在肩！命运相连，拼搏向前！

三、要求希望

（一）做好陪伴

陪伴是最好的教育，也是帮助孩子成长最好的礼物。优秀的孩子都是"陪"出来的，幸福的孩子都是"伴"出来的。父母的陪伴是孩子生命中必不可少的精神养分。"双减"之后，由孩子自由支配的时间增多了，家长陪伴孩子的方式同过去也不一样了。家长可以陪孩子运动，陪孩子逛书店，陪孩子参观博物馆，陪孩子走进大自然……陪伴，释放孩子天性，愉悦孩子身心。

（二）加强指导

最好的教育是示范，家长作为孩子的第一位老师，要在孩子的习惯养成、品德形成、情绪控制、心态调适、精神塑造、毅力锻造等方面，给予孩子及时的指导，为孩子树立好榜样。

（三）严格督促

"双减"后，减少书面家庭作业，但并不等于没有家庭作业。老师们通常会布置一些口头作业，比如读课文、背古诗，还有一些实践作业，比如做家务、做公益、做社会调查等。这些作业富有弹性，难以量化，也很难逐一检查，靠的是学生的自律和自觉，这就需要家长的督促。在督促中，让孩子体验非书面作业的乐趣，完成相应的"弹性"作业；在督促中，让孩子由不自觉到自觉，由不自主到自主，逐步形成自主学习的习惯。

（四）充分关注

家长不仅要关注孩子的作业完成情况、各科分数、班级排名，更要关注孩子的身体健康、心理状态、行为习惯。

孩子的成人比成才重要，孩子的成长比成功重要，孩子的快乐健康比分数排名重要。

（五）配合教师

落实"双减"，推行课后服务，教师比过去承担了更多责任。而家长呢？家庭培训支出减少了、亲子关系和谐了、家庭幸福感增强了、家长接送孩子的时间合适了。

家长在享受"双减"红利的同时，应该读懂学校、老师的不容易，理解老师的艰辛，对老师的工作给予更多的理解与支持。

家长对老师的理解与善待，既反映出自身的素质修养，又体现出尊师重教的良好风尚，更是为了孩子的茁壮成长。

（六）提升自己

目前，不少家长面对突如其来的"双减"变革，不知所措，备感迷茫。这些家长应该加强学习，提升自己。可参加家长培训班，听家庭教育讲座，关注家庭教育类公众号，买家庭教育类图书，或者向身边有家庭教育经验的朋友请教。家长自身水平提高了，才能树立科学的教育观，从根本上解决孩子的家教问题，更好地配合学校教育。

初三的各位家长，我们面对的是学生的教育，共同迎接的是学生的中考。在"双减"这一大背景下，让我们携起手来，相互支持，相互理解，相互配合，与初三主管干部、班主任、教师加强沟通，形成合力，协同育人，为了孩子健康成长，为了孩子美好未来而共同努力！

辑三 ◆ 实践札记

家长要求换教师之后

（2009年2月16日）

记得在期中考试后，传达室的值班同志打来电话，说校门口有几位学生家长要求见校长。我把家长请到了会议室，经过询问，得知这些同一个班级的学生家长，看到孩子们在期中考试后数学成绩不理想，而且孩子们反映数学课听不懂老师讲课，强烈要求换数学教师，担心其经验不足，会影响孩子今后的教育。

面对这些言辞激烈的家长，我感到他们对教师的期望值很高，对学校管理的干预意识也很强烈。他们认为，自己的孩子应该由最好的教师来教，年轻教师缺少经验，孩子是要吃亏的，而且听孩子们说听不懂，说明这位教师教学水平肯定不高，会误人子弟的……是按家长的意愿改变计划，还是对家长的要求置之不理？如果满足家长的意愿，势必造成学校教师分工的再次大调整，引起教师之间的猜忌，更会对当事教师造成很大的精神压力，对学校今后的发展带来不利影响；如果拒绝家长的要求，必须要有充足的理由让家长心服口服。

面对这一问题，我对这个班级教师的配备情况进行了反思：这位数学教师虽然年轻，但自身素质很好，虽说是第一年参加工作，但却是我校为数不多的原始学历为数学本科的数学教师，完全能胜任该年级段的教学。由于她是第一年参加工作，教学经验不足，尤其对学生实际水平了解不准确，导致学生成绩不理想。而家长对此并不了解，只是从年龄这个方面推断教师的教学水平，这显然是不全面的。

因此，在听完家长的意见后，我耐心地向他们介绍了该教师的情况，特别是该教师虚心好学，不耻下问，相信他一定会有所变化的。同时，我希望家长不要对年轻教师一味排斥，每个人都有自己的优势，年轻教师的成长是学校师资队伍建设的重点工作，学校在安排教师工作时是经过深思熟虑的，不可能对学生不负责任，我们追求的是在教育教学过程中实现师生共同发展，请家长相信教师的智慧，让时间来证明一切，一个月后如还有意见，可与我们再交流。来访的家长听了我的答复，觉得还是有道理的，最终将信将疑地走了。

送走了家长，我和领导班子对这件事情进行了认真分析，教师的素质已成为家长选择学校、评价学校的重要因素，因此整体提高教师素质是一个学校保持可持续发展的动力之一。同时，我们也应该反思，学校要积极宣传教师的优势，让家长全面客观地了解自己孩子老师的水平。当然，学校更需要的是建立教师队伍考核评价机制，积极引导教师不断提升自我，以适应家长的期望。

于是，我找来了那位年轻教师。她听说了这件事后很是不安，感到很委屈，认为这个班的家长太难缠，今后恐怕很难相处。我帮她分析了家长的心态，要她体谅他们望子成龙的心情，同时也鼓励她正确认识这件事："事物都是有两面性的，如果你就此放弃，不明不白地退出，那今后你如何带班、如何发展呢？况且，家长也是道听途说，还没有真正了解你，你为什么不能以此为机遇证明自己的实力，给家长和学生一个满意的答案呢？我对你很有信心，你现在要做的就是如何在一个月的时间里，将自己所有的潜能充分释放，充分展示自己的才华！"另外，学校专门给她指定一位优秀的老数学教师做她的师傅，听她的课并给予及时提出意见，调整她的教学思路，改进教学方法。

两周后，我召开了这个班级部分学生座谈会，听取学生对这位教师的反映，学生们一致认为新老师教学认真、非常具有亲和力，很受大家欢迎。这时，我悬着的心放下了一半，到底没有看错人。一个月的时间到了，我准备等待家长的回访，却一直没有见他们的影子。这个班的家长再也没有提出更换教师的要求，可见，家长对立的情绪没有了，但可能还是在观望。没关系，时间是最好的裁判，从这位教师轻松的笑脸中，我相信自己的判断。

这个学期结束时，校长室竟然收到了该班家长的感谢信，信中感谢这位教师对孩子的关爱，惊讶她在孩子心目中的分量，表达了对这位教师深深的谢意和歉意。在我与这位教师交换意见时，她说："感谢校长在关键时刻给了我莫大的信任。这段时间，我真正感受到教师这一职业的崇高和伟大，没想到自己竟然如此有创造性，每天和学生们有说不完的话，对于他们的每一点进步我都非常高兴，虽然比以前累了很多，但觉得信任与尊重比什么都值得珍惜。"

分析当前，教师这个群体比以往更需要帮助和关心。教师的成长不应只是教师个人的责任，而应成为校长关注的重点。校长应该走进教师的心灵，了解教师的需要和个性，创造适合教师发展的舞台，鼓励教师去追求卓越，促其不断成长。

以上案例说明，在家长对教师提出不信任时，校长一定要冷静对待，客观分析教师的基本素质以及家长提出的理由是否充分，在没有依据说明教师有不认真履行职责或学校安排不妥的前提下，校长应该给予教师充分的信任，支持教师，鼓励教师以自己出色的教育教学实绩赢得家长的信任，树立自己的良好形象。反之，如果家长反映情况属实或学校安排欠妥，则应该本着实事求是的态度正确对待，做好教师的教育工作，并采取有效措施，及时调整，尽快挽回损失，以保证学校办学质量和社会声誉能够进一步提高。

实行牵头人负责制，提高管理效能

（2019年10月16日）

【案例描述】

"校长，六一儿童节快到了，您看咱的活动怎么开展好？""校长，有位老师生病请长假，您看工作怎么安排？""校长，国家级督导检查验收任务给咱了，头绪太多，怎么准备呀？""校长，学校甬路坑坑洼洼，您看什么时候修一下？"……

学校干部事无巨细地向我汇报请示工作，等我拍板，甚至本该由分管干部自主解决或者应该由专人负责的问题也直接端给了我。我感到中小一体体制、20余名干部、近300名教师、3800多名中小学生的单位，长此下去，会导致干部不肯思考，不敢负责，不愿担当。这种一味依赖校长的思想或状态，既不利于学校各项工作的推进，也不利于干部的培养、锻炼和成长，必须尽快予以纠正。

对一所学校来说，发现问题、处理问题首先要按照制度、岗位、分工来执行，遇到未涵盖到的内容、新出现的问题，需要发挥集体的智慧，不能一有事就直接找校长，且马上要一个决定或拍板。学校中大大小小的事，都由校长去决定，都是校长一人说了算，不走民主和集中的过程，决策必然会出现偏差。同时，对有人分管的事，若校长出面表态处理，不仅不能调动起班子成员的工作积极性，发挥其个人应有的才干和主动性，反倒养成一些干部的依赖性，还有可能造成班子成员之间的不团结，甚至削弱班子的战斗力。

所以，经过长期思考实践总结，我校把牵头人负责制作为一种学校管理的重要方式。简单说，就是根据工作项目、活动、事件等实际需要，安排相关干部负责牵头组织实施并落实，谁牵头谁负责，人人有机会，个个展才华。

为确保这种工作方式顺利有效地推行下去，在牵头人负责制实行的开始阶段，我们哪些工作采用牵头人负责制，这项工作如何开展，在开展中可能会遇到哪些问题，如何统筹安排，如何制定方案，如何部署、分工、限时、检查、落实、反馈、总结等和干部一起分析、研讨、磨合。在教学管理、教师培训、课程建设、办学特色、组织活动、迎接视导等实践工作中，牵头干部得到了锻炼，许多干部做到了独当一面，出色完成工作。

牵头人负责制在学校管理工作中采用有良效，在班级管理中同样有效，它可以树立学生主人翁意识，调动每一位学生参与班级建设的积极性，形成人人有事干，事事有人管的好局面；学科教师发挥学生思维主体作用，有效促进课堂教学效率的提高等。这些做法都是牵头人负责制这一管理方式、工作方法的有益延伸。

一段时间以后，学校的管理理念、管理方式深入人心，各项管理步入正轨迹，进入快车道，干部教师团结和谐，工作积极性高涨。近年来，学校干部教师良好的精神面貌、优异的教学成绩、鲜明的办学特色得到各级领导和当地百姓的广泛称赞。

【案例分析】

一、牵头人负责制的理论基础

根据勒温的"群体动力理论"，一个人的行为是个体内在需要和环境外力相互作用的结果。他论述了群体中的各种力量对个体的作用和影响，致力于通过群体中的行为促进群体的功能，促进群体对个体的作用。主动型的人积极参与群体活动，参与群体规范的制定，主动自觉地遵守群体的各项规范和要求；而被动型的人则服从于权威，听从别人的安排，遵守群体的规范和要求。

二、牵头人负责制的管理性质

牵头人负责制是一种跨部门的管理方式，其取向主要是工作性质、项目研究、临时性工作。

三、牵头人负责制的工作原则

互为领头雁原则。每一群大雁中，都有一只领头的雁。它是群雁中的最强、最富有担当的那一只。它必须要冲在最前线，顶着气流，乘风穿行，使整个雁群的飞行效率提升70%。

执行力第一原则。工作效率提升，首先决定于执行力。

第一负责人原则。牵头人不管是校长、副校长、主任，还是普通老师，直接对校长负责，打破层级观点，省去中间汇报环节。

四、牵头人负责制的运行机制

制度是底线，人人不可触碰，运行机制是灵活多变的，七分原则，三分灵活，管理的第一要义。

管事理人运行机制。校长管事的布置，事态发展的方向，梳理能够胜任这项工作的能人，才尽其用。

管人理事运行机制。校长培养年轻人，布置他才能发挥的事情，用其专长，带领大家按既定的目标前进。

管理并行运行机制。校长既要管又要理，重在教师人心的凝聚，少负能量，提升管理效能。

五、牵头人负责制的实施感受

1.牵头人负责制的实施，依事设人

根据各个岗位的工作性质和工作中遇到的具体问题，如常规工作、重要事件、大型活动、突发情况等，安排干部牵头负责，明确其职责、权限，以任务定岗位，以岗位定人员，责任落实到人，分工合作，各尽其职，达到事事有人总负责、纲举目张、系统落实的良好局面。

2.牵头人负责制的实施，量才授职

根据干部能力、专长和岗位、项目、事件的匹配度，不受职务高低、大小局限，安排干部牵头负责，统一指挥，扬其所长，人尽其才，充分发挥干部潜能，使每位干部都能找准位置、找到感觉、发挥作用，从而推动学校各项工作顺利开展。

近年来，本校干部在实践锻炼中成长迅速。我们先后向外输送了多名干部，他们正在不同的单位、不同的岗位上发挥着光和热。

管理智慧分享

（2019年12月2日）

今天是育英学校跟岗学习的第一天。上午9点，我们跟岗的3位学员校长和于会祥校长在育英学校校长室如约相见。简短寒暄之后，跟岗学习在轻松愉快的气氛中开始，广泛而有深度的交流令人陶醉，收获满满。

一、厚重儒雅的校长

看一所学校，先要看他的校长。校长是学校的灵魂。与于校长早年就在京苏粤研修班学习，虽不熟悉，但却认识。今天近距离跟岗研修，面对面和于校长问询学校办学思想、育人理念、管理制度、队伍建设、课程建设、教学管理、校园环境等话题，更进一步地感受到于校长热爱教育的情怀、厚重儒雅的气质、学识渊博的功底、深邃敏锐的思维、心系师生的境界、使命担当的自觉、无私奉献的精神，凡此这些，无不令人钦佩。

二、干部"每月建议"机制

干部"每月建议"机制强调干部主人翁意识和全校一盘棋观念，体现走动管理，强化常态化民主监督，有效促进学校治理体系和治理能力的提高。具体做法是，每月4日，年级主任、学部主任、学科主任、行政干部、校务委员把自己发现的学校各方面存在的问题提报校长，提建议要求不仅摆出问题，还要拿解决思路和措施，实际上就是整改方案。校长审阅后按问题内容，批示相应部门及负责人视具体情况进行解决。所提问题及校长批示，全校公开。校长批示视具体情况，要求不尽相同，有的要求限期完成、有的要求研究可行性方案、有的要求分步实施。

为推进落实，学校3位副校级干部组成督导小组督办落实，使此项工作实现了闭环管理，对学校各项工作的提升起到强大的促进作用。

三、实行"双周校长接待日"机制

每两周一次，办公室排出接待表，一般在周五下午两点进行。接待当天，一名校领导担任接待嘉宾，每次有3~5名教职工参加，相关干部届时参加。参加接待日活动的教职工采用自愿报名和学校邀请相结合的方式产生。"双周校长接待日"机制的设立，为学校干部教师搭建了沟通交流的平台，是民主管理、人本管理的具体鲜活、接地气、长人气的生动举措。

学校通过微信群、OA、短信、电话、邮箱等载体，畅通干群沟通渠道；同时也提倡教职工有困难、有意见建议，和学校干部随时沟通联系。

四、实行"双周学生接待日"机制

每逢双周三，学校相关干部在固定场合所接待学生，学校干部针对学生提出的问题，有的当场答复，有的会后交由相关部门进行研究，在升旗仪式、校会、班会或与学生另行确定时间面对面回复。这种做法，润物无声，把精细化管理、未诉先办贯彻到底，深受学生欢迎，学校育人品质的提升成为必然。

教研举措分享、参观育英校园

（2019年12月3日）

一、探索大单元教学

利用假期时间，组织教师进行封闭式大单元教学研究，集体备课，提高备课的系统性、专题性，使教师在相互碰撞、学习中理念得到升华，对知识与技能、过程与方法、情感态度价值观的理解和把握更加透彻，教师专业能力素养迅速提升。

二、设置集中备课时间

学校工作千头万绪，教师工作繁杂细碎，加之各种活动的冲击，备课时间很不充分，这对课堂教学效率的提高产生直接而又重要的影响。经过学校校务会，多次协调，每周五下午的特定时间，为各学科分头集中备课时间，无特殊情况不得占用。备课时间的保证，提高了备课的系统性和充分性，为教学质量的提高打下坚实基础。

三、人文校园

参观校园，供师生休息、学习、娱乐的桌椅、长凳、棋盘、健身设施和嬉戏岛，供学生毕业照相的毕业门、供学生成人礼使用的成人门，美术、体育、劳动、电视台、阅读、食堂志愿者等丰富多彩的学生社团活动，学生体育班长大幅照片在运动场悬挂，优秀学生作文在橱窗展示，挂在学校行政楼大厅的懂得尊重、自尊的学生感言，静静躺在校园草地上原本要被扔掉而被于校长特意留下的一段枯木等等这些，无不体现于校长深深地教育情怀和办学智慧，无不闪耀着育英学校浓厚的人文性、教育性、引领性的校园文化的光芒。

开放性教学、教研常规、自主研修

（2019年12月6日）

一、开放性教学

育英学校开放性教学，不是校长强制而为之，而是校长以全国数学特级教师的学术影响力，以冷静的思考、深邃的目光、扎实的功底，经过深思熟虑，讲授给全体教师的一种教学导向，他不讲怎么做，而是讲这么做的意义，为教师打开思维的那扇关闭的窗，启发教师转变观念，探索前行。教师们在不断学习摸索中，总结出教与学师生态度的开放，学生不问我不讲；教育环境的开放，由教室到校园，到社区，到市内外；教育时间的开放，把课堂时间更多的交给孩子，把孩子放在课堂的正中央，等等，教育价值、学生获得感明显提升。

二、教研活动规定

学科主任对本学科的教研工作提出明确要求，每学年、每学期开学前把本学科教研计划提前下发给教研组；教研组长每学期开学前按照本学科、年级的计划要求，在广泛征求本教研组老师意见的基础上，系统制定本教研组本学期的教研计划，并报年级主任、学科主任；学科主任每学期至少参加教研组活动2次；学科组每月1次的学科研讨活动，每次不少于1.5小时。教研管理有序，体现系统设计，管理线路清晰，职责明确，各司其职，时间保证，教研效果突出。

三、自主研修

实行课堂开放制度，每位教师的课堂随时开放；每位教师一学期至少学习一本教育教学著作；教师不定期召开学生座谈会，了解学生意见建议，及时改进教学。自主研修关注教师本人需求和实际获得，体现了教师研修的主体性、自主性、自觉性、主动性和创新性，是教师研修的高境界，在学校教师研修工作开展上要予以重点关注。

学校治理探讨

（2020年4月2日）

一、开阔视野，提高认识

随着疫情防控形势、阶段的不断变化，在办学上努力朝着疫情防控、教育教学和管理、学校发展"三位一体"的方位来思考和践行。

二、指明方向，厘清概念

学校办学正在从行政时代向治理时代转型。行政管理以层级为构架，形成上下级关系和自上而下的指令执行，强调组织、控制、协调和监督，以行政目的为导向。而治理以问题解决为核心，多元主体结成合作伙伴关系，突出整治、调理和改进，强调以公共需要为导向，基本理念是大家的事情大家办。

三、丰富理论，提升素养

了解巴纳德组织系统理论和登哈特合作治理理论的概念，引发对这两个理论的学习和认识。

四、熟悉方式，促进办学

明确协同治理、合同治理、法治治理、人本治理、科学治理、智能治理等六维治理，为办学实践提供思路和遵循。

五、翔实案例，指导实践

育英学校家长课堂、家长学校、家校协同育人委员会、校园打印系统、校园直饮水系统、学生校服和家委会商定、餐厅里的家长监督、学生营养餐学生会主席签字、学校法人治理建设、学习动机、学习行为、需求导向的学校决策（例行需求会、需求单）、今天我们好有尊严（小题大做、无中生有）、民心工程、公开课自愿报名、那片纸去哪儿了、扁平化让供需有效连接（学部主任制）、矩阵式管理（服务中心制）、学校App、微信群管理等案例，具体翔实，丰富了办学实践的方法和路径。

基础教育中的教学创新

——从线上教学到混合教学

（2020年4月26日）

新冠疫情防控状态下，在线教学是无奈之举、被动而为，教师线上教学在探索中前行。不单是教育，我们发现疫情的出现使得很多领域的工作都创造性的悄然发生由线下转到线上的变化。比如，疫情地图，让人第一时间就能迅速了解周边地区疫情情况，以及时做出应对；三色健康码认证，为精准决策、精准隔离、精准防控提供科学有力依据；北京健康宝上线，通过微信查询自身健康状态，扫码代替手写登记；北京部分区县学生入学材料审核由线下改为线上，通过手机扫描二维码，上传相关证明、证件材料等。不难想象，疫情的发生会大幅度推动我们学习、工作、生活方式的云端化进程。

从线下到线上，到线上线下相结合的混合教学，教师教学的平台更广阔，学生学习的舞台更多元，小组合作线上线下皆能，个性化教学线上优势明显；线上教学教师要更加关注学生需求，否则教学就会失去吸引力；教学更加需要学生高度自律，否则学习效果就会差强人意。无论是小组合作，个性化教学，还是对学生自律的高要求，都指向一个中心，那就是，聚焦学生主动成长。这就要求我们的课堂，不管是线上、线下还是混合，都应该是以学生实际获得为中心的温暖、人性、主动、开放、高效的生长课堂。

基础教育中的教育创新，体现出混合导向、问题导向、创新导向和未来导向，混合成为未来教学新常态。既然是新常态，作为管理者，要予以高度重视，要关注实施路径、方式和方法的研究，探索提高教学效率举措；不能把线下教学简单照搬，要思考混合教学后班级组织、教学行为、反馈矫正的新内涵、新样态和新途径；教育不能再沉溺于过去，线上线下和混合教学的出现，带来理念的颠覆、技术的创新和方法巨变，思想、行动要及时跟进；

未来的教育，线上线下将密不可分，相互依存，相互促进，走向融通、融合；对在线教学教育价值要进行深入思考，比如，什么样的课是一节好课、什么是好的教学、什么是理想的在线教学和混合教学、师生是否减负增效等。

教育探索的路无极限，教育人任重道远。

基础教育改革实践中的理论创新

（2020年8月5日）

中华人民共和国成立以来，尤其是改革开放以来，中国基础教育改革实践取得了令人瞩目的成绩，积累了丰富而独特的中国做法、中国经验，收获了丰硕的本土化理论和实践成果。在新世纪新时代，如何植根于改革实践创生出新概念、新问题、新观点、新范式、新体系、新理论？如何在实践创新中走向理论创新，在实践突破中迈向理论突破，彰显中国教育智慧、中国教育话语，最终实现基础教育理论创新和实践创新的良性互动和交互生成，促进中国乃至世界教育理论与实践创新的同频、交互发展？这是扛在基础教育研究者和实践者肩上的重担和责任，也是举办这次论坛的初衷和目标。本人有幸参加此次线上论坛，收看众多教育研究大家和教育名家的演讲，受益匪浅。

一、论坛召开，意义深远

基础教育发展到今天，需要在机制建设、队伍建设、经费投入、评价方式等方面做出调整，从而推动基础教育从外延式发展向内涵式发展（粗放向精细、规模向质量、同质向特色、模仿向创新）转变，努力让优质教育资源惠及更多的孩子和家庭。在这一新时代背景下，华东师大、北京大学、广西师大等单位联合举办此次盛会，恰逢其时，启发思考，指导实践，意义深远。

二、三大教育理论创新典范

小学教师李吉林，是著名儿童教育家、情境课程创建者。他认为，情境教育应以美为突破口，以情为纽带，以师为核心，以儿童活动为途径，以周围世界为源泉。崇高的教育理想、对教师职业的高度认同、决心找出一条中国教育自己路子的高远思想，是李吉林老师理论与实践创新的动力源泉所在。

中学教师于漪，是著名语文特级教师、人民教育家。于漪老师说："三尺讲台，就是我生命的舞台，我是用生命在歌唱。"她五倍、十倍的力气学习，花三年时间把大学中文系课程学完，天天明灯陪她过暗夜，晚上九点以前工作，九点以后自修。她认为语文教育就是"教文育人"，其教学风格具有思想性、重学性、情趣性、智能性、文学性和学生主体性的特点。她从京剧艺术的"唱、念、做、打"四功中领悟到课堂教学同样需要坚实的基本功，从"手、眼、身、法、步"五法中领悟到教学手段同样要丰富多彩，自成章法。顽强拼搏、千锤百炼，这就是于漪老师理论创新的生命歌唱。

大学教师叶澜，首创了新基础教育理论。她带领团队深深植根于实践的沃土，打破单一教育狭窄眼界，从社会发展的整体观察把握教育，提出教育发展中的战略、策略和改革的方略等，并取得显著成效，是我国基础教育实践中团队理论创新的一面鲜艳的旗帜。

不同学段三位理论创新典范的卓越实践，为我们提供了教科书式的教育理论智慧，是我们教育从业者的宝贵财富和行动指南。

三、以人为本是基础教育的主题

学校是培养人的地方，是人影响人的地方，学校关注人的成长和发展，这也是教育的最终目的。从卢梭的儿童教育观，到皮亚杰的认知发展理论，从20世纪末的"一切为了学生、为了学生的一切和为了一切学生"，到新近的选科走班（走班教学）模式让每个孩子都有一张属于自己的课程表。所有这些，都说明基础教育一以贯之的一个主题就是"以人为本"，即充分尊重一个人的价值、尊严，这样人的潜能才能得到最大程度的激发，这是实现教育目的的有效途径。

学校文化建设的几个概念思考

（2020年9月27日）

近年来，随着教育综合改革、办学特色、一校一品建设的不断推进，学校层面生发出许多教育概念，比如，幸福教育、生命教育、尊重教育、生本教育，等等。如何看待、认识教育概念，明晰教育概念有什么意义，杨雪梅教授的精彩讲座，给了我们高位的引领和清晰的答案，避免歧义、导正行为，对校长学校文化建设的开展起到重要指导作用。

一、学校文化建设关键的几个概念得以厘清

（一）学校文化vs校园文化

学校文化：学校以育人活动为载体所表达出的价值观念、行为方式、思维方式、制度规范构成的综合体。按照层次论，学校文化表现为物质文化、精神文化、制度文化和行为文化。按照形态论，学校文化表现为环境文化、典章文化、领导文化、精神文化和礼仪文化。按照对象论，以人为对象，学校文化表现为教师文化、学生文化、干部文化；以工作为对象，学校文化表现为教学文化、课程文化、德育文化、管理文化、环境文化。按照表现论，学校文化分为外显文化（物质、制度、行为）和内隐文化（观念、心理）。按照学校内部空间论，学校文化表现为校园文化、教研室文化、班级文化、社团文化。学校文化一般按照精神文化、制度文化、行为文化和物质文化来做主流划分。学校文化包含校园文化。

校园文化：学校精神文化的物化形态，侧重表现在看得见摸得着或是能够直观感受到的物化了的一些方面，如学校校徽、颜色、建筑物、主题音乐、办公系统等。它是表征空间、场所的概念，是由一定的空间及物质组成的。比如土地、校舍、教育设备、自然物质、功能场所等。

（二）办学理念vs办学思想

办学理念：在教育理念的基础上形成的对学校教育及学生发展的理想性思考和价值追求的综合体。广义的办学理念是理念体系，狭义的办学理念是凝练核心价值追求。

办学思想：办学理念+办学策略。

杨教授用对比的方法，阐述了学校文化建设核心概念的定义、要素、内涵和外延。概念的厘清，是校长办学实践能力的必备工作和重要能力。

二、学校文化建设的基本路径得以明确

接手新学校，学校文化建设相关工作正在挖掘梳理开展当中，通过杨教授的讲座和学员分享，学校文化建设基本路径逐渐清晰，它是有阶段性的，可分为理念总结梳理提炼、教师认同理解、理念制度衔接、理念固化形成习惯等四个阶段。这四个阶段是学校办学中文化建设策略制定的指南，为学校文化建设提供了方法论和路线图。

三、学校文化建设的认识得以加深

文化是一个国家、民族的历史地理、风土人情、传统习俗、生活方式、文学艺术、行为规范、思维方式、价值观念等的总称，是个人或组织的价值观、思维方式、行为方式、制度规范的统一体。学校文化是师生传承、创造和积累的结果，是通过学校日常教育教学活动形成的全体成员共同遵守的教育理念、教育信念、价值观念、行为准则、做事方式，是以育人活动为载体所表达出的价值观念、行为方式、思维方式和制度规范的综合体。它渗透在学校工作的各个环节。主要思路是，通过合理规划校园，净化、绿化、美化、亮化校园环境，充分发挥环境育人功能，打造和谐、优美、励志、向上的校园物质文化；以先进的办学理念为引领，以开展丰富多彩的师生校园文化活动为载体，注重学生的养成教育，形成积极、健康、和谐的精神文化；以科学的管理、完善的规章制度为保障，构建科学、严谨、规范、和谐的学校制度文化和行为文化。学校文化建设是一个累积、传承、改进、完善、重构的

过程，是学校全员参与经历自上而下、自下而上的过程，是策略、途径、措施的集合体，是一个长期的系统工程。

杨教授《学校文化建设几个概念的思考》的讲座，使我受益颇深，实用、解渴，对校长学校文化建设的开展具有极强指导性。

立德树人——实现教育过程的整体优化

（2020年11月6日）

　　"立德树人——实现教育过程的整体优化"年会的精彩内容，为我们全面展现了陶西平先生对教育的深刻理解和教育实践的卓越探索，为我们进一步深入学习陶西平先生的教育思想提供了一个新的视角。年会围绕立德树人和整体优化，为我们做了全面阐释，有理论、有政策、有实践，有历史的展望，对我们参会者的教育实践很有启发。

一、创新能力至关重要

　　对国家重要，创新能力从根本上影响甚至决定国家命运和民族前途命运，我们必须把创新作为发展的动力，把人才作为支撑发展的资源。对个人重要，是核心素养的核心，是21世纪核心素养的集中体现。对教育重要，培养创新能力是教育转型升级与深化改革的需要，是素质教育的助推剂，是素质教育的灵魂、核心，为实施素质教育、深化素质教育找到了实践平台。创新能力抓住了素质教育的核心内容，使素质教育有了具体的着力点。

二、特殊学生培养创新能力至关重要

　　目前，我国的义务教育已经基本普及，高中教育也达到了大众化水平，高等教育也基本实现大众化。这些都因为遵循着教育公平、教育平等的理念，实施大众教育，使每个公民都享受公平受教育的权利，提高了我国普通大众的受教育水平及国民的整体素质，也提高了我国在世界上的地位和认知度。但是，这种公平教育并没有完全实现因材施教，目前我国存在着大众教育和英才教育不兼容的现象，人人都在普及大众教育，不能正确对待英才教育，英才教育的优势没有充分挖掘，以至于我国培养出的在国际上有卓越成就的人才还不多。针对资质比较好、具有发展潜能的优秀儿童采取的特殊教育势在必行，让他们接受拥有更多更优秀教育资源的高质量教育，应该予以高度重视。英才教育追求的是创新型人才塑造，就是21世纪信息时代的社会人才，教育要努力为各行各业培养具有高度自信心、坚强毅力、强烈好奇心和奉献精神的优秀人才。

三、全体学生培养创新能力至关重要

兴趣是创新的源泉、思维的动力，教学活动中，教师应激发学生创新的兴趣，增强思维内在动力，解决学生创新思维动机问题。学生有强烈的好奇心、求知欲，教师应抓住学生这些心理特点，加以引导，激发学生求知欲，培养学生创新精神。教师要带着学生走向知识，而不是带着知识走向学生，创新能力的培养需要教师充分尊重学生在课堂上的权利，通过恰当的教学方式，形成一种开放、自由、民主、平等的教学秩序，使学生在这种秩序中愉快的学习，让学生站在课堂的正中央，成为学习的真正主人。

现场研修

（2020年11月29日）

一、有情怀，才能有格局

"校长要做顶天立地的人，天就是要有理念、思想；地就是这个思想在实践层面一个又一个的做法。"这是李烈校长一以贯之的坚持。正是因着这样的教育情怀，李烈校长提出了"以爱育爱"的教育思想。在她的概念里，一个人的生命中不能没有爱，没有爱的生命是悲哀的；诠释生命的教育中不能没有爱，没有爱的教育是苍白的。李烈校长坚定地把育人放在教书的前面，主张"在育人中教书"，这样的主张直接切入教育最核心、最本质的问题——人的培养。也抓住了教育的两大基本问题：其一，培养什么样的人？其二，怎么培养人？这就是大情怀下的教育大格局。

二、有思想，才能有发展

思想决定出路。李烈校长是一位有思想的教育者，她率先提出了"双主体育人"的办学思想。即学生是学习活动的主体，教师是教育工作的主体，两个主体在不同的层面，通过自育、互育，协调互动，共同发展。同时，本着"校长直接作用于教师而不是学生""学校管理最重要的是教师内驱力的唤醒和创造力的激发"的想法，将"促进教师主体的主动发展"作为校长的首要使命，在学校形成了"凝聚共识，全员定位，主体参与"的教师价值观。李烈校长认为：做教师关键在于做好自己，而做校长重点在于成就别人。

作为校长如何成就教师呢？李烈校长的做法让我认识到，教师的专业素质结构包括知识系统、观念系统、能力系统和动力系统。动力系统是关键，知识系统是基础，观念系统和能力系统需要通过学习来"知道"，需要通过实践来"获得"。因此，不断搭建平台，在学习和实践中锤炼教师的观念系统和能力系统，是培养教师队伍的主要内容。同时，强调教师的主体地位，还需关注教师专业角色之外的内容。教师都是活生生的人，有着普通人的感受与需求，需要从人的角度去理解教师的发展，从人的角度去思考教育，去构建学校的发展，这样的思路，才能造就名校与名师，才能推动学校的发展。

三、有目标，才能有动力

明确的目标感，是一所学校发展的根。李烈校长希望，学校能够把握教育的本质、规律，成为最具人性、最有利于个体成长的地方。有了这样的目标，她紧紧抓住"双主体育人，以爱育爱，人字撇捺"三组教育思想关键词，逐步完善形成了评价、沟通、团队管理等机制。李烈校长的团队建设，是一项系统工程。这项工程，在前期有愿景达成、在实施过程中有相互的协作、专业支撑、情感支持和后期的跟进评价，形成一个完整的工作链条，确保团队建设有效、有序发展。即从"每一个人都是一份资源"的角度去挖掘其内在的价值，去打造学校，打造教师、打造学生，形成了师生共成长的和谐磁场。

有幸和李烈校长近距离学习交流，深深感受到：李烈校长优雅、大气、智慧，是中国教育的旗帜、教育改革的领军。她身体力行以爱育爱的"双主体育人"办学思想、生动的教育实践，对教育的主体性做出了新的诠释，为教育改革探索出一条新路和光明之路。

管理方式与教育过程的整体优化

（2020年12月19日）

作为一名教育者，如何在教育改革的大潮中，立足教育本质，系统思考教育规律，实现学校办学的整体优化，培养德智体美劳全面发展的新时代的社会主义建设者和接班人，是值得我们深思的问题。

一、挖掘资源，让学校成为真正的"育人场"

教育是一个系统的工程，要实现学校办学的整体优化，需要内外部资源的合理整合，尤其是我们司空见惯的校内资源的充分挖掘和利用，给予学生更多的体验与实践。例如，育英学校的"高二体验课程"就挖掘了学校中的资源——食堂、门卫、图书馆、物业等，让学生利用一周的时间进行课程的体验与实践，这样，学生的认知与理解一是比在教室里和书本中获取的知识更深刻，二是比眼睛向外、选择场所更贴近学生实际生活。智慧务实的举措，使学校成为真正的育人场。

二、双边交互，让规划落地于师生之间

教育是一个系统的工程，要实现学校办学的整体优化，需要师生双边交互，教学互动、教学共融。例如，育英学校的教师学期教学计划，不仅教师自身掌握，学校通过展板的形式张贴公布，使学生也同期知晓。这样的策略，让计划具有方向性、可视性，引领、指导师生日常教学，使计划通过师生共同努力，实现教学计划作用的最大化发挥。

三、系统思考，实现工具理性与价值理性的有机统一

教育是一个系统的工程，要实现学校办学的整体优化，最重要的应该是

正确、适合、整体优化的价值理性思考。价值理性缺失，工具理性膨胀，这样的例子，比比皆是，教学模式的一味跟风、办学特色的花样出新……凡此种种，不得不引起教育人的警醒和反思。要使学校办学行稳致远，作为教育从业者，必须要尊重规律，审慎思考教育工作、学校办学的价值原点，要清楚我们需要为谁培养人，那就是为党、为国家、为人民、为社会培养人；怎样培养人，那就是在坚定理想信念、加强品德修养、厚植爱国情怀、增长知识见识、培养奋斗精神、增强综合素质等方面培养人；培养什么人，那就是培养德智体美劳全面发展的社会主义建设者和接班人。我们在教育实践中，一定不要盲目、轻率地实施经不起时间检验的所谓改革举措，而是要深思熟虑，把关注教育的逻辑起点和本质，做出符合价值理性的科学决策作为教育管理者的首要考量。

信达雅——专业表达的理想境界

（2021年1月21日）

倾听完孙主编的精彩讲座，我觉得孙教授具有大家风范、儒雅博学、灵秀敬业。她将在《中小学管理》杂志多年的编辑经验无私分享给大家，由表及里、由浅入深地介绍了专业表达的理想境界。同时，也对校长的文字表达能力提出了专业性、系统性、操作性更强的意见及建议，让人受益匪浅。现将我边听边思考的收获做一简要汇报。

一、定位角色，找准切入点

作为一名管理者，在写文章做研究的时候，多偏重于对学校管理的思考，比如学校办学理念梳理、干部培养心得、制度建设收获、课堂模式探索、课程建设实施等，都停留在归纳式的文章。通过孙主编的讲座，让我明白：只有校长心中有疑问，并产生一种怀疑、困惑、探究的心理状态才会启动真正意义上的思考与研究，才能撰写出能解决问题，能给他人带来启发的好文章。作为校长的我，意识到在今后的工作中，应该树立问题意识、保持探究习惯，在总结经验的基础上，找准选题方向。结合现在自己的实际情况以及孙主编的讲座，我重新定位自己的角色，抛开原有归纳式的管理思维，准备通过学校"十四五"发展规划的制定找到问题研究方向，采用SWOT分析法，对干部、教师、家长、学生进行学校优势、不足、机遇和挑战的问卷调查研讨，归纳出学校发展需要解决的主要问题，制定解决方案，然后逐步落实，及时反馈调整。另外，从形成论文的角度重新定位规划制定的过程，把问题细化成主题，提出论点，找到论据，实践论证，形成成果，把学校各方面工作形成可复制经验。

二、启发思考，引领干部成长

孙主编的讲座使我认识到，学校干部的专业表达能力，对于学校管理起着至关重要的作用。因为，一个人的思想要通过说和写来表达。干部的习作能力是其综合能力的一种体现，包括知识结构、思维方式、理解能力、表达能力等方面的呈现，这在某种程度上关系到管理者选拔任用干部的标准，关系到干部与管理者思维、行为模式的切合，关系到干部工作执行力问题。因此，在干部队伍建设中，我将固定时间、主题，从理论学习、理念提升等方面把干部的学习氛围和专业形象树立起来，促进干部表达能力的提升。

三、以点带面，促学校整体提升

学校的发展离不开教师队伍的建设。教师是直接面对具体问题的人，他们有很多困惑和焦虑，没有形成好的文章，与意识和方法有关。真教育是心心相印的活动，唯有从心里发出来，才能打动心灵的深处，教师的专业表达更是如此。因此，以点带面的引领，才能整体提升学校发展。

听了孙主编的讲座，我感觉要在提升教师问题意识、改进写作方法和调动教师积极性上下功夫，具体从以下几个路径展开：

1.找准问题切入点，形成研究团队，以点带面带动全体教师进行问题研究，形成自己的研究报告与论文，达到自我提升。

2.引导教师经过便签本、小纸条、手账、微信、备忘录、评语，寻找写作灵感，促进教师表达的专业化。

3.完善教师论文撰写激励制度，聘请专家指导，分类培训，完善奖励制度，用真实、有效的论文引领教师专业化发展。

总之，孙主编的讲座高屋建瓴、深入浅出、实用精致，既有理论又有案例，既有方向又有方法，启迪了校长的办学思维。

赴福州、厦门学习考察有感

（2008年12月7日）

2008年11月，在通州区教委领导的关怀下，我作为北京市教育学院校长高研班的一员，有幸赴福州、厦门考察参观了福州延安中学、福州屏东中学、厦门集美中学和厦门金尚中学四所学校。一行20余人听取了四场校长学校情况介绍报告，和校长进行了零距离的办学思想、管理思路和措施的互动交流。此次考察使我受益甚多，开阔了视野，增长了见识，心情非常激动，直到今天，我还有感于其中的种种收获，那花园式的校园，完善而现代的教育设施，先进的办学理念，高素质的干部教师队伍，高效的内部管理，优异的办学效益，时刻萦绕在我心头。此时此刻，不由得自己提笔见文，铭刻下自己心中的所思、所感、所悟，以便学以致用，促进学校的建设和发展。

一、用前瞻性的办学理念，引领学校发展

先进的办学理念是学校发展的灵魂。纵观这四所学校，都有着独特的先进的办学理念，如屏东中学：一定要把学校办成一所高质量、有特色、文明规范的一流学校，它以治学严谨、校风好、办学效益高为社会所称誉。延安中学奋斗目标："创一流水平，办窗口学校"。这些先进的教育观念体现了理念的前瞻性和科学性。可以说屏东中学、延安中学的发展，首先得益于校长崭新的办学理念，正如苏霍姆林斯基所说："领导学校，首先是教育思想上的领导"；其次是超前的规划。确定和把握时代发展的脉络，抓住教育的未来走向社会提供的机遇，勇敢地构造本校发展的蓝图，超前规划、超前发展。延安中学：规范办学、科学管理、培育团结奋进、讲文明守纪律的校风，树立敬业爱岗、博学笃行、诲人不倦、为人师表的教风。这一理念与奋斗目标和谐相生，促进了延安中学的发展。最后，大力发展学校特色。这四所学校，

每所学校之间既有共性，又有个性。它们的办学理念明确，能具体化被全体教师认同，并最后变成自己的行动目标，形成自己的办学特色。延安中学开通"家校通"工程，使学校和家庭联系更加紧密，方便家长及时了解子女在校学习情况，共同促进学生学习。屏东中学以教科研为先导，以应用现代教育技术为突破口，以优化办学条件为载体，积极推进素质教育，确定了素质教育的总要求：指导、自主、探索、成功的教育改革总课题。通过务实工作，教科研成果丰硕，多项科研课题，如"指导、自主、探索、成功教学模式改革""信息技术与各学科课程的整合"在省市获奖。集美中学："慎选教师、严谨治校"，保证了高水平的办学质量。金尚中学把学生心理咨询课纳入学校课堂作为常规课程。这一做法，特色鲜明，敢为人先，引领时代，促进了学生身心发展。

二、用高效的内部管理，推进学校发展

在参观考察的过程中，一次又一次受到精神的激励和心灵的震撼，有感于他们在管理上独树一帜的策略和经营。

（一）小公民推动大社会，小学校影响大民族

"小公民推动大社会，小学校影响大民族。"这是延安中学校长王金石常挂在嘴边的一句话。校长以服务社会为己任，以干部教师队伍建设为核心，促进学校的发展的管理思想体现在他那独具的党员干部队伍的"保先"教育。发挥党员干部在德育管理、教育科研、教学研究中的模范作用形成战斗堡垒，以德育高质量的投入，求智育高质量的产出，通过树立典型、体验感悟，提高干部教师管理能力和学生学习能力，促进师生共同发展。人人都有定位的教师队伍建设的管理制度，通过完善制度，营造良好的教师成长环境。

（二）管理方法好不好，就看学校发展没发展

现在的学校缺的并不是管理方法，而是缺少一种培育人才的机制，给你比赛的场地，帮你明确比赛的目标，将比赛的规则公开化，谁能跑在前面，就看你自己的。金尚中学教师培养规划体现的正是这种理念。教师培养从笔试、面试、上课（组建专家组考核）、师徒结对、提供研讨培训学习机会，提

出"一年基本过关、两年控制住课堂、三年掌握教材、六年形成教学特色"。让教师自加压力，形成动力，促进教师队伍的健康快速发展。

（三）办学校就是办一种文化

文化经营是延安中学王校长倡导的管理理念。他认为学校德育要注重互动、自我完善、追求体验、形成文化。在此思想指导下，他提出学校德育内容要新鲜、手法要灵活、特色要鲜明。在领导班子一班人的带动下，学校各类人员开展了党员保先进、团员争先进、学校创先进活动，全校上下形成一种各司其职、各尽其智、开拓创新、勇于争先的学校文化。学校工作做到了学校成功、家长满意、社会认可。刘云山同志曾亲临学校视察指导，温家宝同志曾亲笔题词：发扬光荣传统，取得更大进步。

三、用优雅的环境建设，滋养师生心灵

每到一所学校，我们都被那优美的校园环境所感染。都仿佛走进了一所绿色花园、孩子的乐园。延安中学、屏东中学、集美中学、金尚中学，他们都有自己独特的文化环境，但也有共同之处，如诗的校园风光，布局合理的校园建筑，走廊中的盆景布置、美观人文，无不给学生以巨大的精神熏陶。润物无声是教育的理想境界，屏东中学校园的每一个角落都体现出浓浓的人文气息，雕塑、奇石、座椅、草坪、灯箱、喷泉、优美舒适的师生休闲场所，无论走到哪个角落，都能找到舒适的感觉。集美中学科学楼、校史馆，一个名字响亮，一个内涵丰富，时刻激励着每一位学子奋发向上。而延安中学小中见大，充分利用校园空间进行植树、栽花，以达到绿化、美化和净化。学生长期在花园式的校园环境中感染和熏陶，无形中带着学校隐性的烙印，促进学生形成拥有宽容大气、秀气灵动集于一身的优良品质。

几天的考察很快就过去了，我深深地体会到一位好校长等于一所好学校。这次考察的4所学校，均是一流的学校，他们都以其稳固的发展，良好的教育质量在当地勇立潮头，独树一帜。他们之所以取得一定的成绩，得益于足够的资金投入，得益于很好的外部环境，但我想更重要的是这些学校都有一位对教育事业执着追求，具有先进办学理念和崇高人格魅力的校长。"走进延安

门，就是延安人"。是啊，他们对学校的管理，均已提升为通过教育价值的理念，人文素养、崇高的个人魅力，引领全体师生去追求共同的目标，并内化成自己的理念和行动目标。

为了学习而去，满载收获而归。自己从事校长工作时间尚短，需要学习的东西还很多。今后我会进一步将所见、所获进行梳理，将他人好的经验移植借鉴到自己的办学实践中，努力将我校办成"干群和谐精神面貌好，拼搏实干教学质量高"的学校。

培训学习增才干，提高能力促发展

——张佳春名校长工作室学习总结

（2012年7月）

2008年12月26日，根据通州区教委的统筹规划，作为致力于推动校长快速成长、促进学校内涵发展的我区首个学术性校长研修团体——张佳春名校长工作室正式成立，本人也荣幸地成为工作室的一名学员。三年来，各级领导的关心支持、张佳春校长的智慧点拨和工作室同事的热心帮助使我受益匪浅，现将自己在学习中的所学、所思、所悟、所为、所长做一梳理，总结如下。

一、系列学习，互动交流，提高素质

张佳春名校长工作室成立三年来，组织的理论培训武装了头脑，研讨活动加强了交流，使我的思想觉悟不断提升，办学理念更加科学。管理水平日益提高。

（一）制定计划，明确方向，提升理念

2009年1月11日，在张佳春校长的指导下，经过认真思考，制定了参加名校长工作室个人研修计划。旨在以本次活动为契机，认真学习先进教育教学理论和管理经验，促进办学思想和管理水平的进一步提升。

结合工作需要，计划中明确了主要学习内容：学校改革与发展、行政与后勤管理、学校德育与学生管理、教师队伍建设与教师发展、课程改革与教学管理、现代教育技术、综合管理实践等。主要内容以专题形式进行学习，集体培训与个人自学相结合，书本学习与网络学习相结合，理论学习与校际交流相结合，科研培训与研究实践相结合，提高学习的实效性。

（二）校际互访，开阔视野，增强感悟

从2009年3月9日至2012年5月7日，张佳春名校长工作室开展了"走进学校，学习调研"系列活动。

在走进马桥学校、郎府中学、甘棠中学、南刘中学、大杜社中学、觅子店中学、潞县中学7所学校过程中，各校校长就学校基本情况、学校特点与存在问题、学校发展基本思路进行了汇报，张佳春校长分别给予智慧点评，所有学员进行了真诚的讨论交流，对学校发展中的优势和问题提出了建设性意见，为学校科学发展献计献策，在沟通交流中取长补短，办学思想不断成熟。

和张佳春校长以及各位学员校长进行的零距离的办学思想、管理思路和措施的互动交流，使我受益颇多。直到今天，我还有感于其中的种种收获：张佳春校长和兄弟校先进的办学理念、科学的管理经验和做法，时刻萦绕在我心头，为我的工作实践提供参考和借鉴。同时通过此项活动，增进了友谊，加深了了解，为日常的学习提高搭建了交流平台。

（三）关注问题，重点突破，追求实效

为解决学校管理中的实际问题，工作室适时开展了研讨活动，如：绩效工资方案的制定、学校岗位设置、教师队伍建设、科研课题研究、学校抗震加固等重、难点问题。通过张佳春校长的指导和校际的沟通与交流，打开了学员思路，稳妥解决了实际问题，促进了学校的和谐发展。

可以说，张佳春名校长工作室的学习高屋建瓴、深入浅出、切合实际，对于解决我在学校管理中遇到的困惑，起到了重要的指导作用，对我的教育实践也产生了重大影响。

二、理性思考，学以致用，内涵发展

三年来，通过专家讲座、信息共享、考察学习、校际互访等形式的学习与培训，使我受益匪浅，管理思路更加开阔，能力有所提高。同时也在本职工作中时时处处融入所学、所思、所感，以学校内涵发展为核心，实施了如下具体举措。

（一）重视制度建设，营造和谐民主的工作氛围

以目标管理理论和行为激励理论为学校管理的核心理念，突出体现制度

化与人性化的有机结合。

学校修订了《教职工考勤管理办法》《班主任考评制度》《教师教学考评制度》《师生学科竞赛和教科研获奖奖励办法》，增设了《教学学段奖奖励方案》《教师进修、深造获得优秀学员奖励办法》，激励教师努力学习，增长才干。

（二）加强队伍建设，提高干部教师的整体素质

建立学习和培训制度。学校鼓励干部、教师积极参加市区教委、研修中心组织的各种培训，学习先进的教育教学理念、优秀的管理经验等。同时注重校内学习型组织建设，创建学习型领导班子、学习型年级组、学习型教研组。通过以上形式，努力打造学习型团队，夯实学校内涵发展之基。

引进竞争机制，重要岗位实行择优上岗，形成奋发有为有平台，碌碌无为无市场的良好氛围。

在教育教学活动中，给干部教师充分的自主权。实施目标责任制、牵头人负责制、主管负责制，在增强干部教师责任意识的同时，使每位干部教师都能找准位置、找到感觉、发挥作用。

加强评价督导，实行精细化管理。坚持干部，学生、家长不同层次对学校各项工作的评价与数据分析，用数字说话，使管理的针对性和实效性大幅提升。

（三）注重提高质量，提升学校影响力

1.加强校本培训，更新教育观念。

树立全新的课程观、教学观、教师观、学生观、课标观、课堂观、教材观、方法观，转变教师教学理念和行为，促进学生主体发展。

组织教师制定教师三年职业生涯规划，确立自身发展目标。为帮助教师实现三年职业生涯规划，学校每学年组织教师开展"四个一"活动：练就一项教学基本功，进行一次教学展示，参与一个课题研究，总结一份教育教学体会。

加强教师基本功的培训和比赛，赛培结合。每学期教务处组织教师开展"五个一"活动。即一次粉笔字比赛，一次教案评比，一次信息技术培训，一次学科专项比赛，一篇高质量的教学反思。

推行集体备课制度，发挥集体智慧，提高备课质量。坚持个人研究和集体研究相结合的原则，即钻研教材—集体研究—写出教案—课后反思。集体备课不仅把教师从繁重的工作中解脱了出来，而且提高了备课的质量。

推进"青年教师建设"工程，促进青年教师教育教学能力的提高。学校关注青年教师发展，推进"1358工程"。新教师进学校后，学校成立青训班，建立师徒结对，明确教帅的成长目标：争取一年站稳讲台、三年出满意成绩，五年成教坛新秀、八年成骨干教师。

2.加强科研引领，构建高效教学模式

我校现有市级课题"提高学困生学习有效性的研究"和区级"初中课堂教学中学生有效参与策略的研究"。围绕课题研究，我校开展了"有效课堂教学模式"探索，在日常课堂教学工作中，强化三个注重：转变观念、精心备课、躬身践行，关注三个体现：主体参与、及时反馈、强化辅导。与此同时重视岗位练兵，开展教学评优，举行骨干教师示范课、新教师"汇报课"等竞赛活动，着力打磨"高效课堂"，促进教师专业能力的提升。

3.构建激励机制，强化质量评价，调动教师工作积极性。

制定教育教学评价方案，科学评价教师工作。采取绝对评价和相对评价相结合、定性定量相结合的方法，对教师工作的全过程进行评估，通过精细化的过程管理，体现评价的导向性，规范教师教育教学行为，提高教育教学质量。

制定教育教学奖励方案，体现评价的激励性，充分调动教师工作积极性。

强化质量评价。了解质量靠检测，分析结果找不足，研究方法促提高。通过质量评价，查漏补缺，调整方法，改进教学，提高质量。

（四）打造学校办学特色，促进学生全面发展

学校在努力提升办学质量的同时，高度重视办学特色建设，形成了以课程体系构建、主题活动开展、校园环境创设三位一体的"博物教育"特色。

张佳春名校长工作室的学习即将结束，师恩难忘，友情难舍，感谢为我成长付出心血的领导、老师和学员们！今后我将继续深入思考与实践，不断提升自己的管理水平，努力为学校的内涵发展做出更大的贡献。

教育要坚持人性化

——读《教育常识》有感

（2019年7月19日）

以前学习多是用什么学什么，上网、看书，急用就先学。感谢教育学院项目基地，给了我这次暑期研修学习的机会。如何在假期中学习基地推荐的三本书？自暑期放假开始，我强制自己打卡学习，把《批判性思维工具》和《心理与教育研究》作为了解性阅读书目，把《教育常识》作为深度阅读书目。不贪多求全，学习中，每次阅读，少则几页，多则二三十页，每天坚持。在阅读的同时，对感兴趣的、受触动的、有启发的重点语句，做好眉批和旁批，以期实质上的学有所获，事实上也真的收获颇多。

一、阅读的内容

这些天我阅读了《教育常识》当中的代序、人性常识、教育理想常识等内容。通过研读、思考、回味，其中，下列语句、观点、常识让我很受启发，内容包括：

1.教师要做好教育之事，需要懂得教育的道理和知识。

2.为什么会有荒谬绝伦的年代、为数众多具有良好理性思考能力、判断能力的学者与知识分子，为何也是如此？皆因为社会弥漫着对"常识"的无视和漠视，对常识的尊重和敬畏的缺失。

3."教育常识"就是有关教育的最基本且简单的事实性的知识和道理。

4.不少教师总是津津乐道于教导学生认真读书，好好学习，但自己却不爱读书，不会学习，丧失了自我教育的欲望和能力。

5.教育难，难就难在回到常识。

6.带着严肃、认真和尊重的态度，找回和确立常识、倾听和理解常识、再思并创造新的常识，成为我们时代教育的重大任务。

7.感悟、反刍出来的教育常识，自己眼中的教育常识，融入了真体验、真性情的常识，才是真常识。

8.教育常识的根源是人性常识。对人的理解和认识，是教育常识得以产生的根源。不懂得人，就不懂得教育。

9.每个人都是宇宙间的独一无二。教育就是为了人的独一无二而来的。

10.人始终是未完成的，这是人之为人的基本特征。

11.人只能自己去活着。教育，不是替代学生选择、替代学生思考，而是赋予学生选择和思考的能力。

12.面对如此繁多的人生选择，幼稚单纯的孩童有选择的权利，却往往无抉择的能力。

13.儿童的生长需要自有节律。人的需要就是人性的一部分，任何违背人的需要因而违背人性的管理和教育，都可能会带来失败。

14.教育不是雕刻，而是唤醒。

15.教育立场即学生立场。

16.为什么需要教育，教育即生活，教育源于生活，是生活中的问题需要教育来解决，所以才需要教育。

17.教育是需要悲悯、耐心和从容的事业。

18.教育帮助学生开掘幸福之源。

19.教育的作用是有限的。

20.世间被到处宣扬的是教育成功，被遮蔽的是教育失败。

二、内容的反思

看到此书，首先被书名"教育常识"触动了，目前教育存在的喧嚣浮躁、急功近利、花样百出、效果不彰的现象，究其原因就是我们对教育常识的认识、了解不足。作为一位从事教育工作近30年的教师，看到这本书的书名时，我不由得一惊，扪心自问，自己懂得多少教育常识？自己从事教学、管理等工作，所作所为符合教育常识吗？自己注意对教育常识的学习掌握了吗？带着这些问题，我静下心来用心阅读，反观自己，补充营养。

胆识、学识固然重要，但常识犹如万丈高楼之基，最为重要。不了解常识，就好像万丈高楼失脚、扬子江心覆舟一样，教育就成了无源之水、无本之木。人性常识是教育常识的根源，要想懂得教育、搞好教育，就首先要懂得人，懂得人性，懂得人的天性（好奇心、食欲、创造欲、表现欲、安全感、恐惧感、崇拜感等）。

每个人都是独一无二存在的，因材施教就是教育常识，就是教育要遵守的规律。人始终是未完成的，这是人之为人的基本特征，人的生命始终是面向未来的，这就决定了终身教育的重要性和必要性，这就是终身教育背后的人性常识。

人只能自己活着，化茧成蝶，是人的正常生存需求、过程和状态，考门夫人的故事从侧面说明了教育不能替代学生选择和思考，而要赋予学生选择和思考的能力，同时也印证了人的成长无可替代。

人的需要是人性的一部分，任何违背人的需要、违背人性的管理和教育，都有可能招致失败。我国的改革开放政策就是因为顺应了人们对吃穿住行的基本需求，才取得了如今的辉煌成就。教育要尊重规律，尤其是人的需求、成长和发展规律。拔苗助长式的教育、催熟式的教育，违背人性和常识，都是不可取的。

教育的一个基本常识，就是教育具有双主体性，它本来就是有作为教育者的教师和作为受教育者的学生构成的一体两翼，谁离开了谁，教育就不存在了。

教育即生活。这不是一个新鲜的观点，新鲜的常识，但实实在在的容易被忽视。教育之所以存在，就是因为生活中的问题需要教育来解决，而且生活中的问题，比如思想观念、道德修养、文明素质、家风家训、方式方法、技术技能等远没有解决。

生活是教育的源泉和基础，是知识的海洋，生活中处处皆学问，这就要求教师具有一双慧眼活用教材，以课文为原点，以课外实践为凭借，向学生的各个领域开拓延伸。教学内容生活化，要满足学生生活的需要，唤醒学生的生活经验，让学生从生活中理解知识，并将知识运用于生活，发挥知识的教育价值，让它真正变成具有生长力量和教育力量的知识。

教育开掘幸福之源。书中给出了这一教育常识，同样让人惊喜的是，给出了构成幸福之源的五种途径，即好奇、乐趣、方法、能力和习惯，这给了我们教育者在从事教育工作中的非常明确的育人路径，是教育者育人、开掘学生幸福之源的法宝和基本遵循。

教育不是万能的，教育的作用是有限的，因为教育是一个与人有关的事业。人是复杂的，包括条件多样性、人格差异性、关系复杂性、行为差异性、背景广阔性、接受层次性等，凡此种种，注定了教育作用的有限性、局限性和反复性。

世间到处宣扬的教育成功，过去和目前已经成为教育业绩宣传的潜规则。有阴就有阳，有对就有错，有黑就有白，又涨就有落，有快就有慢，有深就有浅，有成就有败……之所以出现了如此情况且并不鲜见，无外乎人的趋利避害、功利浮躁之心的常态表现，但也确应引起我们对此现象的重视，即应该把教育失败的案例加以梳理、总结，做对得住良心的、踏踏实实的教育，改进干部教师的思想和行动，提升干部教师的领导力，从而更大范围地提高育人效果和品质。

三、实践的启发

作为教育工作者，要潜下心来学习，领会《教育常识》的内涵，把这本书当作教师入门的第一课，武装自己、干部、教师的头脑，指导各自的工作。

对教育常识的学习、掌握、遵循，尤其是认识和坚守，是教育工作者的基本素养和工作基线，也是对教育工作者的基本要求。教育不能折腾，不能随波逐流，不能摆花架子，不能花里胡哨，不要玄之又玄的新名词，要关注教育、办学的真常识，要尊重常识，按教育常识、教育规律办事，校园要回归自然，要有人情味，要一切为了师生的成长、发展，让学校成为师生向往的幸福温暖学校。

教育要尊重常识和规律，要循序渐进，要走"内涵发展"之路。即相对于粗放的精细发展，相对于同质的特色发展，相对于模仿的创新发展，相对于规模的质量发展，要沿着这条路径办学，不走捷径，不搞跨越，找准路，不折腾。

教育常识的根源是人性常识，要尊重人性，符合人成长发展的规律。

第一，教育好学生，就要了解学生发展需求，最大限度满足学生的合理的成长需求。为此，我校在课程建设上，开设校本课程前对学生进行调研，了解学生喜欢什么样的课程，学校现开设"育才伴我成长""心理健康教育""科技与实验"等40余门校本课程；每学期课程结束，要向学生了解对课程的建议，以便调整改进；学生参与校本课程、社团活动等，充分尊重学生，把选择权给予学生，每学期利用课程菜单学生进行选择，学校安排教师授课。在课堂教学改革上，通过听评课、观察、座谈等形式，了解学生喜欢的授课方式、学习方式，为课堂教学改革提供参考。

第二，教育好学生，就要了解学生成长的规律和特点。为此，我校聘请专家进行学习理论、教育规律、中小衔接等培训，使教师了解不同阶段学生的特点、学生是如何学习的等知识，依据规律实施教育。同时，在此基础上，我校经过长期实践探索，总结出符合学校教学实际、学生特点的"三段五环"教学法。此方法就是以布鲁纳掌握学习理论、皮亚杰建构主义理论、艾宾浩斯遗忘曲线为依据，充分体现学生学习的过程。具体如下表所示：

"三段五环"教学法

三阶段	明确目标（任务）	主体参与（途径）			反馈矫正（手段）
五环节	展（激趣展标）	思（自学质疑）	议（合作解疑）	评（梳理归纳）	测（达标测评）
操作要点	创设教学情景 引起认知冲突 出示学习目标 明确学习任务	布置自学内容 知晓自学要求 给予自学指导 聚焦自学问题	确定小组分工 交流小组困惑 点拨精讲疑难 分享学习成果	引导反思过程 梳理解题思路 指导提炼方法 积累解题经验	分配检测题目 当堂限时检测 巡视把握学情 及时训练矫正

同时，因为不同阶段学生特点不同，学科、课型、内容也不同，在推进过程中，不做硬性规定，教师可以灵活运用此教学法，但需贯彻"尊重规律，注重实效"教学思想。

第三，教育好学生，就要尊重不同学生的个性，创造条件，开展适合他们的教育。为此，我校组建器乐、合唱、舞蹈、足球、体操、天文、航模等学生社团；创建"育才金帆书画苑"和"美林教室"、体操基地，开展书画、剪纸、版画和创意等培训。同时，要给学生成长搭建平台每年组织科技节、艺术节、体育节、美育节、读书节等，使不同特长的学生都能得到展示。

第四，教育好学生，就要全面、客观、多元地评价学生。为此，我校发挥北京市综合素质评价的作用，制定符合我校实际的评价细则，不把成绩作为学生发展的唯一评价指标，注重过程性评价（"成长记录袋"），注重多元评价（个人、同伴、教师、家长），用评价引领学生发展。同时，组织各种评选活动，如"七色光下的彩虹少年""育才好少年""文明之星"等。

第五，教育好学生，对教师提出了高要求。为此，我校把师训作为课题加以长期研究——基于"一二六"培训模式，促进教师专业发展的研究。确立了"师德高尚，知识渊博，业务精湛"的教师队伍建设目标，整体规划教师培训工作。以内升外助为思路，以自主发展（制定五年发展规划、参与市区活动、组织教师书友会、购买教学资源等）、同伴互助（组建师徒对子、专题教研沙龙、课堂教学评优、开展育才讲堂等）、分层培养（开展理论培训、基本功竞赛、专题讲座、经验交流等）、科研引领（已有国家市区级课题30余项）、校际联盟（手拉手、中小学发展共同体、运河联盟）、高端助力（市区领导、专家、研修机构、优质校、校外机构）为路径具体实施。

第六，教育好学生，需要学校、家庭、社会教育的结合。为此，我校以"理解认同、合作共赢、共促成长"为家校共育目标，以"沟通分享、多元创新、开放互育"为家校共建理念，以《育才家长学校宣言》《育才教师宣言》《育才娃娃宣言》为行动纲领，通过组建家长委员会、家长护苗团，建设育才家长汇，开展家长讲坛、家长开放日，表彰"育才好家长"等方法，拓宽家校互动渠道，推动家校携手共育，促进学生成长。

虽然我校努力在为不同的孩子提供合适的教育，但是还有很多不足，需要加以改进。比如，因为师资、场地、学生数等因素，学生对有的课程有需求，但课还不能开设；劳动教育的课程有待统一设计；课程资源分立需要整合等。同时，教师专业发展还需围绕其界定开展更加系统化、精细化的培训，注重培训的针对性、可操作性、实效性。家长参与学校教育教学活动范围、次数、形式等仍有待研究。

校长领导策略

（2018年1月13日）

一、概念界定

（一）什么是学校

学校是按照一定的程序、在一定的场所，用来教育特定对象，传授知识和技能的地方。学校就是教书育人的地方。

学校既然是教书育人的地方，那么办学就要从人的成长角度出发，坚持文化立校、以文化人，成为适合人成长的沃土。

（二）什么是领导

领导者为实现组织目标，运用权力向其下属施加影响力的一种行为或行为过程。其本质是一种影响力。

"领"，是上级给下级做出榜样；"导"，是劝导、引导、辅导、指导。下级没有干劲了要劝导，下级找不准方向要引导，下级遇到困难要辅导，下级不会干了要指导。

（三）什么是管理

为实现某种目的而进行的决策、计划、组织、指导、实施、控制，达到既定目标的过程。管理的目的是效益和效率。

管理的本质是协调，协调的中心是人，因此管理要以人为本。

二、学校管理

（一）学校管理特点

1.管理方式人本化

学校教育管理的对象是活生生、有思想、有生命力的人，不是一成不变、死板僵化的静物、摆设。所以管理一定要坚持以人为本，以人为中心，想事情，做事情，最大限度激发人的主观能动性。

2.教师工作个体化

教师的工作有很强的自主性，主阵地在教室里、课堂上，教育教学工作虽然需要领导、同行、专家的管理、指导和帮助，但主要来自教师内心生发和个人实践。

3.学校发展生态化

学校内部师生、师生之间和所处环境之间相互协调、相互依存、相互促进的关系和状态。学校要遵循教育教学规律、学生成长规律，围绕师生可持续发展，建设一个使学生德智体美全面发展、没有偏废的教育环境。

（二）管理者特点

起步晚：学校一般是从优秀教师中选拔管理者。而教师从入职到成为优秀教师，则至少在5年以上，之后才可能被选拔为干部，所以，初当干部的时候，年龄、教龄就不短了。

差异大：干部，每个人特点不同，有的擅长德育管理，有的擅长教学管理，有的适合办公室工作，有的适合后勤保障，有的性格开朗，有的内向腼腆，各有所长。我们学校就是最大限度地体现不同管理者的差异化，让他们在自己擅长的领域大显身手。

周期长：干部能力的提升，不是一朝一夕之功，是一个漫长的过程。首先要找准位置、找到感觉、发挥作用，再经过长时间的理论培训和实践锻炼，才能逐渐成为一名合格、胜任工作、独当一面的干部。

三、办学校的四道必答题

1.我们现在在哪里？（现状分析）

2.我们要到哪里去？（目标、愿景）

3.我们如何到达那里？（方法、途径）

4.我们是谁？（角色、作用）

四、校长领导策略

（一）搭班子

1.选人用人

（1）选人用人原则：着眼发展、优化结构、增强功能、整体均衡、责任心强、能力突出、男女比例、履职经历、差异互补、忠诚可靠。

"班子"重在"搭"。从字面分析，"搭"有架设和配合的意思，"搭班子"就像建房子，不要求成员相同或相似，梁、柱、椽子、砖瓦各有长项，大家彼此配合。在班子中，每个成员都要有发言权，充分发表自己的意见和看法。搭班子的过程，是人的性格、价值观等综合匹配的过程，只有充分考虑性格因素、价值观因素、未来目标因素，这样整合出来的班子才能打胜仗。

搭班子，也就是打造自己的领导团队，只有自己的领导团队成型了，很多原来自己要亲力亲为的事情，有人分担了，自己才有可能去考虑学校向上的空间，去考虑更高层、更大格局的事情。校长应以每一名干部的专长为思考点，安排适当的位置，并依照干部的优缺点，做机动性调整，让团队发挥最大效能。校长的任务在于知人善任，提供一个平衡、密合的工作组织。

（2）选干部要绕开三种人：拉磨型、无头苍蝇型、长舌妇型。

所谓拉磨型，就是干工作不讲求工作方法，目标不明确，就是我们常讲的"只知低头拉车，不知抬头看路"。

无头苍蝇型，就是没有工作方向，或者是工作方向不清晰，像"无头苍蝇"一样，整天忙碌，却做不成事。

长舌妇型，就是爱扯闲话、搬弄是非、在背后对别人说三道四、不负责任、胡说乱讲、破坏团结的人。

（3）忠诚重于才能、立场重于观点、方向重于方法。

忠诚重于才能：偏离组织、不顾大局、恃才傲物，不利团结，不利工作。

立场重于观点：立场是一个人态度的根本，立场对了，观点就不会有大方向上的错误。

方向重于方法：方向错了，任何方法都无济于事。

（4）名不正、言不顺、事不成。干部的使用，要以经过长期观察、考验，认准以后，经过领导提名、支委酝酿、民主测评、讨论决定、聘任确定为前提。干部未任命以前，不要安排相关工作，否则对学校工作推进不利，对个人发展、成长不利。

2.校长如何教育干部

（1）干部要对行使权力负责。干部的责权利是对等的，对自己的职责负有责任，特别是对因责任心差、处置不当引起的不良后果要负责任。如学校负责总务工作的干部在硬件设备采购上一定要严守底线，对设备质量负责，对学校师生负责；再比如分管德育的干部担负着学生思想道德的建设任务，要设计丰富多彩的活动在活动中教育学生；分管教学的干部对学校教学质量负责；等等。

（2）干部做事要讲规矩。

守本分——本职、职责，知道干什么。

守规矩——政策、原则、要求。

守时间——工作、学习、生活，时间观念要强。

守承诺——讲信用、讲诚信，应下来的事要如期完成。

守底线——知道哪些事能做，哪些事不能做。原则、政策、规定就是底线。

（3）干部要领会组织使命。

（4）干部工作三个关键词。

尺度——推进工作有分寸，管理要分层，到位不越位。

力度——执行过程，找准方向、方法后，开展工作要有力度，要有责任担当，要有钉钉子精神，一抓到底，久久为功把事干成。

速度——落实过程要找准战机，及时发力，不能拖泥带水，既要高质量，又要高效率，换言之，既要效果好，又要速度快。

3.和下属如何相处

（1）四种关系。

同志关系——尊重、平等。

工作关系——有分工、有合作。

领导关系——榜样、指导、接受、沟通、执行、落实、反馈。

朋友关系——交心、互助。

（2）相处技巧。

怎样派活——把指令放在磋商之中。

让人有面子——做事要从情、从面子开始。

当好啦啦队长——赞美、鼓掌、加油。

（二）做决策

1.三个考虑

（1）价值判断——形势任务、上级要求、价值重要性、急缓程度。

（2）选择人力——适合、胜任。

（3）时间安排。

2.决策执行

（1）主管负责我配合，领导交办我负责。

（2）完善领导决策，创造性执行（做好加减乘除混合运算）。

（3）克服现实困难，积极主动想办法。

3.一个注意

领导要掌控话语权。

（三）带队伍

1.三种领导策略

管理思想——制度化、人性化相结合的人本管理。

管理理念——三同一统一，即同心同德，同舟共济，同甘共苦，统一指挥。

管理思路——精神引领、制度保障，人文关怀、重点突破、全面提升。

2.领导只有两只手

领导应抓大事、放小事，盯细节，让出舞台、交出责任、让他人成长。

3.领导者的基本素质

领导者的基本素质是正直、自信、真诚、勇于认错、有使命感。

4.干部角色定位

干部角色定位是助手、左右手、核心人才、骨干力量、参谋长、执行官、桥梁纽带、战斗员、爆破手。

5.对中层干部的要求

对中层干部的要求是行业专家、岗位明星。

6.校长激励干部的三个场合

（1）布置任务时——赞扬过去。

（2）检查工作时——肯定成绩。

（3）发生问题时——表达信心。

7.干部工作方式

研究部署、推进落实、梳理汇报（任务书、路线图、时间表）。

8.培养干部做学者、做专家

干部不能攀比职务升迁；校长要经常点评干部学术能力、水平、影响、地位；要帮助干部做生涯规划。

9.培养干部，更要使用干部

（1）指路子、压担子、出点子、扶梯子、剪枝子。

指路子就是要给干部指出前进的方向，指导干部往哪里走。

压担子就是要赋予干部较为重要的责任和工作，促使他们在实践锻炼中进步。

出点子就是要帮助干部出谋划策，在他们自己的领域给一些好的建议。

扶梯子就是要在干部前进向上的时候用心扶好梯子，让他们更好地走实、走稳。

剪枝子就是要针对干部可能会犯的错误提前打预防针，对干部的错误的思想和工作出现的问题及时批评纠正。

（2）出干部、出校长、出人才。宽广胸怀，成人之美。

10.培养干部三关注

确定目标，给班子成员找岗位标杆；明确标准，领导带头担当负责；激励前行，谦虚、务实、肯干、创优。

11.领导艺术——三少三多

少强制多弹性：学校除政策性较强工作要按制度严格执行外，有些工作我们采取灵活处理的方式。如学校在推进"课堂教学五环节"教学模式的过程中，不搞一刀切，在不加重学生课业负担前提下，只要有利于课堂教学实效性的提高，多种教学方法都可运用。这样，学校教学既做到有法可循，又兼顾百花齐放，为教师个体创造性的发挥提供广阔空间。

少批评多表扬：学校为教师创设舞台，让教师充分展示才智，体现自身价值。我校制定师德标兵、优秀教师、优秀教育工作者、优秀班主任等专项评比制度，在对获奖教师予以大力表彰和宣传的同时，安排获奖教师在专题总结会上交流经验，引领教师科学幸福工作。此项制度的实施产生了很好的激励和辐射作用，促进了全校教师的集体成长。

少监督多指导：学校明确干部职责要求，强调管理者七素养，工作侧重于思路、方法的引领，减少、淡化监督手段，工作中少说必须如何做，多讲应该怎么做，发挥教师聪明才智和主观能动性。

12.干部要学会拜师

（1）行政导师（上级领导）。上级领导从基层一步步走来，能够走上领导岗位，一定有他的过人智慧和可取之处，上级领导作为干部的行政导师，干部应该主动向上级领导学习，学习他们的工作方法和艺术，借鉴他们的工作经验，应用到自身工作中，不断提高自身工作水平和处理分管事务的工作能力。

（2）学术导师（专家学者）。干部不仅要善于向上级领导学习，在行政上做一个好领导，还要在学术上善于拜专家学者为师，力争在本专业内做一个专业精通的内行，让教师对这样的干部打心眼里敬佩。

（3）实践导师（同行高人）。在实际工作中，干部除了向上级领导和专家学者学习，还要向同行高人也就是向实践导师学习，这些实践导师做工作扎实，业绩出色，在同行中出类拔萃，需要我们的干部认真向他们学习，学习他们在实践中所采取的行之有效的工作方法，把实践导师的这些先进经验借鉴到自身工作中去，提高自身工作水平。

附录1

北京市育才学校通州分校三年发展规划
（2012—2015）

（2012年10月23日）

第一部分　学校发展的背景分析

一、学校基本情况介绍

北京市育才学校通州分校坐落于通州区南部新城规划区，毗邻轻轨八通线。学校建筑总投资1.6亿元，2007年9月2日落成并投入使用，是一所隶属于通州区教委的九年一贯制公办学校。学校占地115亩，建筑面积4.23万平方米，可容纳72个教学班，近3000名学生就读。建有中学教学楼、小学教学楼、科技实验楼、图书馆、文体馆、学生食堂和宿舍楼；建有400米标准塑胶跑道和人造草坪足球场、小学生活动场等。学校现有51个教学班，其中小学37个班，中学14个班，在校学生1880人。现有教职工161人，其中，区级骨干教师17人，中学高级教师10人，中学一级教师26人，中学二级教师23人，小学高级教师39人，小学一级教师35人。近年来，在各级领导和社会各界的关心支持和全校干部师生的共同努力下，学校教育教学质量不断提高，办学特色初见端倪，学校各项工作受到各级领导的高度评价和当地百姓的广泛称赞。

二、学校发展现状分析

（一）基础资源分析

学校的干部队伍结构合理，年龄趋向年轻化，具有较高的工作热情。年轻干部更是勤于学习，勇于实践，经过几年的磨砺，管理经验日益丰富，具有了较强的教育教学管理能力和创新能力。在管理工作中，始终坚持走制度化与人性化相结合的人本管理之路，学校形成了宽松融洽、团结和谐的工作氛围。

教师队伍年轻且富有活力，学历层次高，具有本科或研究生学历的占95%。良好的个人素质，较强的学习和实践能力，使他们易于接受新的教育观念，蕴藏着较大的发展潜力。面对不断壮大的教师队伍，学校通过组织专家讲座、参观学习、读书交流、师德讲座、拓展训练、师徒结对、校本培训等各种形式，引领教师相互学习，相互沟通，共同合作，不断发展自我，完善自我。经过几年的努力，学校内"尊重、和谐、责任、创优"的氛围逐渐形成；教师中"大局意识、发展意识、质量意识、法规意识"逐步树立；教师们在取得进步的同时，收获着友谊、健康、成功、快乐和幸福。和谐的氛围、健康的心态、观念的更新、素质的提高，促进了教师教育行为的改变，一支勤于学习、善于思考、乐于实践、勇于创新的教师队伍逐步形成。

"博物教育"办学特色初露端倪。质量是立校之本，特色是强校之路。学校在美育教育取得初步成效的基础上，2011年9月进一步提出了打造"实施博物教育，促进学生全面发展"办学特色的办学主张。一年来，我校紧紧依托美育教育优势，由点到面，逐步拓展，分类推进，全面实施"博物教育"。通过构建博物教育课程体系、开展博物教育主题活动、创设博物教育校园环境"三位一体"育人平台，努力将学生培养成博爱厚德、博学笃行、博艺尚美的现代少年。随着"博物教育"的全面实施，学校办学特色初露端倪。在博物教育课程体系构建上，开发出以传统文化、创意实践、学科拓展、人文素养为主要内容的四大类三十六门校本课程。如：心理健康、书法、国画、花样空竹、象棋、软陶制作、艺术点亮生活等。在主题活动的开展上，围绕博爱厚德、博学笃行、博艺尚美这三条育人主线，开展了丰富多彩的教育活动。

如：以爱国主义教育为主题，组织"大手拉小手，共度中国年""端午时节话端午""月满中秋节，团员一家亲""红歌大家唱""祖国在我心中"等系列活动。以博学笃行为主题，组织学生走进北京科技馆——感受魅力科学，走进生存岛——进行拓展训练，走进北京国际图书城，开展"体验印刷术""穿越时空的旅行"等活动。在校园环境建设方面，学校围绕"传承育才红色文化"和"培育现代博物少年"两大主线进行设计，投资数十万元，对校门、小学楼、文体馆、行政办公楼等进行整体装饰。如：小学教学楼一层以博爱厚德为主题，体现中华传统美德教育；二层以博学笃行为主题，通过名言警句、励志故事教育学生在学习上要有正确的学习态度、刻苦的学习精神，有效的学习方法、良好的学习习惯；三层以博艺尚美为主题，介绍具有代表性的书法、篆刻、剪纸、乐器等知识，提高学生审美能力，增强鉴赏力；四层以博物学家介绍为主题，用图文并茂的形式介绍古今中外为国家、为社会、为人类做出突出贡献的博物学家。缓步楼梯分别是红色校史展，师生摄影、绘画、书法作品展，育才优秀学子照片及简介展。

　　五年来取得的成绩。在各级领导的亲切关怀下，在全校师生的共同努力下，学校的各项工作扎实推进，教育教学质量稳步提升，学校先后获得"全国教科研优秀实验学校"、北京市"十二五"教育科研实验校、北京市中小学生科技英语创意大赛团体创意奖、北京市语言文字规范化示范校、北京市节约型示范学校、北京市基础教育课程建设先进单位、北京市基础教育学生综合素质评价工作先进单位、"首都绿化美化花园式单位""通州区中小学科技教育优秀校""通州区中小学生社会大课堂建设工作先进集体""通州区师德群体建设先进单位""通州区先进工会之家""通州区初三毕业班工作优秀校""通州区十二五教育干训基地"等诸多荣誉，2009、2010、2011连续三年在区综合考评中被评为优秀校。老师们认真学习，勇于实践，不断探索适合学生发展的教育教学规律，教育教学水平有了较大的提高，教师在各级各类论文、案例、课堂教学评优、各种比赛中，有千余人次获奖。学校涌现出一批文明守纪、举止文雅、乐学善思、学有特长的好学生。学生在各项区级、市级乃至国家级竞赛中屡获佳绩，有900余人次获奖。

（二）学校发展面临的机遇与挑战分析

1.学校发展的机遇

国家和北京市中长期教育改革和发展纲要提出了教育优先发展、育人为本、改革创新、促进公平、提高质量、办有特色、人民满意的办学要求。特别是随着国力的增长和人民生活水平的提高，社会各界对教育给予了高度关注，中央和地方各级财政部门把教育摆在公共财政的突出位置予以重点保障，持续不断地加入教育投入，使学校教育教学资源得到极大改善。

2.学校发展面临的挑战

随着梨园地区经济的迅猛发展，入住本地区的居民越来越多，再加上学校在地区的社会影响力越来越大，使在校学生数量增长很快，学校的办学规模逐年扩大。目前，学生家长对教育的需求呈现多层次、多元化的特点。但就现有学校师资队伍状况来看，还不能满足家长的需求。因此，教师队伍整体素质的提升与数量的扩充需要进一步加强，特别是优质师资的引进问题亟待解决。

基于对学校发展基础资源及学校发展机遇和挑战的分析，学校特制定未来三年发展规划。

第二部分　学校发展的基本思路

一、办学思想

认真贯彻党的教育方针，全面推进素质教育，坚持以人为本，走内涵发展之路，创建全面育人、和谐优质、办有特色、人民满意学校。

二、办学理念

内涵发展　广育群才

三、办学目标

把学校办成一所理念先进、硬件一流、队伍精干、氛围和谐、环境优美、活力健康、全面育人、质量优良、办有特色、人民满意的学校

四、治校方针

依法治校、制度建校、以德兴校、质量立校、特色强校

五、校训

厚德、乐学、求实、创优

六、管理思路

精神引领　制度保障　人文关怀　重点突破　全面提升

七、行动纲领

提升自身实力　共享教育幸福

八、办学特色

博物教育。力争通过三年努力，使我校成为全面育人理念得以贯彻落实，教育教学质量处于通州区前列，博物教育办学特色鲜明，素质教育推进有力，具有一定影响力和美誉度的通州区优质品牌学校。

第三部分　学校发展的主要措施

一、加强干部队伍建设

（一）加强思想建设

未来三年学校以"建一流班子，带一流队伍，树一流形象，创一流业绩"

为队伍建设目标，实行校长负责、支部监督、集体决策、民主管理的领导方式，为干部"给位子、指路子、压担子、出点子"，校长工作方式做到"搭台不上台、放手不松手"，促进干部的健康成长。

1.建立方案，健全制度

建立《干部队伍建设方案》，严格执行《干部工作要求》《干部学习制度》和《干部作风"十要十不要"》，强化干部管理，明确分工，责任到人，履行职责，高效工作。

2.加强对年轻干部的培养

我校班子成员均为中青年干部，根据培养年轻干部的计划要求，班子成员在坚持定期集中学习的基础上，鼓励干部主动、自觉学习，要求每学期写一篇学习、工作总结。同时利用校内实践、走出去请进来等多种培养方式，促进干部素质提升。

3.坚持民主评议干部

每学期末，通过工会组织全体教职工大会，对干部进行"一述一评"，鞭策干部的工作责任心、事业心，促进干部的快速成长。

4.转变领导作风，提高管理效能

变发号施令为具体指导，变以监督为主为以指导为主（干部深入年级、深入教师、深入课堂、深入学生，了解具体情况，提出具体改进措施，增强工作针对性）。

强化服务意识，关心教职工生活。慰问困难职工，年节看望退休教师、老教师、老党员、初三教师、为教师过生日等。

实行民主管理，虚心听取群众意见。学校每项重要制度或政策的出台，都要在领导班子反复研究的基础上，形成草案后交由教职工讨论，几上几下，在达成共识的基础上确定最终方案。

（二）建立完善岗位责任制

实行精细化管理，将学校管理岗位目标责任具体化、明确化，把管理责任与管理目标落实到各个部门、各个岗位，落实到工作中的每个环节，班子成员明确分工和岗位责任要求，使每位干部都能找准位置、找到感觉、发挥作用，认真履行自己的职责。

通过以上措施，努力打造"德才兼备威信高，管理有方效果好"的干部队伍。

二、加强教师队伍建设

建立《教师队伍建设方案》，关注师德建设，重视教师专业发展，努力打造一支师德高尚、业务精湛的教师队伍。

（一）加强师德建设

在学习活动中提高师德认识。通过多种学习、培训活动帮助教师树立正确的人生观、价值观和世界观。

在实践活动中培养师德素质。定期组织开展"与学生交朋友、为学生办实事、师德征文、爱生演讲、禁说教育禁语"等活动，使教师在活动中陶冶高尚情操，提高修养水平，引导激励教师努力做到：面向全体学生，全面提高教育质量，促进每一位学生的全面发展。

在评优创先活动中树立典型。通过开展"师德之星""我最喜爱的好老师"等评选活动使全校教师学有榜样，赶有目标。通过请家长、学生参与"师德之星"评选活动，引导教师转变观念、自觉规范、改进教育教学行为。

强化法律意识，注重师德表现。通过学习、培训使教师人人学法、知法、守法，认真贯彻执行《育才分校师德规范实施细则》《教师一日工作准则》等，作学生的表率。

（二）促进专业发展

制定教师个人职业发展规划。围绕学校发展规划，校领导和教师一起研究制定教师个人职业发展规划，帮助教师产生主动的发展愿望、明确各自的发展目标、采取有效的发展措施、取得发展的明显实效，使教师的日常教学生活变得有意义，进而享受到工作的快乐，实现人生的价值。

建立教师学习制度。结合学校工作重点和个人实际制定学习方案，采取集体学习与个人研修相结合的学习方式，定期进行教育教学理论学习，学习先进的教育理念、教学思想、教学方法等，定期组织学习交流、研讨等活动。

建立完善教师研讨制度。围绕学校教研、科研课题及教学重点、难点，开展同年级、同学科的备课研讨，教研组内的教学问题研讨，课题组内的专题研讨，教师个人的专题研究，鼓励教师参与多层次的论坛研讨，形成研讨的习惯和氛围。

建立"说课"制度，培养教师教育反思能力。分课前说、课后说，通过教师之间的思想交锋、共同探讨，引导教师反思各自的教学，改进、提高自己的教学工作。

建立教师培训制度。加强校本培训，根据学校发展目标，结合学校的中心工作和师生发展需求进行校本培训。采取专家引领与校本研究结合、理论学习与实践探索结合、主题演讲与研讨交流结合、外出学习与聘请专家培训结合等多种方式开展校本培训。学校将设专项资金支持教师参加各种教育、教学、科研培训，积极提供教师参加各种培训、进修、学术交流、考察等活动机会，为教师的成长创造良好的条件。

建立基本功训练与考核制度。制定教师基本功训练达标方案，针对不同年龄梯次、不同学科的教师确立不同的训练内容，通过基本功过关、达标、基本功竞赛、技能展示等活动，提高教师教育教学的基本技能。

建立教师业务档案袋。记录教师的成长历程，促进教师对自身教学经验的积累、教育得失的反思、教学工作的交流，为专业发展设计提供依据，激发教师的教育成就感及进一步发展的愿望。采用规定项目及自选项目相结合的方法给教师提供个人发展的空间，指导教师及时积累、定期整理、通过档案袋的使用，使教师积累工作经验、享受工作乐趣、形成个性化的教学风格。

实施青年教师、骨干教师双培养工程，打造骨干教师队伍。通过定期开展校内展示课、汇报课、评优课和骨干教师的示范课、研究课、师徒结对挂钩课等活动，为青年教师搭建锻炼展示的舞台，促青年教师业务素质的提高。聘请市区名师、专家、骨干教师与校内骨干教师结对，确定发展方向，制定发展计划，通过定期听课、研讨、交流、指导，促骨干教师的成长。

三、抓住中心工作，促教育教学质量的提高，不断提升学校办学影响力

学校工作千头万绪，我校在努力抓好常规工作的同时，突出扭住两大工作重点不放：提高德育工作的实效性，促进学生全面发展；提高课堂教学的有效性，全面提升教学质量。

（一）德育工作

完善德育工作领导机制，形成学校德育工作骨干队伍。学校德育工作在支部的领导下，形成以团队负责人、年级负责人、班主任为主，其他任课教师积极参与的德育管理机制。通过几年的锻炼和培养，力争培养出一批管理能力强、经验丰富的德育管理者和班主任，以保障学校德育工作的顺利开展，努力形成制度规范、管理到位、效果突出的德育工作局面。

贯彻"全员德育管理"模式，努力做到教师人人参与德育管理，使学校形成时时、事事、处处均有人管理，克服或减少德育工作死角，提高德育实效性。

执行德育工作规程，确保德育计划的落实。教师严格按照学校德育工作规程进行德育工作，加强学生思想教育和常规管理，形成良好的班风、校风。

实施德育"九年四段"分层目标管理，创德育工作特色。根据我校学生年龄跨度大的特点，我校德育实施"九年四段"分层目标管理的方式，不同年级通过不同的教育活动，对学生进行有针对性的教育。

积极开展班级、学生发展规划的制定，引导班级、学生形成正确的价值观，以形成良好的教育环境。

开展中华传统美德教育以及丰富多彩的教育活动，寓教育于活动之中。学校将利用一切有利条件开展学生喜闻乐见的教育活动——中国年、中国节、艺术节、合唱、舞蹈等提高教育的实效性。在活动中发现人才、展示自我、张扬个性。

发挥家长委员会及家长学校的作用，整合教育资源。积极探索学校、家庭、社会三结合教育的新模式，让家长走进学校——了解教育，让孩子走进社区——宣传教育，让学校走进社区——展示教育；办好家长教师协会工作简报，定期对家长进行辅导、培训，让家长关注学校发展，共同办好教育。

开展心理健康教育。推进学校心理健康教育课程化建设；发挥学校心理咨询室作用，积极开展心理健康辅导；建立部分特殊学生的个人心理健康档案，进行跟踪调查，适时、适当疏导。

贯彻"以人为本"育人观念，加强学生安全教育和遵纪守法教育。通过系列安全教育普及安全知识，通过安全演练提高自护、自救技能。积极探索法制教育的有效途径，提高学生遵守社会公德意识和遵法守法意识，确保师生平安、平安校园。

以班级发展规划和学生发展规划的制定为抓手，积极引导班级、学生树立健康的班级观、学生观，形成健康向上的班风和学风，促进学生全面、健康发展。

（二）教学工作

抓教师观念转变，促教师素质提高。加强教师培训，使教师在教学观念、教学方法上有明显提高。

第一，学校积极引导教师在教学方法上总结与创新，积极探索"问题探究五步教学模式"在教学中的应用。教师要把学生的问题、困惑、思考、见解、兴趣、经验、感受、智慧作为教学的生长点，引导互动、合作、探究的教学形式。在关注教师探究教学模式的同时，鼓励教师尊重教育教学规律，追求教学方法的百花齐放，努力实现教学效益的最优化和最大化。

第二，继续做好学案开发工作，注重学案开发和教学过程紧密衔接。学案设计要同教案设计相辅相成，教学实施中学案使用要恰当合理。在学案开发中要积极探索如何使学生参与到学案的开发制定中来，使学案转化为学生学习的载体。学科组要及时整理教学中的学案资料，通过分享、借鉴和交流形成经典的校本教学资源。

学校创造条件帮助教师尽快提高自己的业务能力，适应学校发展和师生成长的需要。对青年教师进行培训与帮助，要求青年教师每学期外出听课5～6节，通过提供条件、压担子等方式重点培养一批有潜力的教师，使之成为校骨干、区骨干、学校学科带头人，提高我校教师在全区的影响力。

加强教学管理，规范教学工作。严格执行学校教学规程，对全体教师加强指导、监控与评价，实行分层管理、分类指导的策略，促进教师自身素质的提高；建立教师教学水平档案，科学地评价、管理教师，教学工作做到规范、有序，为学校文化发展提供基础保障。

抓好课堂教学研究活动。每次研究活动要确定时间、地点、主题、中心发言人，加强集体备课研究，强化听课、评课制度，定时开展教研活动，每学期开展现场教学评比、观摩活动。

开展课堂教学评价研究。根据新课标要求，结合新教材，重视学生学习兴趣、态度、习惯、结果等方面的过程性评价；开展对课堂教与学效果的研究。

学校在抓好教师掌握现代教育技术的同时，强化教师把现代教育技术运用于课堂的意识，将多媒体技术适时引入课堂为教学服务，促进课堂教学质量的提高。

（三）教科研工作

建立和完善我校的教科研制度，与上级教育科研部门形成网络体系，加强互动，培养一批我校自己的教科研骨干人才。建立校本教研机制，学校自行研发课题，把课题研究的根扎在本校的教育教学土壤上，做好"十二五"市区级各项课题的研究工作。

教学研究过程化。引导教师在备课、讲课、批改作业上开展研究，研究放在教育教学过程中，把教、研、学融为一体。

建立一套督促和考评教师的读书、反思和参与科研的制度，使教师科研素质提升机制化。

通过"走出去""请进来"，采用专家理论引领，同伴探讨互助，自我探索反思的方式，提高教科研的质量和水平。

及时推广有价值的教科研成果，将成果转化为教师的教学力，学校的发展力。

（四）学校文化建设

指导思想：弘扬民族文化精神，创建和谐高尚的人文校园，提升学校各项工作的文化品位，促进学校内涵发展。涵养"学生全面健康成长，教师科学幸福工作，学校和谐内涵发展"的核心价值观。在"厚德、乐学、拼搏、创优"的校训精神下引领学校发展。将"提升自身实力，共享教育幸福"理念作为师生共同追求的行动纲领。

以"传承育才红色文化，培育现代博物少年"为学校文化建设的主题，形成具有育才通州分校特色的学校文化。

学校文化建设的总体目标：经过三年的努力，创建适合师生学习、生活、成长、发展的精神文化；创建和谐顺畅的学校运行机制，完善有效的制度文化；创建净化、美化、绿化的具有浓厚育人氛围的校园物质文化；创建学校严谨、规范、和谐、民主的行为文化。

第四部分　保障机制

一、思想保障

加强党组织建设，以党小组活动为载体，发挥党员的先锋模范作用，增强党组织和党员的创造力、凝聚力和战斗力，使党组织在学校发展与建设中发挥引领、示范和推动作用。加强教师的思想教育，规范教师的教学行为，引导教师在本职工作中创先争优，为学校发展做出贡献。

二、组织保障

学校建立学校发展规划领导小组，以科学发展观为引领，各项工作紧紧围绕三年发展规划展开。学校领导班子、教师、学生、家长一起，共同研讨、制定、完善学校发展规划，使学校的各项目标转化为干部、教师、学生、家长的自觉行为。领导小组定期或不定期检查、监督和评估各处室部门规划的落实情况，及时总结、改进工作。

学校党、政、工、团各司其职，积极配合，以确保学校三年规划的落实。

三、物质保障

学校领导积极争取通州区、梨园镇政府和教委的大力支持，确保学校相关基础建设及时完成，为办好优质学校提供条件。

教学设备、设施的配备本着适度超前，设施完备，功能齐全、实用有效的原则，及时完善与更新，为教育教学需要提供保障。

积极创造条件，为教师的学习与培训提供时间与物质保障。

总之，未来的三年是我校在新的起点上进一步发展的三年，也是学校发展关键的三年。我们将围绕"精神引领、制度保障、人文关怀、重点突破、全面提升"的管理思路，按照"常规工作讲规范，重点工作创业绩，特色工作出亮点"的工作方向，全面提高办学质量和办学效益，为育才学校通州分校美好的明天而奋斗！

北京市育才学校通州分校三年行动计划实施方案
（2012—2015）

（2013年4月2日）

为适应我区作为首都城市副中心建设发展要求，满足当地百姓日益增长的对优质教育资源的需求，全面提升我校中小学办学水平，依据《通州区中小学建设三年行动计划》和区教委中教科下发的《关于中学实施学校建设三年行动计划的指导意见》的通知精神，结合我校实际，制定育才分校三年行动计划实施方案。

一、制定背景

（一）学校基本情况

我校坐落于通州区南部新城规划区，2007年9月2日落成并投入使用，是一所九年一贯制公办学校。学校占地115亩，建筑面积4.23万平方米。学校现有51个教学班，其中小学37个班，中学14个班，在校学生1887人。我校共有161名教职工，35岁以下教师107人，占66.5%，区级骨干教师17人，占10.6%。近年来，在各级领导和社会各界的关心支持和全校干部师生的共同努力下，学校教育教学质量不断提高，办学特色初见端倪，学校各项工作受到各级领导的高度评价和当地百姓的广泛称赞。

（二）发展现状分析

1.优势

干部队伍结构合理、氛围和谐、勤于学习、积极进取、战斗力强。

干群关系和谐，学校管理处处体现人性化，教师幸福指数不断提升。

教师团队合作意识强，工作积极性高。年轻教师多，充满活力。

学生家长来自祖国各地，是学校发展的宝贵资源。

九年一贯的办学体制，使系统培养学生更具优势。

学校布局合理，环境优美，设施完备，办学条件一流。

地理位置处于通州新城南区，学校发展潜力巨大。

学校教育教学质量较高，群众口碑好。

2.劣势

干部队伍的理论水平有待提高，管理方式方法有待改进。学校建校时间短，十几名优秀教师相继走上管理岗位，管理经验不足，能力有待提高。

学校近几年新教师数量迅增，教学经验不足，教育教学水平有待提高。同时，区级骨干教师比例偏低，缺少市级骨干教师。

学校物质文化建设尚不完善，育人氛围不够浓厚，有待进一步加强。

德育活动尚未形成系列，德育工作的实效性需要增强。

部分教师不能把先进的教学理念有效运用到课堂教学中，课堂教学有效性有待提高。

二、指导思想

以《国家中长期教育改革和发展规划纲要（2010—2020）》为指导，紧紧抓住市区"中小学建设三年行动计划"的契机，结合我校实际，制定我校《三年行动计划实施方案》，依托"五项提升工程"，实施"博物教育"，促进学生成长和教师发展，办人民满意学校。

三、发展愿景

通过实施"博物教育"，将学生培养成博爱厚德、博学笃行、博艺尚美的现代少年，把学校办成社会公众认可度高，在通州区具有较高美誉度的学校。

四、办学理念及核心价值观

办学理念：内涵发展，广育群才。

核心价值观：学生全面健康成长，教师科学幸福工作，学校和谐内涵发展。

五、建设目标

努力把学校办成一所管理较为科学，硬件不断完善，两支队伍素养明显提升，教育教学质量优良，办学特色日趋鲜明的现代学校。

六、重点工程及措施

（一）学校管理提升工程

工作目标：探索现代学校组织职能与机制，逐步完善学校管理制度，提升干部素养，提高管理水平，为博物教育广育群才创设良好的管理环境。

主要内容：

1.创新管理组织职能

本着为学生成长服务，为教师发展服务，为课程改革服务的宗旨，在保持行政处室固有职能不变的基础上，创新部分管理职能。

在政教处下设"学生健康指导组"，承担学生心理健康咨询与辅导、青春期教育等任务；在团总支下设"学生社团管理组"，承担学生社团组织、指导等任务；在教务处下设"教师发展指导组"，承担指导教师制定职业生涯规划、组织开展校本培训等任务；在科研处下设"课程开发建设组"，承担课程开发、实施、评价等任务；在工会下设"法律支持援助组"，承担师生之间、家校之间等矛盾纠纷调解工作。

2.优化管理机制

常规工作采用"处组制"管理，体现管理的系统性、稳定性、专业性。

重点工作采用"扁平化"管理，在年级建设、班级建设、学科建设等方面，选派干部直接负责，减少层级，提高管理效能。

综合性工作采用"项目制"管理，针对综合性工作，指定牵头人全面负责，协调相关部门，整合资源，按时完成。

教育教学专业性较强的工作采用"学术性组织"管理，在课堂教学评优、论文评比、课题研究等方面，组建以骨干教师为主要成员的学术组织。

事关学校发展规划、优质教育资源引入等重大事项，采用"校务委员会"机制，集思广益，形成正能量，促进学校发展。

3.完善学校章程

作为通州区学校章程建设试点校，学校将聘请市区专家和校方一道，结合学校实际，研究完善具有自身特色的学校章程。

4.提升干部素养

为提升干部素质和履职本领，提高服务师生、发展学校的能力，我校干部在工作中应具备管理者七种素养。

（1）品德高尚，公正清廉，严于律己，率先垂范。

（2）主动学习，超前思考。勤于学习，不断提升自身实力；勇于创新，引领学校发展。

（3）诚实做人，踏实做事。真诚是人生用不尽的黄金，以诚待人；心无旁骛，实干兴校。

（4）以人为本，尊重他人，换位思考，得理也让人。

（5）全局意识，系统思考。"学做一串葡萄，不做一捧大枣"。

（6）团队取胜。具有共同的目标追求，和谐的合作氛围，良好的竞争态势，无私的奉献精神。

（7）崇尚一流，追求卓越。人人都有进步的潜力，事事都有改进的余地；不为不足找理由，只为提高想办法。

（二）办学条件提升工程

工作目标：统筹规划，整合校内外资源，完善学校基础设施建设，创设"博物教育"育人环境，为博物教育广育群才奠定物质基础，提升学校整体办学条件。

主要内容：

1.分年度完成校舍修缮任务，改造学校水、电等基础设施，更新饮水设备，满足师生学习、工作、生活需求。

2.完成初中楼、科技楼、文体馆、图书馆等学校物质文化建设任务。

3.添置理、化、生、科学、美术等学科仪器设备；更新部分学生电脑、投影机等现代教育设备，建设两个高清录课系统。

4.加强数字校园建设，建立学校教育教学资源库，完善学校门户网站建设。

5.加强校园安全建设，更新技防设施，建立技术安全防范网络体系。

（三）教师队伍建设工程

工作目标：建设一支师德高尚、业务精湛、创新力强、享受职业幸福的"博物之师"。

主要内容：

1.教师自主制定《教师五年职业发展规划》，促进教师主动发展。继续开展"帮学对子"工作，借助教研组长、骨干教师的力量，指导青年教师提高研读课标、分析教材、设计教学及课堂实施的能力，相互促进，共同成长。

2.培养"博爱""博学""笃行"的教师团队。

（1）培养"博爱"之师

每学年组织新入职的教师学习义务教育法、教师法及《中小学教师职业道德规范》等法律法规，组织教师参加德育法规知识竞赛。

每学年围绕"博爱"主题，开展"用爱心开启学生心灵之窗"案例征集、"爱与责任"演讲比赛、"师爱进千家"家访等多种形式的活动，使教师诚心关爱学生，细心了解学生，耐心教育学生，热心服务学生。

每学期开展学生评教、家长评教活动。

（2）培养"博学"之师

组建教师"学习共同体"，每学期开展同读一本书活动。按章节分组学习，研讨交流心得。

每学期期末召开一次"教育教学经验一例谈"座谈会。

每学期组织一次教研组、备课组"组长论坛"，提升教师研究、指导能力。

围绕教师教育教学中存在的重点难点问题，每学年聘请专家开展各种主题培训、选派教师参加外出培训等，拓宽教师视野。

（3）培养"笃行"之师

每学期开展教师基本功竞赛，岗位练兵；开展"新苗杯"或"硕果杯"校级评优课活动；举办青年教师培训班；开展骨干教师"风采展示"活动；开展班级"人本化"管理经验交流。

3.完善教师激励机制。修订《优秀年级组奖励办法》《先进教研组奖励办法》《先进备课组奖励办法》等制度；搭建教师会议、实物、媒体等展示平台，激励教师发展。开展"师德之星""爱生标兵""优秀班主任"评选等活动，积极发现典型、培养典型，大力宣传身边"博爱之师""博学之师""笃行之师"先进事迹，使教师在体验成功的同时，享受职业的幸福。

（四）德育实效提升工程

工作目标：探索"一四三"德育管理模式，构建德育一体化内容与机制，培养"博爱厚德""博艺尚美"的现代少年。

主要内容：

1.探索"一四三"德育管理模式

"一个目标"：即全面育人，促进学生综合素质提升。

"四条主线"：即突出学生线、教师线、家长线和社会线，紧紧抓住四条主线不放，务求德育实效性的提升。

"三个平台"：指通过常规管理、主题活动和文化熏陶这三个平台，达到管理育人、活动育人、环境育人的目的。

2.开展"九年四段式"养成教育

依据"九年一贯制"办学优势和学段特点，学校在养成教育方面将学生划分成1—2年级、3—5年级、6—7年级和8—9年级四个阶段，每个阶段又依据《中小学生守则》《中小学生日常行为规范》《中小学生文明礼仪指导纲要》等主要精神，分别制定学生养成教育目标、内容、方式和方法，以年级为依托，以班级为核心，以学生社团为纽带，开展养成教育活动，引导学生科学、有序成长。同时将效果纳入中小学生综合素质评价和年级（班级）考核机制，激励学生、年级（班级）自主设计、自主体验、自主发展，提高德育的针对性和实效性。

3.构建德育系列主题活动课程

（1）实现德育活动系列化

学校根据学生成长需求和课程设计需要，将主题教育活动、主题班队会、社会大课堂、志愿服务等活动进行有效整合，以"行在校园""行在社会""行在心灵"三个维度确定活动主题，不断完善学校德育活动体系，努力实现学校教育与社会生活的相互渗透和有机衔接。

"行在校园"主题：主要指主题活动、主题班队会。每学期开展爱国主义教育、文明礼仪教育、中华传统美德教育、践行北京精神教育等，增强学生的爱国情感，培养学生良好的道德品质和文明行为。同时，结合"育才书画院"、学生艺术节等学生社团活动，展示学生风采，培养学生审美情趣。

"行在社会"主题：主要指学生实践活动。每学期有计划地开展学生社会大课堂、综合实践、志愿服务等活动，让学生走出校门、接触社会、了解社会、适应社会，培养主人翁意识和社会责任感。同时，完成《以社会实践活动为载体，开发学生学习潜能的实践研究》市级立项课题研究工作。

"行在心灵"主题：主要指心理健康辅导和青春期教育。学校在政教处下设"学生健康指导组"，组建心理健康辅导团队，创新辅导模式，完善日常辅导内容。每学期举办青春期教育讲座，结合学科特点进行青春期知识渗透等，引导学生健康、快乐成长。

（2）实现德育活动课程化

积极推进"通州区社会大课堂实验校"工作；分步完成体现1—9年级德育一体化特点的中小学生社会大课堂活动校本教材《走进社会》、小学生安全教育教材《小朋友看安全》等编制工作。

4.营造积极向上的育人氛围

行为文化。以班级文化建设为核心，通过班训、班风、班徽、班歌的产生、主题班会、文娱活动、"温馨教室"建设与星级评比等，在班级内形成正确的行为导向；明确上课、课间、集会、用餐、交往等举止要求，对学生的学习和生活行为进行及时、正确的引导；举办家长讲座、校园开放日等，促进家校互动，形成教育合力。

环境文化。依托校园物质文化建设的推进，在校园内开辟"学生创意区""学生体验区"等，鼓励学生展示才华，张扬个性；通过楼道与橱窗布置、开通校园广播、校园铃声设置、学生联欢活动等，创设和谐、温馨、健康、向上的育人环境。

（五）教学质量提升工程

工作目标：构建"博物教育"课程体系，倡导"五环节"课堂教学模式，探索"一三五"教学管理模式，提升教学质量。

主要内容：

1.完善"博物教育"课程体系，提升三级课程质量

按要求开设国家课程、地方课程，努力提升课程质量。对现有传统文化类、人文素养类、学科拓展类、创意实践类四类三十余门校本课程进一步完善，继续开发具有"博物教育"特色的校本课程，形成校本课程群。

（1）"博物教育"校本课程规划

传统文化类，课程方向：古典文学名著赏析、儒家思想与传统美德、中国古代文化名人的历史作用、传统文化的现代应用、历史文化遗产与继承等。

人文素养类，课程方向：育才学校发展史、古今中外名家大家经历和建树、现当代先进人物事迹与品德、心理健康等。

学科拓展类，课程方向：对国家或地方课程进行拓展和延伸。

创意实践类，课程方向：文体科技活动、健身技能、生活技能、社会实践、志愿者活动、社区服务等。

（2）"博物教育"校本课程目标

校本课程开发目标。通过三学年的努力，形成具有时代特征、地方特点鲜明完整的校本课程体系。

教师专业发展目标。通过校本课程开发，形成一支善钻研、会合作、能奉献、有较强课程建设实施能力的教师队伍。

学生发展目标。品德优良、博学多识、具有自主、合作、探究精神、兴趣广泛、全面发展。

2.探索"五环节"课堂教学模式，提升课堂教学质量

在坚持启发式、探究式、参与式、讨论式等课堂教学方式的基础上，我

校倡导教师在课堂教学中采取"五环节"教学模式。

（1）制定"博物教育"课堂教学评价标准。聘请专家指导，组织干部、教师研讨，广泛征求学生意见，确定课堂教学评价标准。

（2）探索"五环节"课堂教学模式，打造"生本课堂"。

遵循教育、教学、学习三方面的规律，探索"五环节"课堂教学模式。即激趣展标、自学质疑、合作解疑、梳理归纳、达标测评。

第一阶段：论证培训。发放教师问卷、征集教师日常采用的教学方法、组织教师研讨、建立实施课堂教学模式领导小组，制定具体实施方案。

第二阶段：实践验证。备课组集体研究，初步实施"五环节"课堂教学模式；征求学生建议；教研组研讨解决模式实施中发现的问题；聘请专家开展"有效课堂"专题讲座；各教研组推荐典型教师；以教研组为单位，开展"五环节"课堂教学模式研究课活动。

第三阶段：普及推广。在教研组内开展交流研讨活动；分别在初中部和小学部举办"五环节"课堂教学模式展示课活动；聘请专家开展落实"五环节"课堂教学模式诊断活动；开展"五环节"课堂教学模式教学设计、专题论文、课例征集评比推优活动；开展相关评优课活动。

第四阶段：总结提升。组织教师对实施"五环节"课堂教学模式进行深入总结；聘请专家对教师进行教学模式诊断提升；组织"五环节"课堂教学模式成果展示活动：举办教学成果展（教师获奖教学设计、专题论文、课例、学生作品等）、学生特长展演、家长走进课堂、社区群众走进学校等。

3.探索"一三五"博物教育教学管理模式

一个目标：学校教学质量跻身通州区前列。

三种方式：实行主管负责制、年级负责制和学科负责制。教学分管校长对初中部、小学部教学工作负责。深入年级干部、年级长对本年级教学工作负责。干部、学科组长对本学科教学工作负责。

五种措施：

（1）抓学习，提升理论素养。组建"学习共同体"，培养"博学笃行"教师团队。

（2）抓常规，规范教学环节。着重引导教师在制定课堂教学目标时，就如何体现"行为主体""行为动作""行为条件""行为程度"四要素进行学习和探讨。

（3）抓教研，提升专业水平。在教研听评课活动中，尝试采用"课堂观察法"，实现听评课从对立走向合作，从业余走向专业，从简单走向复杂三个转变，共同提高教学水平。

（4）抓学法，提高学习效率。在日常课堂教学中，教师针对学科教学内容及学生实际情况，有意识地进行学法指导，让学生会学习。同时，分学科每学期召开学法指导讲座、组织学法交流等活动。

（5）抓评价，提升教学绩效。依据《中小学学生学业诊断与分析系统》，对学生适时进行客观全面的评价。对教师教学工作采取民主评议、目标验证等方式，进行激励性评价。

4.以科研为引领，加强课题研究

继续以"提高课堂教学实效性主体参与策略的研究""班本一体学困生预警策略的研究""学生学习方式系统变革实验研究"等市区级科研课题为依托，深入研究，在切实减轻学生过重负担的前提下，经过三年的努力，促进教学质量进一步提升。

七、实施步骤

项目	时间	内容	负责人
学校管理提升工程	2012—2013	1.聘请专家指导，教师共同研讨，精心制定学校三年行动计划实施方案，并开始实施 2.制定组织管理创新、管理机制优化方案，并初步实施 3.启动学校章程制定工作 4.明确干部素养提升方向，制定干部培养方案并实施	李竹林 王凤明
	2013—2014	1.总结上一学年计划实施情况、修订本学年计划并实施 2.逐步落实组织职能、管理机制、管理制度 3.进一步研究制定学校章程	
	2014—2015	1.总结上一学年计划实施情况、修订本学年计划并实施 2.总结本工程实施情况	

项目	时间	内容	负责人
办学条件提升工程	2012—2013	1.完成学校录课室建设，添置理、化、生、科学、美术等学科的仪器设备；更新学生电脑、投影机等现代教育设备 2.对小学楼内墙进行整修，屋顶防水维修，完成初中楼校园文化建设 3.安装部分饮水设备；对校园监控系统进行维修	丁振勇
办学条件提升工程	2013—2014	1.添置电脑及办公桌椅 2.进行基建维修：更换教室和办公室门；对科技楼东墙进行整修；改造操场水泥地面，维修塑胶操场；地下管路维修 3.完成科技楼、文体楼、图书馆校园文化建设	丁振勇
	2014—2015	1.更新、补充现代教育设备；对学校建筑进行室内粉刷和外墙粉刷 2.查漏补缺，完成中小学办学条件和服务水平提升工程中的薄弱环节	
教师队伍建设工程	2012—2013	1.教师自主制定《教师五年职业发展规划》 2.完善教师激励机制 3.举办青年教师培训班，开展骨干教师展示活动，开展班级精细化管理经验交流 4.组织新苗杯、硕果杯课堂教学评优活动 5.聘请专家进行专题讲座 6.选派教师参加脱产培训	徐英杰 高凤琴 王凤明
	2013—2014	1.继续举办青年教师培训班、开展骨干教师展示活动，开展班级精细化管理经验交流 2.继续组织新苗杯、硕果杯课堂教学评优活动 3.聘请专家进行专题讲座 4.选派教师参加脱产培训	
	2014—2015	1.继续举办青年教师培训班，开展骨干教师展示活动，开展班级精细化管理经验交流 2.继续组织"新苗杯""硕果杯"课堂教学评优活动 3.聘请专家进行专题讲座 4.选派教师参加脱产培训 5.全面总结教师队伍建设工作	

续 表

项目	时间	内容	负责人
德育实效提升工程	2012—2013	1.探索"一四三"德育管理模式 2.初步实施"九年四段"养成教育	王凤明
	2013—2014	1.继续探索"一四三"德育管理模式 2.实施"九年四段"养成教育 3.构建德育系列主题活动课程 4.搭建文化熏陶育人平台	
	2014—2015	1.完善"一四三"德育管理模式 2.深化"九年四段"养成教育 3.总结本工程实施情况	
教学质量提升工程	2012—2013	1.探索"一三五"教学管理模式 2.初步实施"五环节"课堂教学模式 3.开展市、区级立项课题研究 4.开发校本课程,逐步完善博物教育课程体系	徐英杰 高凤琴
	2013—2014	1.继续探索"一三五"教学管理模式 2.全面推广"五环节"课堂教学模式 3.继续开展市、区级立项课题研究 4.进一步完善博物教育课程体系	
	2014—2015	1.完善"一三五"教学管理模式 2.总结"五环节"课堂教学模式 3.完成市、区级立项课题 4.总结展示博物教育课程成果 5.总结本工程实施情况	

八、保障措施

(一)组织保障

成立学校《三年行动计划》领导小组,校长任组长,统筹安排、任务分解、协调各部门认真落实。各分管领导依照分工各负其责,明确计划的目标、任务和要求,认真履行职责,确保计划按期完成。

组长:李竹林

副组长:高凤琴、徐英杰、王凤明、丁振勇

组员：白立红、张鹏程、赵新生、郝建丽、杨建成

王佳菊、邓跃强、李东、侯丽梅　年级组长　教研组长

（二）监督保障

为确保学校《三年行动计划实施方案》的落实，各部门负责人每周一行政例会从工作内容、主要做法、达成情况、存在问题、改进措施等方面汇报计划进展情况。学校成立监督领导小组，工会主席任组长，检查、监督各部门计划的执行情况。学校每年进行全面总结，不断修订计划，推进计划落实。

组长：丁振勇

组员：徐英杰、高凤琴、王凤明、白立红、张鹏程、赵新生、张红霞、朱术青

未来三年，我校将围绕"精神引领、制度保障、人文关怀、重点突破、全面提升"的管理思路，按照"常规工作讲规范，重点工作创业绩，特色工作出亮点"的工作方向，全面实施《北京市育才学校通州分校三年行动计划实施方案》，努力创造育才学校通州分校新的辉煌！

博艺尚美，全面育人

——学校落实《学校艺术教育工作规程》工作方案

（2013年12月25日）

一、主动发展：领导重视有保障，奠定艺术教育坚实地位

（一）组织管理

1.高度重视，明确职责

学校领导一直把艺术教育工作作为学校教育工作的重要组成部分，成立了学校艺术领导小组，专门负责研究制定专用教室使用制度、艺术专职教师职责等制度，保证艺术教育规划顺利实施。领导小组成员间既分工明确，责任到人，又团结协作，追求高效。

学校艺术教育领导小组具体分工表

姓　名	职　　务	重点负责工作
李竹林	校长兼书记	主持学校全面工作
王凤明	德育副校长兼副书记	分管全校德育、体育和艺术教育工作，负责行政管理与协调及干部队伍建设
徐英杰	副校长	负责初中教师队伍建设及教学管理工作
高凤琴	副校长	负责小学教师队伍建设及教学管理工作
丁振勇	后勤副校长	负责学校艺术活动后勤保障
张鹏程	政教处主任	具体负责中学德育、全校体育和艺术工作
杨建成	教务处副主任	具体负责中学教学工作
白立红	教务处主任	具体负责小学教学工作
郝建丽	政教处副主任	具体负责小学德育工作
侯丽梅	团支部书记	具体负责团队工作
林然	美术组组长	具体负责美术教研组工作
谷艳红	音乐组组长	具体负责音乐教研组工作

2.学习政策，狠抓落实

每学期初，领导小组都组织全校教师认真学习上级下发的有关艺术教育的文件和相关规定，在学校工作计划中对学校艺术教育都做出具体的安排，并狠抓落实。在抓好艺术教育的过程中，还注意艺术教育与德育、智育、体育的有机整合。

3.制定规划，稳步发展

学校制定了《艺术教育发展规划》。每学年初，根据发展规划制定艺术教育工作计划，学年末根据计划落实情况认真总结反思，保证艺术教育工作稳步推进。

（二）保障机制

1.深入指导，保障教学

学校各级领导高度重视音乐、美术教育及相关活动，经常深入艺术教研组具体指导艺术教育工作，并且在课时安排、教学设备配备及各项艺术活动的人力、物力、财力保障上尽量满足学科教学及相关活动的需要。

2.设施完备，制度明确

为了满足艺术教学的有效实施，我校设置音乐专用教室4个、美术专用教室4个，舞蹈教室2个，达到每个专职教师都有专用教室，充分满足了艺术课教学需要。学校同时建有文体馆，设有2个报告厅、1个大型活动场馆，充分满足课外艺术活动的需要。

按照国家规定，学校配齐配足艺术教育器材、设备，制定了艺术教学设备的管理制度，专人负责，器材设备目录、使用记录和维修记录齐全、规范，为课堂及课外艺术教育提供了充分保障。

二、着力强化：精心培养一流师资，培育核心竞争力

（一）客观公正评价，激发工作热情

每一学期学校艺术指导小组会对本学期的学校艺术工作进行总结，全面、公正地评价每一位艺术教师的工作情况，做到奖惩分明，并在奖励、职称评定、岗位考核、生活待遇等方面做到了与其他学科教师同等待遇。学校严格

按照国家规定为艺术教师定工作量，艺术教师课外艺术活动辅导课时工资不低于其他课时工资。在每一学期末对在艺术教育工作中做出贡献的教师进行奖励，极大地激发了艺术教师的热情。

（二）加强队伍建设，提升工作能力

加强教研组建设，让教师在团队中成长，是我校"三核心"管理模式的重要组成部分，是教师队伍建设的有效途径。

学校分别成立了音乐教研组和美术教研组。教研组每月至少活动两次，研究在课堂教学中遇到的实际问题，这种结合实际的研究，极大地提高了学校艺术教育课堂的教学效果。每名艺术教师都认真完成课堂教学任务，积极开展校内外艺术教育活动，很好地完成艺术教育工作。

1.加强培训学习

为了使学校艺术教育健康发展，我校一直在致力于教师队伍的素质提高工作，狠抓教师业务素质的培训和提高，一方面，我校积极派出教师参加通州区教师研修中心的培训活动，不少于每月两次，每次半天；另一方面，鼓励教师参加高一级的业务进修，并为教师学习进修提供便利条件。此外，充分利用名校办分校的优势，每学期都组织艺术学科教师与育才本校艺术教师进行听课交流活动，并组织参观北京育才学校合唱节等课外活动。近几年，我们还多次邀请北京育才学校韩志桐老师对我校音乐教师进行了指挥、指导合唱方面培训。通过多形式、多渠道的培训，教师业务素质得到不断提升，教学论文、课例及艺术作品多次获奖。

2.科研引领教学

围绕我校区级立项课题"以尊重为价值导向，创设民主和谐的课堂氛围，提高教学实效性的研究"，艺术教研组也建立了两个子课题，即"尊重学生兴趣的广泛性，注重'多元文化'的整合，创设民主和谐的课堂气氛，提高音乐教学课堂实效性的研究"和"尊重学生个性化创新思维发展 提高美术教学实效性"。每位教师都制定了个人教研专题，并将课题研究与教研活动相结合，做到有计划、有步骤、重落实，对教育教学实践起到了一定的指导作用。

3.搭建交流平台

学校每学期都开展教研组推课活动，艺术教师每学期承担教研组研究课

至少1节；每学年还开展青年教师评优课活动；艺术组教师也经常得到区教师研修中心艺术教研员听课指导，并多次承担区级研究课、展示课；在家长开放日活动中，秦媛、高歌、谷艳红、林然等老师的音乐课和美术课受到了家长们一致好评。艺术教师在校内研究交流的基础上，逐渐走出校门，视野更加开阔，交流日益广泛，教学水平不断提升。

三、立足课堂：开齐开足艺术课程，确保课堂教育效果良好

在课堂教学中，学校严格执行中小学课程计划，开足课程、开齐课时，开发拓展型、研究型课程，将专业教育与非专业教育有机结合，将通用教材和校本教材和谐统一。学校要求艺术教师把握好课堂教学的每个环节，从"备、讲、辅、评"四个角度，认真开展"集体备课、课堂教学、听课评课、教学反思、反复实践"活动，用全新的教育理念引导学生们进行自主、合作、探究式学习，真正领会艺术教育真谛。

为了保证课堂教学的顺利进行。区研修中心和学校教务处每学期开学之前都会组织艺术教师进行集体备课，研究教材，制定出学期教学计划、单元教学计划和教案，并在每个月定期进行教案检查。同时，加强随机听课，建立反馈机制，撰写教学反思，找出薄弱环节，对症下药、共同提高。

学校为每个艺术教室配备了多媒体设备，为每位教师配备了电脑，方便老师查找资料。艺术课堂教学在坚持常规、不断丰富的基础上，根据教学目标，每学期都组织期末考察和毕业考核，确保了教学质量。

艺术教师在课堂教学中能以新课改理念为指导，注意激发学生兴趣优化教学过程，教学方法科学合理，教学手段直观形象，效果十分显著。如音乐教师罗浩将"竖笛教学"引入课堂，蒋辉老师把"口风琴教学"引入课堂等，有效激发了学生学习兴趣，提高了学生音乐素养。

四、面向学生：课外活动丰富多彩，绽现百花齐放局面

学校音乐教室、书画教室、形体教室和合唱排练室等艺术专用教室一应俱全，育才书画苑还设置了儿童画、国画、版画等4个展厅，这些都成为实施艺术特长教育的主阵地。同时，学校还不断加大对艺术教育的投入，用于购

置美术专用材料、音乐表演服装、道具等，为进一步提升学校艺术教育工作水平奠定坚实的基础。

艺术学科的第二课堂活动是艺术教育的重要内容和有效延伸，是课堂普及、课外提高原则的充分体现。为此，学校把有艺术特长和共同兴趣的学生召集在一起组成学生兴趣小组和艺术社团。学校现有合唱队2个、国画小组2个、工艺美术小组1个、舞蹈小组2个、书法小组2个、器乐小组3个。校级兴趣小组达到学校班级数量的33%，校级兴趣小组成员人数达到全校学生总人数的15%，每年参加班级艺术小组排练的学生能够达到全班人数的30%。小组活动按照学校统一要求，专人负责，专人辅导，做到"四有、三定、一反馈"，即有组织、有章程、有管理、有记录，定时间、定内容、定方式。艺术小组活动每周不少于一次，每次活动时间达到一小时以上。

学校艺术教育教学工作突出全面育人宗旨，面向全体学生，积极开展丰富多彩的课外校外活动：如北京市中小学生每届艺术节活动我校均积极参加，成绩不断提高。学校还确定五月为学校"艺术活动月"，在6月1日开展"学生艺术节"暨"庆六一"文艺会演活动。2012年12月，学校开展了以"博物成就梦想，艺术点亮人生"为主题的校园艺术节活动，为全校同学提供一个展示自己、丰富自己、升华自己的平台。2013年6月，美术组举办了"育才少年阳光杯"摄影、书法、绘画大赛。此次大赛，全校学生积极参与，老师们也大力配合，使整个活动达到了预期的效果。

五、资源共享：挖掘艺术教育资源，营造高雅校园文化

（一）社会实践

我校充分利用位于学校附近的北京韩美林艺术馆这一优质教育资源，结合学生的综合实践活动课程，多次组织学生到艺术馆参加社会实践活动，使学生得到了艺术熏陶。

（二）专家引领

在学校艺术小组活动中，为了发挥专家的引领示范作用，促进学校艺术教育的迅速发展，我校还积极邀请育才本校的专家韩志桐教师对我校的合唱

辅导教师及合唱队进行了现场指导，使辅导教师的指导水平、学生的演唱技巧得到了显著提高。

2009年1月至今，学校多次聘请解放军军乐团的老师来我校举办管乐知识讲座，老师形象的讲解、生动的示范，激发了学生的学习兴趣。2011年11月学校成立了管乐队，并在2013年举办的区级艺术节上荣获二等奖。运用社会资源积极介入学校艺术教育，为学校的发展创设了良好的艺术教育环境。

（三）环境建设

为了落实"一切为了学生健康发展，一切为了祖国繁荣富强"的办学宗旨，给艺术教育工作营造良好的文化氛围，学校每学期举办一次艺术成果展，刊登学生书画作品、优秀习作、点滴心得等；校园走廊增设学生绘画、剪纸、手抄报作品展；每逢重大节日或专题教育活动，征集优秀学生作品进行展出；每年借助学校艺术节、六一儿童节开展艺术节活动，舞蹈、歌唱、表演、朗诵等在学生心中播下了艺术的种子。

学校成立的"育才书画苑"，吸收有兴趣的师生参加书画学习和交流，并在美术教学区建立"育才书画展廊"。今年学校再次投资八万余元对美术展廊进行二次布置，现已有300多张师生绘画、书法、素描作品裱出展示。

为了进一步彰显学校"博物教育"办学特色，不断加强校园文化建设，我们紧密围绕"弘扬育才红色文化，培育现代博物少年"这一主题，于2013年8月基本完成了中小学教学楼、行政办公楼及文体馆的文化建设，其中教学楼各层分别以"博爱厚德""博学笃行""博艺尚美"等为小主题，对学生进行文化熏陶。

六、特色成绩：艺术活动成果丰硕，艺术教育亮点鲜明

（一）校本研修，彰显特色

学校通过校本研修，制定了艺术教育校本课程开发方案，编写了艺术教育校本教材。本学年，学校以提高绘画能力为主题编写的《儿童线描画》校本教材，以"艺术鉴赏"为主题编写的《艺术点亮生活》校本教材均已出版，并在三年级、五年级分别使用。而书法、国画、装饰艺术等课程也列入我校

正式课表，纳入学校每周一次的校本课程。学校从制度层面保证了艺术教育由精英教育向大众教育转变，有效促进了全体学生的全面发展。

（二）利用资源，树立品牌

为了促进学生的全面发展，本学年学校还积极利用周边的艺术教育资源——北京韩美林艺术馆，将艺术教育活动与社会大课堂相结合。除多次组织学生集体参观韩美林艺术馆外，我校美术教师还多次代表通州区在韩美林艺术馆开展美术社会大课堂展示活动。此次活动，通州电视台、通州时讯等媒体均进行了报道，是我校艺术教育品牌逐渐树立，办学水平不断提高的有力见证。

（三）参加竞赛，提升水平

为了全方位落实"内涵发展，广育群才"的办学理念，学校积极组织学生参与各级各类艺术竞赛，并取得了优异成绩。仅以2012—2013学年为例，我校就有120多人次师生在各级各类艺术比赛中获奖，学校也被评为"2013年通州区中小学艺术教育优秀校"。

七、总结评估：形成有效激励机制，拓宽艺术工作平台

我校将艺术教育与其他学科教学置于同等地位进行评估和奖励。学校有具体的评价方案和奖励措施，并形成了有效激励机制。除奖励艺术教师外，学校还利用"韩美林艺术奖学金"对在区级以上艺术竞赛中获奖的学生进行专门奖励。

育才通州分校的艺术教育工作在各级领导、专家的长期关心和指导下，正在全面、健康地发展。可以相信，通过我们的共同努力，"艺术教育之花"一定会在育才这片沃土上开得更加鲜艳夺目！

附录2

大杜社中学关于艾宾浩斯记忆规律曲线问卷

（2008年11月7日）

教师姓名：　　　　　　　　　　**时间：**

德国著名的心理学家艾宾浩斯在1885年发表了他的实验报告后，记忆研究就成了心理学中被研究最多的领域之一，而艾宾浩斯正是发现记忆遗忘规律的第一人。

记忆的保持在时间上是不同的，有短时的记忆和长时的记忆两种。而我们平时的记忆的过程是这样的：

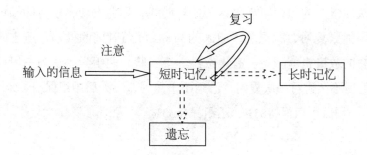

时间间隔	记忆量
刚刚记忆完毕	100%
20分钟之后	58.2%
1小时之后	44.2%

时间间隔	记忆量
8~9个小时后	35.8%
1天后	33.7%
2天后	27.8%
6天后	25.4%
一个月后	21.1%

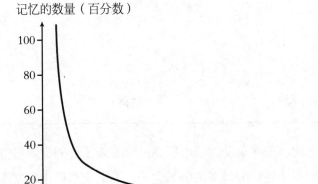

这条曲线告诉人们在学习中的遗忘是有规律的，这就是遗忘的发展规律，即"先快后慢"的原则。观察这条遗忘曲线，你会发现，学得的知识在一天后，如不抓紧复习，就只剩下原来的34%。随着时间的推移，遗忘的速度减慢，遗忘的数量也就减少。有人做过一个实验，两组学生学习一段课文，甲组在学习后不久进行一次复习，乙组不予复习，一天后甲组保持98%，乙组保持56%；一周后甲组保持83%，乙组保持33%。

您有何感想？

您准备怎么做？

大杜社中学关于"学习金字塔"的学习感悟问卷

（2009年7月15日）

教师姓名： **日期：**

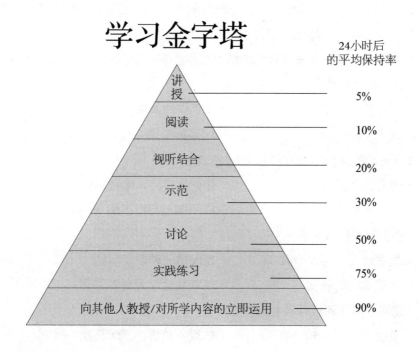

学习金字塔

24小时后的平均保持率

讲授	5%
阅读	10%
视听结合	20%
示范	30%
讨论	50%
实践练习	75%
向其他人教授/对所学内容的立即运用	90%

您有何感想？

您准备怎么做？

中小学教师职业道德行为调查问卷

尊敬的老师：

您好！很抱歉占用您宝贵的工作时间，请您协助我们完成下面的调查问卷。我们在进行一项有关中小学青年教师教育教学工作情况的调查研究，下面问卷里所列问题的答案无所谓对错。只是想真实地了解您现在的教育教学情况，请将自己的真实情况和想法提供给我们，您的意见和建议将对本课题研究有很大帮助。诚恳地希望得到您的大力协助！

填表说明：请选出最符合您的情况和想法的一个选项。

1.您选择从事教育工作的原因：（　　　）

A.热爱教育工作　　　　　　　　B.工作的偶然性

C.谋生手段　　　　　　　　　　D.多重选择的结果

2.您对教师这份职业有何想法？（　　　）

A.热爱这个工作　　　　　　　　B.适合自己，比较喜欢

C.没什么想法　　　　　　　　　D.不知道自己还能干别的

3.您如何评价教师职业？（　　　）

A.教书育人，为人师表　　　　　B.仅是一种职业而已

C.实现成功的阶梯　　　　　　　D.有机会学习更多知识

4.您对目前任课教师敬业精神的评价？（　　　）

A.很敬业　　　　B.一般　　　　C.很不负责　　　D.其他

5. 教师对学生的职责是（　　　）

A.只是教书　　　B.教书并管理　　　C.只是管理　　　D.教书育人

6.教师是否应该抓好课堂教学纪律？（　　　）

A.要抓好　　　　　　　　　　　B.只要管好教学就行

C.请班主任协助　　　　　　　　D.无所谓

7您对学生思想状况和生活状况的关注程度？（　　　）

A.十分关注　　B.一般性关注　　C.漠不关注　　D.需要关注就关注

8.您以什么方式关心学生?（　　　）

A.课后答疑,指导学习　　　　B.认真组织教学

C.关心生活和实际困难　　　　D.关心他们的心理健康

E.关心他们的全面发展　　　　F.不关注

9. 您认为和以前相比,当前学校教师的师德素质是（　　　）

A.有所下降　　B.有所上升　　C.基本没有变化

10.如何评价师德师风专题教育活动中的政策法规知识的学习（　　　）

A.有必要　　　B.感兴趣　　　C.一般

11.您对关注党的政策和国内国际形势的关注和了解程度?（　　　）

A.非常关注和了解　　　　　　B.关注自己感兴趣的

C.一般关注和了解　　　　　　D.关注与自身切身利益相关的

E.不关注

12.您认为我校师德师风总体状况如何?（　　　）

A.很好　　　　B.较好　　　　C.一般　　　　D.较差

13. 您认为影响教师形象和威信的主要因素是什么?（　　　）

A.作风正派　　B.谈吐得体,举止高雅　　C.知识渊博　　D.衣冠整洁

14.您认为教师在师德师风活动中存在的主要问题是（　　　）

A.育人意识淡漠　　　　　　　B.爱岗敬业精神不强

C.自身表率作用欠缺　　　　　D.合作精神、创新精神不强

E.其他表现

15.您认为环境、制度对学校现有师德状况的影响有?（　　　）

A.经济环境压力　　　　　　　B.人际环境压力

C.制度环境压力　　　　　　　D.学习氛围环境不浓

16.您认为教师的个人道德问题会不会给学生带来影响（　　　）

A.不会,个人道德不属于师德范畴

B.会,教师个人道德也是师德内容

C.教师就是要比一般人的道德要高尚,不能放松自己修养

D.教师也是人,只要不在课堂上爱怎样就怎样

17. 您认为学校师德建设的有效方式是什么？（　　）

A.加强制度建设　　　　　　　B.奖惩结合，以奖为主

C.严格管理，严惩落后　　　　D.加强氛围建设，培养教师道德自觉

18.对于教师进行社会兼职的做法，您的看法是（　　　）

A.可以理解，市场经济的必然　　B.不可以，这样太分散教学精力

C.没有看法

19.对于产生师德水平下滑问题的原因，您的看法是（　　）

A.市场经济的负面影响　　　　B.教师个人放弃了思想道德修养

C.缺乏实实在在的法律约束机制　D.教师管理体制的问题

E.忽视对教师的师德培训

20. 是否有必要建立和修订我校的教师师德规范？（　　）

A.需要建立　　B.很有必要建立　C.没有必要　　D.标准是约束

21. 教师师德规范要求的对象是：（　　　）

A.仅是任课教师　　　　　　　B.教师和教辅工作人员

C.教师和干部　　　　　　　　D.全体教职工

22. 您认为有没有必要把师德作为评价指标，列入年终考核和职称评定？
（　　）

A.应该列入　　B.不需列入　　C.无所谓

23. 您认为教师职业道德修养主要靠：（　　　）

A法律约束　　B.自我修养　　C.管理机制约束　　D.自律与他律相结合

24. 您认为提高师德水平的主要途径是：（　　　）

A.树立师德学习典型　　　　　B.加强师德教育培训

C.严格考核管理　　　　　　　D.教师自律与自我修养学习

E.建立师德建设长效机制

25. 您认为我校目前在师德制度建设中需要完善的机制是：（　　　）

A.师德纳入考核机制　　　　　B.违反师德规范一票否决制

C.激励机制　　　　　　　　　D.师德评价机制（标准、方式）

E.监督机制　　　　　　　　　F.保障机制

中小学教师专业知识调查问卷

尊敬的老师：

您好！本问卷的目的在于了解教师的专业知识水平，研究结果能够为提高学校教师专业知识培养的针对性和有效性提供一定的参考。本问卷仅用于科学研究，您的回答是研究质量高低的关键，请您根据自己真实情况逐一作答，问卷采用匿名形式，您的回答无对错之分，无优劣之别，我们承诺对您的答案和信息严格保密，敬请您放心。希望您客观公正填写，感谢您的支持和配合！

第一部分：个人基本信息

1.您的性别：（　　）

A.男　　　　　　B.女

2.您的教龄：（　　）

A.1—3年　　　B.4—6年　　　C.7—9年

D.10—12年　　E.13—15年　　F.16年以上

3.您的原始学历：（　　）

A.中师　　　　B.大专　　　C.本科

D.硕士研究生　E.博士研究生

4.您任教的学段是（　　）

A.小学　　　　B.初中

5.您任教的学科是（　　）

A.语文　　　B.数学　　　C.英语　　　D.综合实践

E.品德与社会　F.信息劳技　　G.体育、音乐、美术　　H.其他

6.您任教班级数是（　　　）

A.1个　　　　　B.2个　　　　　C.3个　　　　　D.4个　　E.5个及以上

7.您获得的称号（　　　）

A.特级教师　　　B.市级名师　　　C.市学科带头人　　　D.市骨干教师

E.区骨干教师　　F.无　　　　　　H.（其他，可填写）

第二部分：教师专业知识

1.你对教育学掌握的情况（　　　）

A.了解一些　　　　　　　　　B.了解比较多

C.完全知道　　　　　　　　　D.不太了解

2.你对心理学掌握的情况（　　　）

A.了解一些　　　　　　　　　B.了解比较多

C.完全知道　　　　　　　　　D.不太了解

3. 教育目的要回答的根本问题是（　　　）

A.教育是为谁服务　　　　　　B.谁掌握教育的领导权

C.什么人应接受教育　　　　　D.教育要培养什么样的人

4.培养学生的（　　　）是素质教育的核心，是知识经济时代教育的主题。

A.主体意识的实践能力　　　　B.主体意识和操作能力

C.创新意识和动手能力　　　　D.创新意识和实践能力

5.教师胜任教学工作的基础性要求是必须具有（　　　）

A.学科专业素养　　　　　　　B.职业道德素养

C.政治思想素养　　　　　　　D.人格特质

6.您对您在下列教师专业知识方面的自我评价（　　　）

（1）学科知识（　　　）

A.非常满意　　　B.满意　　　C.不太满意　　　D.非常不满意

（2）一般教育教学知识（教育原理、一般教学法、教育心理学等）

A.非常满意　　　B.满意　　　C.不太满意　　　D.非常不满意

（3）课程知识（对课程标准的理解及对教材把握方面的知识）

　　A.非常满意　　　B.满意　　　　C.不太满意　　　D.非常不满意

（4）学科教学法知识（利用教学法知识使学生易于理解、接受学科知识的知识）

　　A.非常满意　　　　B.满意　　　　　C.不太满意　　　　D.非常不满意

7.教学过程的结构指的是教学进程的（　　　　）

　　A.基本部分　　　B.基本内容　　　C.基本途径　　　D.基本阶段

8.实施"因材施教"的目的是为了让哪些学生得到发展?（　　　　）

　　A.特长学生　　　B.优秀生　　　C.后进学生　　　D.每个学生

9.学生掌握知识的中心环节是（　　　　）

　　A.理解　　　　　B.巩固　　　　C.应用　　　　　D.迁移

10.教师的工作目的和使命是（　　　　）

　　A.热爱教育事业　B.热爱学生　　C.教书育人　　　D.创新开拓

11.课程文件的三个层次是（　　　　）

　　A.教学计划—教学大纲—教科书　　B.课程总目标—领域目标—学科目标

　　C.课程目的—课程评价—课程实施　　D.知识—经验—活动

12.把课程计划付诸实践的过程，属于（　　　　）

　　A.课程目标　　　B.课程实施　　　C.教学任务　　　D.课程评价

13.编写教科书和教师进行教学的主要依据是（　　　　）

　　A.课程计划　　　B.课程标准　　C.教育目的　　　D.教育政策

14.衡量各科教学质量的重要标准是（　　　　）

　　A.教学计划　　　B.教学大纲　　C.教学目的　　　D.教学目标

15.遗忘的进程表现为哪一特征（　　　　）

　　A.先快后慢　　　B.先慢后快　　C.时快时慢　　　D.匀速

16.下面对"最近发展区"理解正确的是（　　　　）

　　A.最近发展区是指与教学内容有紧密联系的其他学科中的内容领域。

　　B.最近发展区是学生近期通过教学已经获得的发展区域。

　　C.最近发展区是学生现有的水平与经过教学所能达到的水平之间的差异。

　　D.最近发展区要求教学适应学生身心发展，不能超越学生现有的水平。

17.下列关于教学重点和教学难点表述正确的是（　　　）

A.教学重点是相对于教学内容体系而言的，教学难点是相对于学生的接受能力而言的。

B.教学重点未必是教学难点，教学难点一定是教学重点。

C.教学难点未必是教学重点，教学重点一定是教学难点。

D.教学重点和教学难点都是相同的。

18.下列属于形成性评价的是（　　　）

A.为了了解学生学习的准备情况，在教学活动开始之前进行的测试。

B.为了了解一节新授课是否完成教学目标。在下节课前进行的测验。

C.为了了解学生一学期的发展状况而进行的期末测试。

D.为了了解学生毕业时发展状况而进行的毕业测试。

19.我非常了解所教学科与其他学科之间的联系（　　　）

A.了解　　　　B.非常了解　　　C.了解一些　　D.不太了解

20.能根据实际情况选择课程内容和资源（　　　）

A.完全可以　　　B.可以　　　　C.一般会　　　D.不会考虑

21.您认为最欠缺的是哪类知识（　　　）

A..学科知识　　B.课程知识　　　C.学科科学法知识　　D.教育理论知识

22.我能科学合理地运用现代化教学手段辅助教学，设计制作的多媒体课件生动、直观、简单易操作（　　　）

A.完全赞同　　B.比较赞同　　C.赞同　　D.比较不赞同　　E.完全不赞同

23.我在课堂上经常为学生营造良好的互动（师生互动、生生互动）学习环境，以促使学生有效地达成三维学习目标（　　　）

A.完全赞同　　B.比较赞同　　C.赞同　　D.比较不赞同　　E.完全不赞同

24.我能根据学生的心理特点和具体的教学内容来设计和组织探究活动（　　　）

A.完全赞同　　B.比较赞同　　C.赞同　　D.比较不赞同　　E.完全不赞同

25.我能根据教学反馈熟练地进行教学调控管理（　　　）

A.完全赞同　　B.比较赞同　　C.赞同　　D.比较不赞同　　E.完全不赞同

26.我具备突发事件的处理能力，将问题行为变为教学活动的契机（　　　）

A.完全赞同　　B.比较赞同　　C.赞同　　D.比较不赞同　　E.完全不赞同

27.回答问题：

（1）你希望开展哪些专业知识的培训？

（2）如果学校组织教师专业知识培训，你最喜欢的学习方式是什么？

中小学教师专业能力调查问卷

尊敬的老师：

您好！感谢您在百忙之中的帮助。以下表格列出了教师应当具备的专业素质，请仔细地阅读每一条，然后根据您的情况，在五个选项中选择最符合的一个并且划"√"，其中5表示"完全符合"：4表示"比较符合"；3表示"一般"；2表示"比较不符合"：1表示"完全不符合"。您的参与将会对我们的研究帮助很大，再次感谢您！

性别：　　　年龄：　　　教龄：　　　职称：　　　学历：

您所教科目类别：

①语文　②数学　③英语　④科学（理化生）⑤社会（政史地）⑥艺术⑦体育　⑧信息技术　⑨行政或其他

序号	项目	完全符合	比较符合	一般	比较不符合	完全不符合
1	我的课堂讲授用语准确生动					
2	我讲课时声音富有穿透力和感染力					
3	我在课堂上的表达不够流利					
4	我讲课时的语速过快					
5	我讲课时的语速过慢					
6	我在讲课过程中很少使用体态语					
7	我很少撰写文章					
8	我撰写文章时常常感到无从下笔					
9	我在课堂上能够敏感地觉察到学生的反应					
10	我在课堂教学过程中思路清晰，富有条理					
11	我对课堂上出现的各种问题能够当机立断					
12	我能够组建领导力强的班委会					
13	我对建设一个学风良好的班集体充满信心					

序号	项目	完全符合	比较符合	一般	比较不符合	完全不符合
14	我善于组织开展各种班级活动					
15	我认为自己不适合当班主任					
16	我很难准确判断学生的心理问题					
17	我能够判断出学生存在的心理问题，但对此无能为力					
18	我掌握了基本的心理辅导技术					
19	我能够解决学生存在的轻度心理问题					
20	我能够帮助学生做好学习与发展计划					
21	我能够帮助学生准确分析自身存在的问题					
22	我能够为学生的身心发展提供有效的指导策略					
23	我能够指导学生树立正确的价值观					
24	我对学生的兴趣非常了解					
25	我对学生知识和能力水平非常了解					
26	我对课程与教学大纲目标的理解不够深刻					
27	我总是严格按照大纲或教材的顺序安排教学					
28	我能够选择恰当的教学辅助手段					
29	我在每节课后都为学生准备难度适中，数量适当的作业					
30	我为每个教学单元都准备了教与学的详案					
31	我总是与学生共同制定学习目标					
32	我能够创设情境有效激发学生学习兴趣和学习动机					
33	我能够帮助学生建立新知识与已有知识之间的联系					
34	我在课堂上很少与学生互动					
35	我善于根据教学内容灵活运用讲授、讨论、案例教学等不同的教学方法					
36	我能够针对个别学生的特点采取有效的教学手段					
37	我在课堂上很少对学生提问					

序号	项目	完全符合	比较符合	一般	比较不符合	完全不符合
38	学生对我在课堂上提出的问题进行简单思考就能做出回答					
39	我常常根据课堂情境对教学活动进行调整					
40	我会想方设法适时强化学生的学习					
41	我在指导学生的学习方法方面感到无能为力					
42	我很难发现知识在现实生活中应用的例子					
43	我通常会对教学目标的达成程度进行评价					
44	我通常会对教学过程进行评价					
45	我能够及时测试学生对知识的掌握					
46	我能够及时评价学生对技能的掌握					
47	我能够及时评价学生的态度表现					
48	我对不同的学生采取不同的评价要求					
49	我常常寻求学生对教学内容和教学方法的反馈					
50	我能够较好的控制课堂氛围，使其有利于教学					
51	我能够很好的应对有意制造课堂混乱的行为					
52	我掌握了基本的多媒体辅助教学的技术					
53	多媒体设备有时会对我的课堂教学产生不利的影响					
54	我能够指导学生正确运用计算机与互联网等信息技术					
55	我能够及时发现自己在教育与教学方面存在的问题					
56	我在每节课或每个章节教学结束后都会写教学日记					
57	我常常在教学内容的选取与安排上能打破常规					
58	我在教学手段与方法的选择上能推陈出新					
59	我通常对难教的学生采取独特的方法					
60	我在面临同一个问题时通常能想到多种解决方法					
61	我对自己职业生涯的发展有明确的规划					

序号	项目	完全符合	比较符合	一般	比较不符合	完全不符合
62	我在工作中很好地贯彻了终身学习的理念					
63	我拥有适合自己的学习方法与策略					
64	我能够不断更新学科专业知识					
65	我能够不断学习新的教学策略，提高教学技能					
66	主动寻求并保持与专家及优秀教师的交流					
67	我能够将工作中发现的问题提炼为一个有研究价值的问题					
68	我善于利用图书、网络、专家等学术资源					
69	我掌握了基本的教育研究方法					
70	我能够撰写研究论文					
71	我善于调节自己的心态					

您所教年级属于：①小学　②初中

"中小学青年教师专业发展校本研修策略的研究"
课题访谈提纲

姓名：　　　　　　　年级：　　　　　　　性别：

学历：　　　　　　　教龄：

1.你是师范类大学毕业的吗？

2.你目前所教的学科是你大学学的学科吗？

3.请列出你了解的教师发展阶段有哪些？

4.你认为教师专业发展包括哪些内容？

5.你认为教师职业道德包括哪些内容？

6.学校采取过哪些帮助青年教师成长的办法？你觉得哪些比较有用？哪些作用不大？

7.你认为自己还需要哪些专业发展的帮助？

8.你对教学方法的相关知识了解哪些？

9.你在写教学设计时会考虑哪些问题？

10.如果满分是100的话，你认为现在工作的状态能打多少分？哪些因素会影响你的工作积极性？

青年教师校本研修任务单

一、培养目标

1.为培养各级各类教学比赛的种子选手做准备。

2.为培养各级各类骨干教师做准备。

二、校本研修任务单内容、要求及解读

（一）常规工作

序号	内容	评价	要求	目的
1	开会、活动签到	每次1分	按照集会时间和地点要求提前到位，做好签到工作	培养态度积极、顾全大局的工作作风
2	学期初撰写本学期自我专业发展计划（电子版）	1分	依据校本研修任务单的内容制定本学期自我提升的计划，具体到时间、内容、途径	提升自我专业发展规划能力
3	学期末撰写本学期自我发展总结（电子版）	1分	依据校本研修任务单的内容，总结本学期任务完成情况，找出自己的优势和劣势，确定下一阶段的发展计划依据	培养及时反思，及时改进，稳中有升的工作习惯
4	上交教师五年发展规划表（电子版）	1分	认真填写，细化内容，做好反馈	促进专业发展五年规划，实现自我价值

（二）职业道德、师德师风

序号	内容	评价	要求	目的
5	参与教师职业道德行为问卷调研	1分	根据自身真实情况填写	客观评价教师对师德行为认知水平
6	完成并上交师德主题的硬笔书法作品（照片电子版）	1分/篇	上交作品（照片电子版），发挥最高水平，保证质量	为参加各级各类基本功大赛做准备

序号	内容	评价	要求	目的
7	自学或集中学习教师职业道德行为相关文章或书籍，撰写并上交感想或学习笔记（电子版）	1分/篇	选择有针对性师德的材料认真阅读，汲取营养，反思自身工作，书写感悟，提升自身	积累素材，为参加各级各类德育论文评选做准备
8	撰写并上交本学期个人职业道德自评材料（电子版）	1分	结合教学过程中的实例进行自我评价和反思	积累素材，为参加各级各类案例评选做准备
9	撰写并上交师德相关教育论文或案例（电子版）	1分/篇	主题新颖，观点清晰，操作和借鉴性强	积累素材，为参加各级各类论文评选做准备
10	获得"我心目中好教师"	1分	以评教卡大数据为依据	教学各方面完善自己
11	"我的教育故事"3分钟演讲稿	1分	主题明确，内容真实具有感染力，语言精练，传达正能量	积累素材，提升演讲能力为参加班主任基本功大赛做准备

（三）教学能力

序号	内容	评价	要求	目的
12	自学或集中学习教师本学科教学相关文章或书籍，完成感想或学习笔记（电子版）	1分/篇	选择有针对性的教学材料认真阅读，汲取营养，反思自身工作，书写感悟，提升自身	积累素材，为参加各级各类教学论文评选做准备
13	做国家、市级、区级、校级公开课并上交教学设计（电子版）	国5分/次、市3分/次、区2分/次、校1分/次	上交教学设计电子版，要求项目齐全，按照标准格式	提高公开课授课水平，为参加新蕾杯、春华杯、秋实杯做准备
14	做校级组内公开课的打分情况	85分以上3分/次、70—84分2分/次、60—69分1分/次、60分以下0分/次	备课组长/教研组长汇总每位听课教师打分，算出平均分上报科研处	提高公开课授课水平，为参加新蕾杯、春华杯、秋实杯做准备
15	完成并上交校内公开课教学设计（电子版）	1分/次	与校内课的情况相对应，要求教学设计包含本科思维导图、课堂积极语言的呈现	提高撰写教学设计水平，为参加各类教学设计大赛做准备

序号	内容	评价	要求	目的
16	完成并上交校内公开课说课稿	1分/次	与校内课的情况相对应，要求教学设计包含本科思维导图、课堂积极语言的呈现	提高说课水平，为参加各级各类教学说课比赛做准备
17	完成并上交某一课板书作品（照片电子版）	1分	板书体现专业水平，字迹工整，有条理性	提高板书书写能力，提升课堂教学效果
18	参加各类教学比赛或指导学生参加比赛获奖	国5分/次、市3分/次、区2分/次、校1分/次	上交证书（照片电子版）	提升业务素质和指导学生能力
19	本学期教案获优秀	1分	认真书写，由教务处检查反馈	提升教案撰写水平，反馈备课和课堂效果，为区优秀教案评选做准备
20	本学期教学工作手册获优秀	1分	认真书写，由教务处检查反馈	提高教学常规工作的严谨性
21	本学期教学成绩情况	3超区值3分、2超区值2分、1超区值1分	狠抓成绩，由教务处统计反馈	检验自身教学效果，改进提高

（四）科研能力

序号	内容	评价	要求	目的
22	本学期论文获奖并提交证书照片	国5分/次、市3分/次、区2分/次、校1分	要求照片清晰，时间限定在2021年3月—2021年8月	提升教学研究能力，为骨干教师评选积累素材
23	本学期文章发表并上交发表文章所在文献封面、目录及文章本身	国5分/次、市3分/次、区2分/次、校1分	要求照片清晰，时间限定在2021年3月—2021年8月	提升教学研究能力，为骨干教师评选积累素材
24	本学期主持/参与课题上交开题或结题相关证书（照片电子版）	参与课题：国5分/次、市3分/次、区2分/次、校1分 主持课题：国6分/次、市4分/次、区3分/次、校2分	课题在2021年3月—2021年8月时间内正在研究中和结题都可以	提升教学课题研究能力，为骨干教师评选积累素材

师徒结对任务单

设计一本师徒结对手册：师傅指导徒弟部分，包括以下10个方面，对号入座
1.全面关心徒弟的工作、学习、生活和思想。加强与相关年级、班主任和学生联系，了解徒弟的日常工作情况，指导徒弟及时调整工作目标和工作方法。（完成师徒结对手册中的本学期指导徒弟计划部分，内容包括徒弟情况分析和本学期指导计划）
2.向徒弟介绍教学经验，提供教学信息，推荐学习书刊，使徒弟树立正确的教育思想和现代的教育理念。（完成师徒结对手册中推荐教学资源部分，包括推荐教学相关书籍和刊物信息）
3.精心指导徒弟备好课，认真查阅教案，给予悉心指导并签注指导意见。每学期重点审阅15节备课教案。（记录在师徒结对手册中的审阅教案情况部分，即审阅时间、教案课题、审阅意见，每学期15次）
4.每周为徒弟至少上一节示范课，并为徒弟说课，理性评价自己的课。（记录在师徒结对手册中的示范课情况部分，即示范课时间、课题、说课指导内容，每周1次）
5.每周听徒弟的课至少1节并认真记录，按照一节好课的评价标准评课，评议优缺点，写出指导意见，学期末上交备查。（记录在师徒结对手册中的听评课情况部分，即听课时间、内容、意见，每周至少1次）
6.认真审查徒弟批改作业或试卷情况是否认真，是否达到要求，讲评是否有针对性，提出改进意见。每学期重点审查批改情况至少5次。（记录在师徒结对手册中的作业批改情况部分，即审查作业和作业讲评的时间、内容、意见，每学期至少5次）
7.每学期指导徒弟上一节组内或校级公开课或汇报课。（记录在师徒结对手册中的公开课指导部分，即听课时间、级别、课题、意见，每学期至少1次）
8.每学期指导徒弟写出高质量的随笔或案例一篇。（记录在师徒结对手册中的教学案例随笔部分，即案例或随笔时间、题目、评价，每学期至少1次）
9.鼓励、指导、帮助徒弟教师积极参加各级各类竞赛活动，让徒弟得到更多的锻炼和提高。（记录在师徒结对手册中的公开课指导部分，即听课时间、级别、课题、意见）
10.每学期末对徒弟做出一次书面综合评价。（记录在师徒结对手册中的学期末对徒弟综合评价部分，包括总结本学期指导徒弟活动内容，徒弟成长情况，存在问题和下一阶段想法）

课堂教学评价表

授课人：　　　　　　　　授课年级：　　　　　　　　学科：

评价项目	评价要点	满分	得分
明确目标	符合课标要求和学生实际程度，目标把握具体、明确、恰当，有立德树人意识	5分	
	安排合理，层次清楚，重点突出、难点突破方法恰当，可操作性强	5分	
学习条件	学习环境创设合理。信息技术辅助教学运用熟练	5分	
	学习资源处理恰当。学生学习习惯良好	5分	
学习指导	学情分析准确。能创设面向全体学生的教学情境。问题设置层次合理，能促使学生主动发现问题，探究问题，解决问题	5分	
	能有针对性地为学生学习提供有效的帮助和指导，为学生提供平等参与的机会，并及时巡视参与效果	5分	
教学调控	能有效调控教学过程，课堂气氛活跃、有序	5分	
主体参与	学生参与活动的态度积极	5分	
	学生参与活动的范围大	5分	
	学生参与活动有深度，能提出有意义的问题和见解	5分	
	学生自主学习时间恰当，解决问题灵活。能体验到学习的愉悦，有进一步学习的愿望	5分	
课堂气氛	师生精神状态饱满	5分	
	尊重学生，以学定教，创设宽松、民主、融洽的教学氛围	5分	
学科特色	理论与实际结合程度。学生有实际应用的反思	5分	
	课堂教学资源利用的程度。板书能起到思维导图效果	5分	
	活动组织与成果利用程度。活动能展现学生存在的问题	5分	
	激发学生学习兴趣的程度。重视困难学生学习效果	5分	

评价项目	评价要点	满分	得分
及时反馈	对学生动口、动脑、动手效果有及时的激励性评价	5分	
	合作探究有自评、互评、点评	5分	
	以学定教，学生自主合作探究有效，大多数学生能达成教学目标，测评效果良好	5分	
总分		100分	
优点、不足、建议、收获			

北京市通州区第二中学学生（家长）满意度调查表

个人信息	年级（初中）			班级	
评价项目及选项等级	1.教学情感 A.热爱学生，关系和谐融洽。 B.尊重学生，一视同仁。 C.情感淡漠，对学生态度生硬。 D.无情感，有讽刺挖苦、变相体罚和体罚现象。	2.教学态度 A.严肃认真，精益求精，有创新。 B.比较认真，能胜任教学工作。 C.基本认真，努力上好每堂课。 D.不认真，不负责，得过且过。	3.教学内容 A.目标明确，注重思想教育和能力培养。 B.目标不明确，不太注意思想教育和能力培养。 C.目标模糊，不注意思想教育和能力培养。 D.目标混乱，不能及时纠正问题。	4.教学方法 A.灵活多样，主体参与充分，有特色。 B.准确恰当，主体参与较充分。 C.比较恰当，主体参与一般。 D.不恰当，主体参与少。	5.教学手段 A.运用巧妙，善整合，反馈及时。 B.运用恰当，手段新，有反馈。 C.运用规范，手段单一，反馈不到位。 D.运用混乱，手段陈旧，无反馈。
	6.教学秩序 A.有效组织教学，秩序活而不乱。 B.注意组织教学，活跃但有点乱。 C.组织教学，秩序不活也不乱。 D.不组织教学，秩序混乱。	7.教学语言 A.规范准确，逻辑性强，具有感染性。 B.较规范准确，有一定的逻辑性，较生动。 C.语言比较清楚，能听明白、听懂。 D.啰唆乏味，表达不确切，基本听不懂。	8.作业、辅导 A.精留作业，及时批改，辅导主动及时。 B.作业量恰当，批改较及时，能耐心辅导。 C.作业量基本恰当，有一定的辅导。 D.作业负担重，不批改作业，辅导没耐心。	9.复习考试 A.复习系统有规律，查漏补缺效果好。 B.较有规律，注意查漏补缺效果较好。 C.有复习，考后有讲评，但效果一般。 D.复习目的不明确，不重视考后讲评。	10.总体评价 A.非常满意。 B.满意。 C.一般。 D.不满意。

科目	语文	数学	英语	物理	化学	生物	思想品德	历史
主体评价								

青年教师培养具体工作安排

部门：　　　　　　　　　姓名：　　　　　　　　　日期：

序号	工作时间	工作内容
1	2020.8.27	召开教研组长会，传达教科研工作计划，设计青年教师专业发展培养模式
2	2020.8.30	专家讲座《如何在课堂教学中落实三维目标》，李铁安：中国教育科学研究院课程教学研究所研究员，教育学博士，博士后导师
3	2020.8.31	确定青年教师研究课时间、类型（讲授法、讨论法、直观演示法、练习法、读书指导法、任务驱动教学法、参观教学法、现场教学法、自主学习法、同课异构、一课多轮，教学设计，在专业思想上，对教育法律法规，依法执教的观念；在专业知识上，教育学和心理学理论知识具备，学科课标、教材、前沿理论、教学方法等；在专业能力上，教材解析、学情分析、教学设计、指导学生开展自主合作探究学习、师生和谐沟通、观课、议课等能力）
4	2020.9.1	青年教师自我发展计划的标准重点要把握好以下几点：1.现状分析，可以根据学生的学习和评价结果来了解你的学生的需要。2.你的发展目标和发展计划。3.具体实施方案。4.实施步骤。5.效果和改进
5	2020.9.8	教育法、教师法、未成年人保护法，师德规范、心理学、教育学知识答题
6	2020.9.15	组内研究课（提高课堂效率要解决的主要问题：爱与严的兼容性，教与学的趣味性，难与易的转化性，讲与练的结合性，问与评的激励性，优与差的全面性）
7	2020.9.22	组内研究课
8	2020.9.29	教学理念、教学方法、教学评价经验分享会，青年教师专业发展模式阶段性总结
9	2020.10.6	积极心理专家报告
10	2020.10.13	青年教师教学设计评比
11	2020.10.20	期中成绩优秀青年教师经验交流会
12	2020.10.27	学科教学专家讲座
13	2020.11.3	主题研讨会（问题生成主题）：如何发展学生的智能、调动学生学习积极性、发挥教师主导作用、加强学生学习方法指导

序号	工作时间	工作内容
14	2020.11.10	青年教师板书设计比赛
15	2020.11.17	青年教师优秀课例分析会
16	2020.11.24	多学科青年教师集体备课
17	2020.12.1	青年教师论文撰写确认会
18	2020.12.8	集中学习
19	2020.12.15	青年教师教学设计、微课、说课修改会
20	2020.12.22	主题研讨会：分层教学经验交流
21	2020.12.29	信息技术使用经验分享会
22	2021.1.5	青年教师读书会
23	2021.1.12	青年教师教学反思分享会：教学前、中、后的反思内容和方法
24	2021.1.19	青年教师教育教学案例分享会
25	2021.1.26	教师专业发展总结交流会